**모두를 위한
설교 시리즈
2**

하나님의 영광과 승리, 사무엘상 강해

그의 나라, 그의 왕, 그의 백성

세움북스 는 기독교 가치관으로 교회와 성도를 건강하게 세우는 바른 책을 만들어 갑니다.

모두를 위한 설교 시리즈 02

그의 나라, 그의 왕, 그의 백성

하나님의 영광과 승리, 사무엘상 강해

초판 1쇄 인쇄 2021년 7월 20일
초판 1쇄 발행 2021년 7월 25일

지은이 ㅣ 이수환
펴낸이 ㅣ 강인구

펴낸곳 ㅣ 세움북스
등 록 ㅣ 제2014-000144호
주 소 ㅣ 서울시 종로구 삼일대로 428 낙원상가 5층 500호
전 화 ㅣ 02-3144-3500
팩 스 ㅣ 02-6008-5712
이메일 ㅣ cdgn@daum.net

교 정 ㅣ 김민철
디자인 ㅣ 참디자인

ISBN 979-11-91715-05-7 (03230)

모두를 위한
설교 시리즈
2

The BOOK of I SAMUEL

그의 나라, 그의 왕, 그의 백성

✳

하나님의 영광과 승리, 사무엘상 강해

이수환 지음

세움북스

Recommendation

추천사

이 책을 독자들에게 추천하는 즐거움이 실로 큽니다. 강설로서 가져야 할 중요한 요소들을 고루 갖추고 있으며, 독자들을 하나님 말씀의 교훈으로 적절히, 그리고 안전하게 인도합니다. 신뢰할 수 있고 영적 감동을 주어 순종의 믿음으로 나가도록 이끌어 줍니다. 본문 주해가 건전하며, 이에 기초한 이해를 신앙과 삶에 적용하도록 이끌어 주는 일에 탁월합니다. 사무엘서와 같은 역사서를 그냥 이야기로만 알거나 등장인물의 옳고 그른 신앙과 행동을 판단하여 교훈을 살피는 것으로 설교하는 일이 흔합니다. 하지만 이 책은 하나님께서 행하시는 일을 잘 드러내고 그 일의 초점이 그리스도이심을 제시합니다. 이어서 본문이 가리키는 그리스도를 통해 하나님의 은혜를 깨달아 우리의 삶의 정황을 돌아보게 하고, 깨달은 바를 신앙과 삶에 적용할 수 있도록 부드러우면서도 힘 있게 이끌어 줍니다.

저자의 설교를 글로 읽는 것도 좋지만, 직접 듣는 것은 더욱 좋습니다. 개혁교회는 하나님의 음성을 공적 예배의 설교를 통해 듣는다고 고백합니다. 저자의 설교를 들은 회중은 바로 이러한 고백에 '과연 그렇습니다'라고 동의할 것입니다. 저자의 설교가 말씀의 교훈에 합당한 것이기에, 경건한 마음으로 하나님의 말씀을 듣고자 주의를 기울이는 회중에게 저자의 설교를 통해서 하나님의 음성을 듣게끔 성령 하나님께서 일하시기 때문입니다. 신구약 전체에 흐르는 그리스도 중심적 주해와 하나님을 더욱 알아가며 신앙과 삶에 적용할 교훈을 가슴 깊이 받게 될 것입니다.

_ 김병훈 목사 (합동신학대학원대학교 조직신학 교수, 나그네교회 담임)

때로는 조곤조곤 설득하고, 때로는 목이 상하도록 외치면서 하나님의 말씀을 전했던 저자의 열정을 17년 세월이 지난 지금도 또렷이 기억합니다. 그런데 본서를 펼쳐 읽는 순간, 오래전 상가 교회당에서 저자의 설교를 직접 듣는 것 같은 착각에 빠져들었습니다. 그것은 본서가 저자의 깊이 있는 성경 이해와 하나님 나라 비전에 대한 열정, 그리고 코로나 19로 어려움을 겪고 있는 성도들을 향한 진심 어린 사랑으로 한 땀 한 땀 만들어졌기 때문일 것입니다. 이 설교집에는 자녀를 먹이고 입히고 어르고 달래는 어미의 심정과 우울과 낙심과 좌절감에 빠져 있는 자녀를 일으켜 세우려는 아비의 심정이 담겨 있습니다. 그래서 이 책의 독자가 설교자라면 설교는 어떻게 하는 것인지, 그리스도 중심의 설교란 무엇인지를 자기도 모르는 사이에 배우고 익히게 될 것이고, 독자가 그리스도인이라면 하나님의 위로와 격려의 음성을 듣고 누웠던 자리를 박차고 일어서게 될 것입니다!

_ 최덕수 목사 (현산교회 담임)

깊은 맛이 우러난 사골국을 한 사발 먹은 기분입니다. 인문학적 설교, 주제별 설교 등으로 입에는 다양하고 독특함으로 승부를 거는 이 시대에, 이수환 목사의 『그의 나라, 그의 왕, 그의 백성』에서는 성경 그 자체를 드러내 주는 설교의 힘이 느껴집니다. 설교자는 말씀을 섬기는 자라는 말씀 그대로, 저자는 하나님의 말씀 속에 있는 그리스도를 선명하게 독자들에게 제시해 줍니다. 한나와 사무엘, 사울과 다윗의 이야기가 펼쳐지지만 인간의 역사 속에 흐르는 하나님의 구속의 역사가 선명하게 드러나는 이유는 설교자 안에 있는 신학의 깊이 때문일 것입니다. 한 편의 설교에도 성경 신학과 조직 신학이 날줄과 씨줄처럼 잘 어우러져 있습니다. 한 편의 설교가 만들어지는 시간은 일주일이 아니라 설교자의 전 인생이라는 말의 의미를 다시 한 번 생각나게 하는 설교입니다. 옆에 두고 설교의 교본처럼 보고 싶은 책입니다.

_ 고상섭 목사 (그 사랑교회 담임)

먼 곳을 갈 때 가장 빨리 가는 방법은 사랑하는 사람과 함께 가는 것이라는 말이 있습니다. 정말 그렇습니다. 마음에 맞는 친구와 대화를 주고받으며 길을 나서면 아무리 먼 곳도 짧게 여겨지는 법입니다. 머나먼 하나님 나라를 향해 나그넷길을 가는 성도에게도 그렇게 마음에 맞는 친구가 곁에 있다면 얼마나 좋을까요? 필자는 성도의 나그넷길의 좋은 친구 중 하나가 좋은 설교집이라고 생각합니다. 좋은 설교집은 하나님의 말씀의 빛을 성도가 가야 할 길에 가장 적절한 밝기로 비춰 줍니다. 빛은 너무 밝아도, 너무 흐려도 문제입니다. 너무 밝으면 빛만 보이고, 너무 흐리면 길이 보이지 않기 때문입니다. 주석서나 주해서는 자칫 빛이 너무 밝아서 말씀만 보게 만들 수 있습니다. 반면 가벼운 경건 서적은 빛이 너무 흐려서 가야 할 길을 충분히 비춰 주지 못합니다.

좋은 설교집은 가장 적절한 밝기로 말씀의 빛을 비추기 때문에 말씀과 나그넷길을 동시에 보게 합니다. 여기에 가장 적절한 밝기로 말씀의 빛을 비추는 좋은 친구 같은 설교집이 있습니다. 필자가 사랑하는 친구이자 동료 목회자인 이수환 목사가 몸의 진액을 짜듯이 쓰고 강단에서 선포한 사무엘상 설교집입니다. 이 설교집은 성도에게 참 좋은 친구입니다. 우리를 성경 안으로 친절하게 데려가서는 하나님의 말씀을 듣게 합니다. 하지만 금방 현실 세계로 우리를 불러내어 들은 하나님의 말씀을 어떻게 순종해야 할지 도전합니다. 무엇보다 이 설교집의 진수는 우리를 항상 예수 그리스도께로 이끈다는 사실입니다.

그렇습니다. 이 설교집은 정말 좋습니다. 말씀을 듣게 하고, 현실에서 순종하게 하며, 결국 모든 문제의 답이 되시는 예수님께로 인도하기 때문입니다. 이 귀한 설교집을 하나님 나라를 향해 가는 나그네인 모든 성도에게 진심으로 추천합니다.

_ 고한율 목사 (은곡교회 담임)

저자는 사무엘서를 배경으로 한 시대의 역사를 다루지만, 그 역사를 창세부터 선언된 하나님 의지의 반영, 그리고 예수 그리스도를 바라볼 수밖에 없는 은혜의 개입과 연결 짓고 있습니다. 때문에 독자는 이 설교집 하나로 시대에 국한된 옛날이야기가 아니라 성경 전체의 뼈대와 영원한 나라를 맛보게 됩니다. 사실 역사는 불규칙적이고 어떤 공식을 찾을 수 없습니다. 하지만 저자는 그 불규칙한 공허 속에서 하나님으로 말미암은 일정한 의도와 섭리의 일관성을 찾아냄으로써 무질서한 역사를 역전하는 구원의 질서를 입체적으로 보여 줍니다. 설교집인 만큼 청중을 배려하는 따뜻하고 일상적 문체이지만, 내재되어 있는 내용은 어떤 조직 신학 책보다 굵고 선명하게 하나님의 속성과 사랑의 섭리를 설명합니다. 영적 격려와 교리적 단호함의 균형감을 이처럼 갖추고 있는 책은 만나기 어렵습니다. 흔히 '설교집'이 안 팔리는 시대라고 하지만, 그렇지 않습니다. 독자들은 '읽을 만한' 설교집을 기다리고 있었고, 이렇게 기대감에 충족하는 설교집이 나왔을 때, 우리는 이를 통해 맹렬히 하나님의 말씀을 먹어야 합니다.

_ 박민근 목사 (분당우리교회 일만성도파송운동 개척 준비 중, 합신총회교육부 집필 팀장,
『쉽게 시작해 깊게 이해하는 조직 신학의 눈으로 읽는 성경 1』 저자)

❧

필자는 한 권의 책을 연속 강해로 설교할 때, 때로는 종종 밀림을 헤쳐 가며 길을 찾다 잃은 것 같은 느낌을 느끼기도 합니다. 한 편 한 편의 설교는 의미가 있었지만, 전체 설교를 돌아볼 때 하나의 길, 통일된 이야기로 읽어 내지 못했다는 느낌이 드는 것입니다. 그렇게 설교하려면 한 권의 성경이 가진 의미를 성경 전체의 빛 아래에서 이해하고 있어야 하고, 한 편 한 편 설교를 준비하기 전에 수십 편의 설교가 가야 할 방향을 미리 파악해 내야 합니다. 그런데 저자는 이 어려운 수고를 신실하고 성공적으로 해냈습니다. 저자는 사무엘서를 혼돈한 세상 가운데 질서를 부여하시는 하나님의 이야기, 실패하는

인간들 가운데서 승리하시는 하나님의 이야기로 읽어 내는 가운데
죽으시고 부활하신 그리스도를 드러냅니다. 잘 짜이고 완성된 사무
엘서 강해를 맛보고 싶다면 읽어 보기를 강력히 권합니다!

_ 이정규 목사 (시광교회 담임)

저자와 가끔 한국 교회의 현실 및 강변교회의 나아갈 방향에 대해 이
야기를 나누곤 합니다. 그때마다 저자는 예배의 회복 없이 교회의
회복은 없고, 바른 말씀의 선포 없이 예배의 회복은 없으며, 말씀에
붙잡힌 바 된 참 설교자 없이 바른 말씀의 선포는 있을 수 없다는 말
을 반복합니다. 당회 서기로서 지근거리에서 저자를 대하면서 저자
가 얼마나 교회를 사랑하고 예배를 사모하는지, 어떤 마음과 자세로
공 예배 설교를 준비하는지, 얼마나 치열하게 자신의 전 존재를 말
씀의 거울에 비추어 살피면서 눈물과 기도로 하나님의 은혜를 간구
하는지 잘 보다 보니, 공 예배 중에 선포되는 설교 말씀은 더욱 큰 은
혜와 울림으로 다가옵니다. 지역 교회의 공 예배로 부름받은 회중
은 그 시각 그 자리에 임재하신 하나님을 인격적으로 만나고, 설교
자를 통해 선포되는 그날의 설교를 믿음으로 받아 찬양과 기도로 화
답하며 주님과 한 몸을 이루는 놀라운 은혜를 체험합니다. 그렇습니
다. 설교는 공 예배의 일부이므로 아무리 설교문이 활자로 출간된다
해도, 그것은 성경 공부 교재와 구별될 수밖에 없습니다. 부디 이 책
에 담긴 설교문을 대하는 독자들도 공 예배 현장에서만 누릴 수 있는
은혜와 기쁨을 생생하게 체험하시기를 소원하며 기대해 봅니다.

_ 황규민 장로(강변교회 시무장로, 변호사)

머리말

여기에 있는 31편의 글은 2020년 한 해 동안 강변교회에서 주일예배마다 나누었던 설교입니다. 그 첫 시작은 창세기 1장 1-5절의 말씀이었습니다. 하나님께서 인간의 시간 안에서 일하실 때 어떤 일이 일어나는지를 먼저 나누었고, 그 구체적인 예를 사무엘상에서 보여 주려 했습니다. 필자는 사무엘상(사무엘하 역시)을 창세기 1장(창조)의 역사적 적용(섭리)으로 이해했고, 그 관점으로 설교를 풀어 가려 했습니다. 그래서 당연하게도 창조와 섭리의 주이시며 역사의 주인공이신 예수 그리스도께서 드러나실 수밖에 없고, 모든 사건과 인물은 우리를 그리스도께로 인도하고 안내하는 표지판과 디딤돌 같았습니다.

더하여, 오늘도 동일하시고 신실하신 하나님의 일하심을 다시 확인할 수 있었습니다. 이는 코로나 19라는 우울한 시대를 사는 우리에게 주시는 하나님의 위로였습니다. 하나님께서 우리의 시간과 공간, 곧 우리의 현실 안에서 실제로 일하신다는 사실이 주는 소망은 무척 크고 깊었습니다.

되도록 한 번의 설교에 사무엘상 한 장의 내용을 살피려 했습니다. 그러다 보니 주해에 아쉬움이 많이 남습니다. 때로는 넘어가야 하는 본문도 있었습니다. 그런 면에서 '강해 설교'라고 하기에는 본문이 많이 성깁니다. 하지만 한 장의 내용을 통하여 오늘 우리에게 주시는 교훈과 삶의 현실을 살피려 했습니다. 그런 면에서는 오히려 '주제 설교'에 가깝지 않을까 생각해 봅니다.

필자는 모든 설교를 통하여 우리의 참된 소망이신 예수 그리스도를 보고 말하려 했습니다. 사무엘상을 살펴보며, 그 모든 소망의 주제이신 예수 그리스도를 다시금 확인하는 일이, 수많은 사건 속에서도 또다시 선명하게 드러나는 예수 그리스도의 이름이, 깊은 감사와 찬송의 제목이 되었습니다. 본문을 통하여 모든 소망은 그리스도에게서 온다는 사실을 확인할 때마다 서재에서 감격하였고, 그 모든 감사와 감동을 설교로 전하고 싶었습니다. 하지만 말과 글이 짧아 본문의 은혜를 충분히 전하지 못한 것 같아 아쉬운 마음이 듭니다. 그래서 시간이 지난 후에 다시 사무엘서를 강해하고 싶습니다.

사무엘상을 강해하며 많은 책의 도움을 받았습니다. 유진 피터슨, 『사무엘서 강해』(아바서원 역간), 김진수, 『우리에게 왕을 주소서』(합동신학대학원출판부 펴냄), John Woodhouse, *1 Samuel – Looking for a LEADER*, Preaching the Word series(CROSSWAY), Dale Ralph Davis, *1 Samuel — Looking on the Heart*, Focus on the Bible series(Christian Focus Publications), Tim Chester, *1 Samuel for you*(The Good book Company), Mary J. Evans, *The Message of Samuel*, BST(IVP Academic)와 그 외에도 여러 권의 책들을 참고하였습니다. 특히 유진 피터슨의 글은 필자를 더욱 깊이 사무엘상으로 들어가게 했고, 김진수 교수님의 책은 사무엘의 '하나님 나라의 비전'을 상세하게 그리고 구체적으로 보여 주었으며, John Woodhouse의 책은 사무엘을 통하여 무엇을 말해야 하는지를 잘 알려 주었습니다.

한 편의 설교를 쓰고 전하는 일은 때로는 온몸이 아플 정도로 고통스러운 일이지만, 예수 그리스도의 복음이 드러날 때 누리는 위로와 안식의 크기와 깊이는 말로 설명할 수 없었습니다. 그 은혜가 말씀을 읽고 듣는 우리 모두에게도 충만하시길 기도합니다.

이 책의 시작이자 마침인 사랑하는 강변교회의 모든 성도님들께 깊은 감사를 드립니다. 무명한 목사의 부족한 설교임에도 불구하고 책으로 묶어 주신 세움북스 강인구 장로님께 감사드립니다. 설교로 말하기 위해 쓰여진 글을 읽을 수 있는 책의 글로 다듬느라 여러 날 큰 수고를 아끼지 않으신 김민철 목사님께 또한 깊이 감사를 드립니다. 이렇게 책을 내기까지 많은 분들의 격려와 응원과 도움이 있었습니다.

이렇게 첫 책을 내며, 필자를 참된 믿음과 신자의 길로 이끌어 주신 현산교회 최덕수 목사님과 바른 신학과 교회와 목회를 보여 주시고 가르쳐 주셔서 필자를 목사의 길로 이끌어 주신 나그네교회 김병훈 목사님께 깊이 고개 숙여 감사를 드립니다. 두 분 앞에 필자의 책을 내놓는다는 것이 사실은 너무나 부끄럽습니다.

그리고 늘 사랑과 격려와 기도로 함께해 주시는 부모님, 장인 장모님, 누구보다 필자를 위해 기도하며 눈물의 헌신과 사랑으로 함께하는 아내 박진숙과 아빠를 늘 양보해야 해서 속상해하지만, 그래도 늘 아빠를 응원해 주는 사랑하는 아들 선우, 딸 지우에게 고마운 마음을 전합니다.

2021년 6월 강변교회당에서
이수환

Contents
목차

Introduction

서론

흑암에 빛을, 공허에 충만을, 혼돈에 질서를
(창 1:1-5)

비참한 인간의 현실 가운데 드러난
하나님의 영광과 승리

본문은 하나님께서 말씀으로 천지를 창조하신, 바로 그 창
조 역사의 기록입니다. 동시에 하나님의 창조 기록은 지금
도 이어지고 있는 하나님의 섭리의 기록이기도 합니다. 하
나님은 창조의 능력으로, 지금도 우리의 삶 속에서 섭리하
시기 때문입니다. 우리는 지금도 우리 안에 역사하시는 연
속적인 하나님의 섭리의 능력과 성격을 본문을 통해 확인할
수 있습니다.

하나님께서 개입하시지 않는 세상과 인생은 '혼돈과 공허와
흑암'입니다. 하나님께서 개입하지 않으시면, 이 세상과 우리
의 인생은 혼돈과 무질서를 피할 수 없습니다. 혼돈과 무질서
아래에서는 어떤 가치 있는 일도, 의미 있는 일도 일어날 수

없습니다. 모든 에너지가 무의미하게 허비되고, 위험하고 불안하며 고통스러운 일들만 일어날 뿐입니다.

하나님께서 간섭하시지 않는 세상과 인생은 공허합니다. 어떠한 만족과 기쁨을 누리지 못합니다. 혼돈은 우리를 지치게 하고 탈진하게 합니다. 그래서 혼돈의 열매는 공허입니다. 그 무엇도 채울 수 없고, 그 어떤 열매도 맺을 수 없으며, 그 어떤 위로도, 그 어떤 안식도 줄 수 없습니다.

하나님께서 다스리시지 않는 세상과 인생은 흑암에 갇혀 있습니다. 하나님께서 개입하지 않으실 때 이 세상은 무질서와 혼돈으로 공허하여 어떤 만족도 위로도 주지 못합니다. 그래서 그러한 세상에서 사는 인생은 절망의 어둠에 사로잡혀 살아갑니다. 볼 수 있는 시선이 가리어지고, 알 수 있는 지식이 사라져 버립니다. 보아도 보지 못하고, 들어도 듣지 못하며, 생각해도 깨닫지 못합니다. 어떤 소망도, 희망도, 가능성도 발견할 수 없습니다. 어디로 가야 할지 모르고, 지금 이 길이 옳은지 그른지, 이 상태가 좋은지 나쁜지 알지 못합니다.

이렇게 혼돈은 공허를, 공허는 흑암을 가져옵니다. 의미 없고, 만족이 없으며, 알 수 없고 보이지 않는 상태가 바로 하나님께서 개입하시지 않는 세상의 모습이며, 하나님과 함께하지 않는 인생의 모습입니다. 그런데 하나님은 그러한 상태로

이 세상을, 그리고 우리의 인생을 버려 두시지 않습니다. 하나님은 우리를 사랑하셔서 우리의 인생에 개입하십니다. 창조의 능력으로 개입하시며, 섭리의 사랑으로 다스리십니다. 하나님은 "빛이 있으라"라고 말씀하시며 이 세상에 빛을 비추셨고, 새로운 역사를 시작하셨습니다.

하나님께서 개입하시자 혼돈은 질서를 찾게 됩니다. 무의미하고 무가치하며 어지럽게 존재하기만 했던 것에서, 빛 가운데서 하나님의 뜻을 발견하고 하나님의 다스림 안에서 의미와 가치를 찾아 누리는 세상으로, 그런 인생으로 바꾸십니다.

하나님은 공허를 충만으로 채우십니다. 공허한 세상을 빛으로 채우십니다. 빛은 하나님의 임재입니다. 그 어떤 만족도, 소망도, 위로도 누릴 수 없는, 아무 열매도, 안식도 기대할 수 없는 공허한 세상에 빛을 비추심으로 위로와 안식의 온기로 채우시고, 생명으로 채우시며, 생명의 열매를 맺게 하십니다.

하나님은 흑암에 빛을 비추십니다. 하나님은 진리의 빛을 흑암 가운데 비추셔서 보게 하시고, 깨닫게 하십니다. 진리의 말씀을 주심으로 하나님의 뜻을 깨닫게 하시고, 성령으로 밝히 인도하셔서 죄를 이기게 하시며, 옳은 길로 나아가게 하시고, 안전한 곳에 거하게 하십니다.

하나님께서 창조의 능력으로 이 땅에, 우리의 인생에 개입하실 때, 혼돈은 질서로, 공허는 충만으로, 흑암은 생명과 진리의 빛으로 변화됩니다. 완전히 새로운 역사가 시작되고, 전혀 새로운 인생을 살게 됩니다.

하나님께서 이 땅 가운데 베푸시는 통치의 질서와 은혜의 충만과 진리의 빛이 무엇일까요? 우리는 무엇을 통하여 이 은혜를 경험할 수 있을까요? 바로 예수님이십니다. 예수님께서 하나님의 통치로 우리에게 오셔서 우리를 하나님의 질서로 다스리십니다. 예수님께서 우리의 소망과 위로로 오셔서 공허한 우리의 인생에 생명을 부어 주시며 새 삶을 허락하십니다. 예수님께서 진리의 빛으로 우리에게 오셔서 우리를 진리로 이끄시며 저 천국으로 인도하십니다. 예수 그리스도 안에서, 질서를, 충만을, 빛을 누리게 하십니다.

우리가 예수님을 믿을 때, 그래서 예수님과 함께할 때, 우리 인생은 천지 창조와 같은 변화를 경험하게 됩니다. 천지 창조는 그저 과거에, 우리가 가늠할 수 없는 먼 과거에 일어난 사건으로 그치지 않습니다. 하나님은 온 우주 만물을 지으신 그 창조의 능력으로 우리를 사랑하셔서 우리의 인생에 동일한 변화의 은혜를 오늘 허락해 주십니다. 그래서 창조는 오늘의 은혜입니다.

우리 한 사람 한 사람이, 우리의 가정이, 우리의 교회가, 그
변화를 경험하기를 기도합니다. 그때에 우리가 사는 이 땅에
도 변화가 일어날 것이고, 그 변화를 통하여 하나님의 나라가
이 땅 가운데 증거되며 확장될 것입니다.

01 새로운 역사의 시작

삿 21:25; 삼상 1:10-11

창세기 1장 1절과 2절은 하나님의 창조 역사를 기록하고 있습니다. 하나님께서 무에서 유를 창조하신 바로 그 창조의 역사를 기록하는 동시에, 창조 이후 역사의 의미도 기록하고 있습니다. 우리를 지으신 하나님은 또한 우리를 다스리십니다. 하나님께서 우리를 다스리실 때, 하나님께서 우리에게 개입하시고 섭리하시며 함께하실 때, 어떤 일들이 일어나는지 확인할 수 있습니다.

하나님께서 우리 인생에 개입하시지 않고 우리와 함께하시지 않을 때, 우리는 혼돈과 공허와 흑암에 갇힙니다. 그러나 하나님께서 우리 인생에 개입하시면, 혼돈은 질서를 찾게 되고, 공허는 충만해지며, 흑암은 빛이 비췸으로 말미암아 물러갑니다. 무의미하고 규모 없던 삶이 하나님의 다스림의 질서 안에서 의미를 찾게 되고, 공허했던 심령에 성령이 충만하심으로 참된 기쁨과 만족을 누리게 되며, 참된 빛인 진리의 말씀이 우리의 삶을 비추어 옳은 길로, 바른 길로 나아갈 수 있습니다.

예수님께서 이 땅에 왕으로 오셔서 우리를 구원하시고 다스리실 때 부어 주시는 은혜가 바로 이것입니다. 질서와 충만과 빛으로 사는 완전히 새로운 삶, 새로운 세계입니다. 사무엘서는 바로 혼돈이 질서로, 공허가 충만으로, 흑암이 빛으로 바뀌어 가는 이 은혜의 역사를 구체적으로, 그리고 실제적으로 기록하고 있습니다.

창세기의 마지막을 보면, 야곱 때에 이스라엘 사람들은 요셉 덕분에 모두 애굽으로 이주했습니다. 처음에는 괜찮았지만 이후 이스라엘 사람들은 비참하고 고통스러운 노예로 전락하여 400여 년의 시간을 보냅니다. 그 이후 모세가 나타나 고통받던 이스라엘 백성들을 이끌고 '출애굽'하여 고향 가나안으로 돌아옵니다. 그렇게 이스라엘 백성들이 가나안으로 돌아와 땅을 정복하고 정착하는 시기가 있었습니다. 그 시기가 여호수아, 사사기 시대입니다. 사무엘서는 사사기 이후의 역사를 기록합니다.

이스라엘 사람들은 비참하고 고통스러웠던 노예 생활을 끝마치고 고향에 돌아왔습니다. 하나님께서 풍성한 복을 약속하신 복된 땅으로 말입니다. 그러면 가나안으로 돌아온 이스라엘은 긍정적이고 아름다워야 하지 않을까요? 이전보다는 훨씬 나은, 아니면 적어도 출애굽하여 가나안으로 오던 광야 시대보다는 긍정적이고 바람직하며 좋은 열매를 맺는 그런 삶을 살아야 하지 않겠습니까?

그런데 우리가 잘 알다시피 바로 그 시대, 여호수아의 정복 전쟁이 그치고 하나님께서 약속하신 그 땅에 이스라엘이 정착하기 시작한 그 시대, 곧 사사기 때의 이스라엘은 엉망이었습니다. 영적으로, 사회적으로, 어느 것 하나 제대로 세워지지 않았습니다.

이스라엘 백성들은 가나안 땅에 들어오자마자 가나안 민족들과 뒤섞이기 시작했습니다. 그들은 광야에서의 모든 교훈을 언제 들었냐는 듯이 잊어버렸습니다. 우상 숭배가 참된 믿음을 밀어냈고, 가나안 사람들의 문화와 쾌락이 율법의 경건과 거룩을 압도했습니다. 그들은 하나님 앞에 범죄하였고 하나님을 거부했습니다. 그러한 이스라엘의 혼란한 상태를 가리키는 말이 사사기 결론입니다. "그때에 이스라엘에 왕이 없음으로 사람이 각기 자기의 소견에 옳은 대로 행하였더라"(삿 21:25).

우리는 이 말씀을 잘 이해해야 합니다. 이스라엘에 왜 왕이 없습니까? 이스라엘에는 항상 왕이 있었습니다. 그것도 이 세상의 그 어떤 왕보다 강하고 능하며 지혜롭고 거룩하며 영광스러운 왕이 항상 그들과 함께했습니다. 바로 하나님이십니다. 하나님께서 그들의 왕이시고, 하나님의 말씀이 그들의 법이었으며, 하나님의 자비와 은혜가 그들을 살게 하는 양식이었습니다. 그런데 그들에게 왕이 없었다고 성경은 기록합니다.

이스라엘에는 왕이 없었던 것이 아니라, 왕에게 드리는 순종이 없었습니다. 그들은 왕이신 하나님을 왕으로 인정하지 않았고, 왕이신 하나님의 말씀에 순종하지 않았으며, 하나님을 거부하고 밀어내고, 하나님께 귀를 막고 마음을 닫았으며, 하나님과 분리된 삶, 하나님과 상관없는 삶, 하나님과 함께하지 않는 삶을 선택했습니다. 그래서 이스라엘은 극심한 혼란과 혼돈에 빠지고야 말았습니다. 그들에게는 질서가 없었습니다. 영적으로도, 사회적으로도 어떤 목적도 비전도 없었습니다. 그저 세상에 휩쓸려 무분별하게 살아갔습니다. 하나님께 택하심을 받고 복을 받은 민족이라는 영광스러운 정체성마저도 잊었습니다. 그들은 이방인들과 전혀 구별되지 않았고, 그들은 몰락했습니다. 때로는 이방인들보다 못한 삶을 살았습니다.

이스라엘은 극심한 공허에 빠집니다. 그들은 헛된 신을 섬겼습니다. 어떤 답도, 은혜도, 자비도, 긍휼도, 사랑도 베풀지 못하는 우상을 사랑했습니다. 그들에게 종교적인 행위와 행사는 많지만, 위로부터 내려오는 만족과 기쁨과 소망은 없었습니다. 그들은 열심히 종교 활동을 하지만, 그들의 심령을 채우는 성령의 은혜는 없었습니다.

이스라엘은 극심한 흑암에 빠졌습니다. 등이요 빛인 주님의 말씀이 어두워졌습니다. 참된 하나님의 말씀은 희귀해지고, 그마저도 선포되지 않았습니다. 종교 지도자들은 타락하여 하나님의 말씀을 전하기보다는 자기 욕심을 채우기에 급급했습니다. 사람들은 영적인 기근에 시달렸고, 그 빈틈을 비집고 들어온 거짓된 종교 현상들, 무당과 헛된 신비주의와 거짓 영성이 사람들을 가짜 신앙으로 미혹했습니다. 오늘날과 비슷합니다.

극심한 혼란이었습니다. 모든 것이 망가졌습니다. 소망이 보이지 않았습니다. 그러나 하나님은 그 혼란의 이스라엘을, 그 혼돈과 공허와 흑암에 빠져 있는 이스라엘을 버리시지 않았습니다. 그들에게 역사하시고, 그들을 건지시며, 그들을 고치시고, 그들을 회복시키십니다. 바로 그 회복의 역사가, 그 회복의 이야기가 사무엘서의 이야기입니다. 그들이 잃어버린 왕을 되찾는 이야기이며, 그들 안에 사라져 버린 왕이신 하나님을 향한 순종의 제사를 회복하는 이야기입니다.

사무엘서에는 위대한 인물들이 등장합니다. 가장 먼저 사무엘이라는 위대한 영적 지도자와 비록 비참한 최후를 맞이하지만 그래도 처음에는 꽤 괜찮은 사람이었던 사울이라는 이스라엘의 초대 왕이 있습니다. 그리고 무엇보다, 누구보다 이스라엘 역사의 절정을 이룩한 다윗이라는 위대한 왕이 있습니다.

그런데 사무엘서는 사무엘도, 사울도, 다윗도 아닌, '한나'라는 비참하고 슬픔에 빠진 한 여인의 이야기로 시작합니다. 한나는 사실 모든 것이 좋았습니다. 부유한 가정이었고, 남편은 그녀를 충분히 사랑했습니다. 그러나 단 하나, 아이를 낳지 못하여 그녀는 고통스러웠습니다. 그 고통은 현실의 고통이 아닙니다. 미래를 꿈꿀 수 없는, 소망을 품을 수 없는 절망의 고통이었습니다.

'잉태하지 못하는 여인', 이 한나의 모습은 바로 이스라엘의 상황을 그대로 드러냅니다. 이스라엘은 미래를 기대할 수 없었습니다. 이스라엘은 너무나 망가져 버려서 그들에게 미래가 올 것인지 기대조차 할 수 없을 정도였습니다.

아들이 없어 미래를 기대하지 못했던 한나는 애통하는 마음으로 하나님 앞에 나아와 울부짖으며 기도합니다. 한나는 바로 그 소망 없는 현실에서 하나님께 나아와 하나님을 바라봄니다. 한나는 하나님의 능력을 소망합니다. 하나님께서 자신의 고통을 돌아보시고 자신을 기억하시며 자신을 위하여 일하여 주시기를 갈망합니다. 하나님께서 자신의 고통스러운 현실 가운데 들어오시기를, 그리고 하나님께서 소망 없는 자신의 삶, 자신의 가정, 자신을 둘러싼 모든 상황과 현실과 세상 가운데 개입하여 주시기를 갈망합니다. 하나님께서 혼돈을 질서로, 공허를 충만으로, 흑암을 빛으로 바꾸어 주시기를 갈망합니다.

그러자 어떤 일이 벌어졌을까요? 하나님께서 개입하십니다. 하나님께서 창조의 능력으로 그녀의 삶에 역사하셨습니다. 아담을 지으셨듯이, 임신하지 못했던 한나의 태에 사무엘을 허락하셨습니다. 그리고 그 사무엘은 이스라엘에 하나님의 뜻을 선포하는, 하나님께서 이스라엘에게 개입하시는 통로이자 도구가 되었습니다. 그리고 하나님은 그를 통하여 다윗을 세우셨습니다.

그리고 하나님은 바로 그 다윗의 후손을 통하여 직접 이 세상에 오시고, 개입하시며, 역사하시고, 은혜를 베푸셨습니다. 성자 하나님 예수 그리스도께서 바로 그 다윗의 후손으로 오셨습니다. 한나의 기도는, 한나의 결단은, 슬픔으로 눈물짓던 한 여인의 한풀이로 끝나지 않았습니다. 이스라엘을 향한 하

나님의 은혜로, 온 세상과 인류를 향한 하나님의 사랑의 역사
로 열매 맺었습니다. 한나는 이스라엘의 고통스러운 현실을
대표하지만, 동시에 하나님께서 베푸시는 이스라엘의 회복의
모습을 보여 줍니다.

사무엘서에는 많은 이야기가 기록되어 있습니다. 어떤 목
사님은 '사무엘서야말로 성경에서 가장 흥미진진하고 재밌는
이야기책이다'라고 말하기도 합니다. 읽다 보면, 손에 땀이 나
기도 하고, 함께 웃기도 하고, 울기도 하고, 분노하기도 합니
다. 그 안에는 불순종과 죄악이 있습니다. 고통과 슬픔도 있습
니다. 리더십의 붕괴와 부재, 그에 따른 극심한 혼란도 있습니
다. 종교적인 문제들, 극단적인 신비주의와 무속과 같은 영적
인 혼란도 있습니다. 이스라엘 사회의 여러 문제와 타락한 성
전과 제사장들의 모습도 있고, 또 깨어진 가정도 나타납니다.

우리는 그 수많은 이야기 속에서 우리 자신의 이야기를 발
견하게 됩니다. 이 안에는 우리의 이야기가 기록되어 있습니
다. 지금으로부터 약 3000년 전 이스라엘의 이야기이고 이스
라엘의 형편이지만 우리와 너무나 닮아 있습니다. 우리의 삶,
우리의 가정, 우리의 경건과 예배와 신앙이 그 안에 있습니다.

그리고 그 이야기들은 고통스럽고 비참한 현실에서 끝나지
않습니다. 옛날이야기, 전래 동화처럼 단순히 도덕적 교훈을

주는 것이 사무엘서의 결론이 아닙니다. 혹은 우리에게 어떤 영적 부담이나 의무감을 지워 주는 것이 사무엘서의 목적이 아닙니다.

궁극적으로 이 모든 이야기는 일하시는 하나님의 이야기입니다. 사무엘서는 그 극심한 혼란 가운데 고통스러워하는 이스라엘과 우리를 위하여 일하시는 하나님의 이야기입니다. 그리고 그러한 혼란과 어려움 속에 있는 우리에게 주시는 하나님의 답입니다. 이스라엘처럼, 한나처럼 애통하고 방황하며 고통당하는 우리를 위하여 일하시고 우리를 회복시키시는 하나님의 이야기입니다.

왕이신 우리 하나님께서 고통당하는 우리에게 오셔서 우리의 혼돈을 질서로 바꾸시고, 공허한 우리의 심령을 성령과 기쁨과 안식으로 충만히 채우시며, 죄악과 무지의 흑암에서 방황하는 우리에게 진리의 빛을 비추어 주시는 은혜의 이야기입니다. 필자와 당신의 이야기이고, 필자와 당신에게 역사하시는 하나님의 이야기입니다. 과거의 사건을 기록한 옛날이야기가 아니고, 지금 필자와 당신 안에서 역사하시는 하나님의 이야기이며, 그 안에서 소망을 찾으며 다시 믿음으로 일어나는 우리의 이야기입니다.

02 한나가 일어나니
삼상 1:9-20

사사기 시대 이후 이스라엘은 하나님을 잃어버리고 영적으로, 사회적으로 극심한 혼돈과 어둠에 사로잡혔습니다. 그러나 하나님은 이스라엘을 버리시지 않았습니다. 그들에게 다시 역사하시며 그들을 회복시키십니다. 그 하나님의 일하심은 이스라엘이라는 큰 공동체를 향하는 동시에, '한나'라는 한 개인에게도 동일하게 미칩니다. 하나님은 당신의 계획을 따라 때로는 눈에 보이지도 않을 만큼 미미하여 아무도 신경 쓰지 않는, 때로는 헤어 나올 수 없는 고통 속에서 신음하고 있는, 바로 그 작고 약한 한 사람을 향하여 은혜를 베푸십니다.

사무엘상 1장은 아주 재미있는 한 편의 드라마와 같습니다. 세 명의 인물이 등장합니다. 먼저는 '엘가나'라는 남자입니다. 그는 명망 있는 집안 출신이었고, 상당한 경제력을 가졌으며, 하나님을 향해서는 경건하고 사람을 향해서는 긍휼과 사랑이 많은 좋은 사람이었습니다(삼상 1:1).

그에게는 두 명의 아내가 있었습니다. 첫 번째 아내는 '한나'입니다. 이렇게 좋은 남편과 집안에 시집을 왔지만, 그녀는 아이를 낳을 수 없어 매우 불행했습니다. 단순히 불임의 문제만은 아니었습니다. 불임 탓에 그녀의 지위는 매우 위태로웠고, 앞으로의 미래 역시 보장되지 않았습니다. 유대인들에게 '자녀'는 단순한 혈육이 아니라, 하나님께서 주시는 복의 상징이자 증거였기 때문입니다.

이스라엘은 하나님 앞에 믿음의 열매, 말씀의 열매를 맺지 못하였습니다. 그것은 이스라엘의 고통이자 어둠이었습니다. 한나 역시 그러했습니다. 그녀 이름의 의미는 '사랑을 받은 자'였지만, 그녀의 삶과 형편은 전혀 '하나님의 사랑을 받지 못한 자' 같았습니다.

엘가나의 두 번째 아내는 '브닌나'입니다. 그녀는 한나가 임신하지 못하여 엘가나가 받아들인 두 번째 아내일 것입니다. 브닌나는 아이를 낳았습니다. 브닌나는 한나를 매우 질투하고 미워하며 괴롭혔습니다. 그 괴롭힘이 매우 심하여 한나가 슬퍼하며 식음을 전폐할 정도였습니다(삼상 1:7).

이러한 고통, 자식을 낳지 못하는 상황에 놓인 한나는 하나님께 나아와 간절히 기도했습니다. 그리고 하나님께서 그 기도에 응답하셔서 그녀에게 '사무엘'이라는 아들을 주셨습니다 (삼상 1:19-20). 한나는 하나님께 기도한 대로 그 아들을 하나님 께 드립니다. 그래서 사무엘상 1장은 큰 고통과 슬픔, 억울함 과 괴로움에 있던 한나가 하나님께 기도함으로 모든 어려움을 이겨 내는 속이 시원해지는 감동적인 이야기입니다.

그러나 한나의 이야기에는 우리가 쉽게 납득하기 어려운 점이 하나 있습니다. 한나가 겪은 어려움의 원인은 '불임'이었 습니다. 그런데 그 불임의 이유가 정말 받아들이기 힘듭니다. "여호와께서 그에게 임신하지 못하게 하시니"(삼상 1:5).

하나님께서 한나의 태를 막으셨습니다. '한나'는 '은혜를 받 은 자'라는 뜻입니다. 이것이 과연 하나님의 은혜인가요? 하 나님께서 한나를 사랑하신다면, 그녀의 태를 열어 주셔서 그 녀가 자녀를 많이 낳도록 해 주시고, 그래서 남편의 사랑도 더 받고, 그 나쁜 브닌나도 이겨야 하는 것 아니겠습니까? 한나 를 사랑하신다면, 한나의 고통을 가볍게 해 주시고, 막히고 답 답한 상황들을 열어 주셔야 하는 것 아닐까요?

당신은 어떻게 생각합니까? 당신은 무엇이라 답하겠습니 까? 한나는 정말 하나님의 은혜를 받은 자입니까? 하나님은 한나를 사랑하시고, 그녀를 돌보고 계십니까? 그런데 성경은 우리에게 '그렇다'라고 답합니다. 하나님께서 한나를 사랑하셨기에 그녀의 태를 막으셨습니다.

우리도 때로는 이런 의문을 갖습니다. '하나님께서 나를 사랑하실까? 하나님께서 나를 돌보실까? 하나님께서 나를 돌보신다면 어떻게 이런 일이 일어날 수 있을까?' 특히나 일이 잘 안 풀리고, 안 좋은 일이 일어날 때 더욱 그렇습니다.

하지만 우리가 이해할 수 없고, 받아들일 수 없으며, 하나님을 향하여 의심을 거둘 수 없는 그런 상황, 그런 환경, 그런 때에도 하나님은 여전히 우리를 사랑하십니다. 그럼에도 불구하고, 우리는 하나님을 의심하고, 의문을 가집니다. 하나님의 사랑과 돌보심이 우리의 생각과 다르기 때문입니다.

하나님은 인격적이십니다. 하나님은 기계가 아니십니다. 마치 자판기에 동전을 넣으면 그 동전의 가치만큼 음료수가 나오듯이, 하나님은 그렇게 움직이시지 않습니다. 또한 실체 없이 그저 마음의 생각과 개념으로만 계신 분도 아닙니다. 하나님을 내 마음대로 조종하거나 내 생각과 뜻대로 판단할 수도 없습니다.

우리는 자신이 원하는 대로 하나님께서 해 주시는 것이 하나님의 사랑이고 은혜라고 생각합니다. 그러나 하나님은 스스로 판단하십니다. 당신의 지식과 의지와 계획에 따라 일을 이루어 가십니다. 하나님은 당신의 뜻을 이루십니다. 그리고 그 뜻은 항상, 절대적으로 옳습니다. 성경은 하나님의 그 계획과 일하심이 우리를 향한 사랑이라고 선포합니다. 그래서 우리가 의심하고 받아들이지 못할 때에도 그 안에는 분명히 하나님의 사랑과 자비가 이루어지고 있습니다. 우리가 그 지식과 계획과 뜻을 깨닫지 못할 뿐입니다.

한나에게 일어난 일도 한나의 생각과 우리의 기대와는 다르지만, 하나님께서 베푸신 은혜의 역사입니다. '어떻게 하나님께서 이러실 수 있는가?'라는 의문이 들지만, 태를 닫으신 그 사건, 아이를 낳지 못하는 그 고통과 괴로움의 시간 역시 한나를 향한 하나님의 사랑의 시간이며 은혜의 역사였습니다.

한나는 아이를 낳지 못하였습니다. 이 일은 각자에게 다른 의미로 받아들여졌습니다. 엘가나에게는 아내를 불쌍히 여기게 되는 동정의 이유가 됐습니다. 아내를 향한 사랑을 더욱 열심히 표현하고 아내를 위로하는 선한 일의 동기가 되었습니다. 그러나 그가 아무리 아내를 사랑했어도 자기 힘으로는 아내의 문제를 해결해 줄 수 없었고, 오히려 갈등은 더 커졌습니다.

브닌나에게는 그 일이 악한 마음과 행동의 이유가 되었습니다. 브닌나는 한나를 경쟁자로 생각했습니다. 한나에게 주어지는 엘가나의 사랑을 부당하다고 여겼고, 자신이 받는 대접을 불합리하다고 여겼습니다. 그래서 브닌나는 한나를 공격하고 괴롭혔습니다.

한나가 아이를 낳지 못하였습니다. 정확히는 하나님께서 한나에게 임신을 허락하시지 않았습니다. 이 일이 엘가나에게는 동정의 이유가, 브닌나에게는 죄가 되었습니다. 그렇다면 한나에게는 이 일이 어떤 의미로 받아들여졌을까요? 한나에게는 '하나님께 나아가는 이유'가 되었습니다. 한나는 이 일 때문에 하나님께 나아갔습니다. 자신의 모든 슬픔과 고통과 억울함을 다 끌어안고 하나님께 나아갔습니다.

9절을 보면, 한나의 첫 번째 행동은 '일어나는 것'이었습니다. 누구를 향하여 일어났습니까? 그녀가 일어나서 무엇을 했습니까? 어디로 갔습니까? 한나는 자신을 사랑하지만 실제로는 아무 도움도 주지 못하는 남편의 위로와 미움, 질투, 비난과 조롱을 퍼붓는 브닌나의 괴롭힘을 품에 안고, 하나님을 향하여 일어나 하나님께 나아갔습니다. 그 괴로운 마음을 하나님 앞으로 가져와 하나님께 기도하고, 하나님께 통곡했습니다.

한나의 고통은 헛된 소망이 아닌, 죄를 더하는 악도 아닌, 자신을 무너뜨려 쓰러지게 하는 좌절과 절망도 아닌, 오히려 그녀를 하나님께로 움직이게 하는, 그녀를 일으켜 하나님의 사랑으로 나아가게 하는, 그녀를 일으키는 힘이 되었습니다.

하나님께서 한나를 기도의 자리로 부르신 것입니다. 은혜의 자리로 부르신 것입니다. 한나를 하나님 당신에게로 부르신 것입니다. 이 기도로, 그리고 이 부르심으로 단지 한 가정의 문제만 해결된 것이 아니라 온 이스라엘이 구원을 얻었습니다. 온 땅에 하나님 나라의 역사가 선포되었습니다. 그리고 모든 죄인을 구하러 오시는 예수 그리스도의 구원 역사의 첫걸음이 시작되게 하셨습니다. 한 가정, 한 여인의 슬픔이었지만, 하나님은 이 일을 통하여 이스라엘, 이방인, 온 민족, 온 인류, 그리고 바로 당신의 구원 역사를 시작하셨습니다.

한나는 '여자'입니다. 그 시대의 중심이 아닌 주변에 있어야 하는 주변인이었습니다. 게다가 임신도 못했습니다. 주변인에도 끼지 못하고 더 주변으로 밀려나야 했습니다. 그녀는 일반인이었습니다. 자기 혼자서는 하나님께 나아가는 것도, 하나님께 기도하는 것도 쉽게 허락되지 않는 평범한 사람이었습니다. 한나는 무력했고, 주변으로 밀려났으며, 평범한, 아니 오히려 평범에도 미치지 못하는 슬픔과 고통을 겪는 사람이었습니다. '사랑을 받은 자'가 아니라 '사랑을 받지 못한 자'처럼 보였습니다.

그런데 바로 그 한나를 통하여, 그 소망 없고, 도움 없으며,

힘이 없는 바로 그곳에서 하나님은 은혜의 역사를 시작하셨습니다. 한나는 어떤 남자보다 하나님의 나라를 확장했습니다. 어떤 어머니보다 아들을 훌륭하게 양육했습니다. 어떤 성직자보다 하나님께 가까이 나아갔고, 하나님을 사랑했으며, 하나님의 은혜를 경험했습니다. 하나님께서 한나를 영광스럽게 만드셨습니다.

18절을 보면, 한나는 하나님께 기도하기를 마치고 집으로 돌아갑니다. 그런데 그 얼굴에 다시는 근심의 빛이 없었습니다. 이 말씀을 꼭 기억해야 합니다. 한나가 기도하자마자 아들이 생겼습니까? 아닙니다. 사실 한나에게는 아직 아무 일도 일어나지 않았습니다. 한나가 처한 상황은 바뀌지 않았습니다. 아들이 아직 생기지 않았으니 무엇이 바뀌었겠습니까?

그럼에도 한나는 자신의 얼굴에서 근심을 거두었습니다. 기다리지 않았습니다. '그래, 일단 기도해 놓고, 한번 지켜보자. 하나님께서 아들을 주시면 그때 기뻐하고 감사하자. 그 전까지는 마음을 놓을 수 없다'라고 생각하지 않았습니다. 한나는 그 순간 모든 근심을 이길 수 있었습니다. 어떻게 이럴 수 있습니까?

하나님의 사랑은 한나가 처한 상황에 임한 것이 아니라, 한나 자신에게 임했기 때문입니다. 한나가 처한 상황이 바뀌는 것이 하나님의 은혜가 아니라, 한나가 하나님을 만나고 하나님을 경험하여 하나님을 사랑하는 것, 그리고 한나의 마음에 하나님의 영으로 충만한 것이 하나님의 은혜입니다. 한나는 그것을 깨달았습니다. 상황의 변화가 아니라 자신의 변화가 하나님의 은혜임을 한나는 그 순간 깨달은 것입니다.

당신은 참된 믿음이 무엇이라고 생각합니까? 성경이 우리에게 알려 주는 기독교의 참된 영성, 바른 믿음의 모습은 무엇이라고 생각합니까? 아무리 아프고 슬프며 고통스러워도 울지 않고, 원망하지 않고, 슬퍼하지 않는 것이 믿음일까요? 당신은 그럴 수 있습니까?

우리 믿음과 우리 영성의 목표는 우리가 사는 이 땅의 삶을 초월하는 도인이 되는 것이 아닙니다. 그런 영적 이원론, 즉 '영적인 것은 좋은 것이고, 육적인 것은 나쁜 것이다', '믿음을 가지면 육적인 삶은 무시할 수 있다' 등 그렇게 믿는 것이 얼마나 교회와 신자를 괴롭히고 잘못된 믿음을 가지게 했는지 모릅니다.

우리의 믿음과 우리의 영성은 슬퍼하고, 괴로워하고, 고통스러워하고, 의심하고, 때로는 원망하고, 짜증 부리는 등 그러한 삶의 고통과 눈물을 겪는 것입니다. 그러나 거기에 머무는 것이 아니라, 거기에 붙잡힌 것이 아니라, 거기에 함몰되는 것이 아니라, 그 안에서 하나님을 바라보는 것입니다. 하나님 앞으로 나아가는 것입니다. 모든 슬픔과 고통을 다 뛰어넘은 도통한 도인이 되어 이 땅의 번뇌와 고뇌를 초월하거나 상황을 내 마음 원하는 대로 조종하는 것이 아니라, 그 슬픔과 고통을 하나님께 가져가는 것입니다. 하나님 앞에 쏟아 놓는 것입니다. 하나님의 손길에 의탁하는 것이며, 하나님의 일하심을 기대하는 것입니다.

내가 힘이 세지는 것이 아니라, 강하신 하나님의 손, 능하신 하나님의 팔이 나를 감싸고 나를 붙잡는 그 은혜를 경험하는 것, 이것이 하나님께서 우리에게 주시는 은혜입니다. 이것이 예수님을 믿는 것이며, 예수님께서 내 안에 계시는 것이며, 내가 예수님 안에 거하는 것입니다.

그래서 상황은 변하지 않아도, 여전히 가난하고, 여전히 아프고, 여전히 힘들지만, 그 안에서 하나님을 뵙고, 그 안에서 하나님을 경험하며, 내 마음이, 내 생각이, 내 뜻이 변화되는 것, 그것이 믿음의 열매입니다. 우리의 연약한 상태가 하나님께서 위대한 일을 시작하시는 바로 그 시작점이 됩니다. 우리가 하나님을 의지하여 그분 앞에 우리의 눈물과 고통을 쏟아낼 때, 그때 하나님은 당신의 위대한 역사를 시작하십니다.

하나님은 연약한 우리의 팔을 들어 일을 행하시고, 작은 우리의 목소리를 통하여 당신의 말씀을 선포하시며, 힘없는 우리의 걸음을 통하여 당신의 복음이 퍼져 나가게 하십니다. 차갑고, 갈등하고, 어려움을 겪는 우리의 가정이 하나님의 나라가 되게 하시며, 이 가정을 통하여 하나님의 나라가 이루어지게 하실 것입니다. 한나를 통하여 이루신 그 놀라운 은혜의 역사로 우리를 부르십니다. 우리를 통하여 그 위대한 역사를 하나님께서 행하실 것입니다.

03 주의 구원으로 말미암아
삼상 2:1-10

사무엘상 2장 1절부터 10절까지는 한나의 기도이자 찬양입니다. 드디어 한나에게 아들이 생겼습니다. 보통은 하나님 앞에 소원을 두고 간절히 기도하다가 소원이 이루어지면, 믿음과 기도의 열심이 약해집니다. 그러나 한나는 하나님을 향한 마음이, 그 기도와 찬양의 열심이 전혀 식지 않았습니다. 그녀는 변함없이 하나님께 기도와 찬양을 드리며 하나님 앞에 나아갔습니다.

한나는 자신에게 일어난 놀라운 변화를 말합니다. 1절에 기록된 한나의 모습은 이전의 한나와 완전히 다릅니다. 사무엘상 1장에 기록된 이전의 한나는 힘없고 연약하여 아무것도 하지 못한 채로 무기력하게 두려움에 벌벌 떨어야 하는 한 마리 어린양과 같았습니다. 울고 슬퍼하며 마음이 괴롭고 통곡하는 여인이었습니다.

그런데 사무엘상 2장 1절에 기록된 여러 표현은 크고 강하고 맹렬한 짐승들의 모습을 묘사하는 단어들입니다. 1절에 기록된 한나는 큰 뿔을 위아래로 흔들며 높이 치켜든 채로 거침없이 모든 장애물을 뚫고 지나가는 황소와 같습니다. 한나는 큰 입을 벌려 으르렁거리고 날카로운 이빨을 자랑하며, 말 그대로 온 땅을 흔드는 사자후를 토하면서 맹렬하게 먹이를 향하여 달려가는 사자의 모습입니다. 이제 한나는 그 마음에 기쁨과 즐거움이 충만합니다.

어떻게 이렇게 변할 수 있을까요? 한나가 이렇게 변화된 이유는 무엇일까요? 그녀에게 아들이 생겼기 때문일까요? 1장 후반부를 보면 사무엘을 대하는 한나의 모습은 담담합니다. '아들을 낳았다. 잘 길렀다. 그리고 기도한 대로 하나님께 아이를 바치기 위하여 제사장 엘리에게 데려갔다.' 이 정도입니다. 물론 한나가 사무엘을 사랑하지 않았다거나 기뻐하지 않았다는 의미는 아닙니다. 한나는 사무엘로 말미암아 기뻐하고 감사했습니다. 그럼에도 아들이 주는 기쁨과 감격 그 이상의 은혜가 한나에게 임한 것입니다.

그래서 1절은 한나가 '그냥 기쁘고 좋았다'라고 하지 않고 한나의 변화를 기록합니다. 한나의 기쁨, 한나의 즐거움은 아들 때문만이 아니라 자신의 변화 때문이었습니다. 그 변화가 어디서 왔습니까? 여호와 하나님입니다. 한나는 아들 사무엘만으로 기뻐하는 것이 아닙니다. 그 아들을 주시고 자신의 생각과 마음과 삶과 믿음을 변화시키신, 그리고 무기력하고 연약하며 주저앉아 울기만 하던 힘없는 어린양 같은 자신을 강력한 황소, 맹렬한 사자와 같이 변화시켜 주신 그 하나님으로 말미암아 기뻐하고 즐거워합니다.

당신에게 하나님은 어떤 분이십니까? 한나의 이야기를 통해서, 그리고 사무엘서를 통해서 성경이 우리에게 알려 주는 하나님은 단순한 관념이나 이념도 아니고, 무능하고 무력하여 사람보다 못한 우상도 아닙니다. 많은 사람이 하나님을 간접적인 분으로 상상합니다. 그저 저 멀리 어디선가 가만히 우리를 지켜보시다가 그분이 원하시는 조건이 충족되면 내려와서 돕는 분으로 생각합니다.

그러나 하나님은 그런 분이 아니십니다. 하나님은 들으시고, 돌보시며, 역사하시는 분입니다. 멀리 계신 분이 아니라 가까이, 바로 내 옆에 계신 분입니다. 영원하신 동시에 순간에 불과한 우리의 시간에 계시는 분이며, 온 땅, 온 우주에 충만하신 동시에 극히 제한된 우리의 공간에도 임하시는 분입니다. 우리를 먼저 사랑하시는 분이고, 우리에게 먼저 은혜를 베푸시는 분이며, 우리의 삶 가운데 당신의 뜻과 의지를 실현하시기 위하여 역사하시는 분입니다.

한나는 그 하나님을 만났고 경험하였습니다. 그리고 그 은혜를 찬양합니다. 그래서 이 한나의 기도는 그 어떤 신학자의 책보다 하나님을 잘 알려 주고, 그 어떤 기도보다 하나님 앞에 신자의 마음을 쏟아 놓는 것이며, 그 어떤 찬송보다 우리에게 위로와 소망과 능력을 줍니다.

먼저, 한나의 기도는 하나님이 어떤 분이신지를 우리에게 알려 줍니다. 2절에 따르면, 하나님은 다른 어떤 존재보다 거룩하시며, 그 어떤 존재보다 든든한 반석이십니다. 하나님은 거룩하십니다. 하나님은 선하시며, 하나님의 뜻과 행하심에 어떤 모자람이나 악한 것이 없습니다. 그래서 하나님은 반석이십니다. 하나님 외에는 그 어떤 것 위에도 우리의 삶이 설 수 없습니다. 하나님이 없다면 그 어떤 삶도 안전할 수 없습니다.

반석 위에 지은 집은 언제 그 가치가 나타날까요? 반석 위에 집을 짓는다고 폭풍과 홍수가 피해 가지 않습니다. 반석 위에 지어도 홍수는 집을 덮쳐 오고, 폭풍은 집을 무너뜨릴 것처럼 퍼붓습니다. 그러나 반석 위에 지은 집의 가치는 바로 그 홍수와 폭풍 가운데서 나타납니다.

비가 내리고 창수가 나고 바람이 불어 그 집에 부딪치되 무너지
지 아니하나니 이는 주추를 반석 위에 놓은 까닭이요 _마 7:25

반석 위에 지은 집은 비가 내리고 창수가 나고 바람이 불어 부
딪쳐도 무너지지 않습니다. 거룩하고 완전하신 하나님께서 우
리의 반석이십니다. 그 하나님 위에 세운 우리의 믿음의 집은
때로는 고통을 당해도, 때로는 무너질 것 같은 폭풍을 겪어도
무너지지 않습니다. 한나가 바로 그 반석이신 하나님을 경험
한 것입니다. 반석이신 하나님 위에 자신을 세워 그 폭풍 속에
서 쓰러지지 않고 버텨 냈습니다.

당신은 이 하나님을 믿습니까? 하나님께서 당신의 반석이십
니까? 혹시 당신은 다른 것 위에 당신의 믿음을, 당신의 가정
을, 당신 자신을 세우고 있지는 않습니까? 하나님께서 반석이
십니다. 그 어느 것과도 비교할 수 없는 견고한 반석이십니다.

이어서 한나는 하나님께서 하시는 일들을 찬양하며 기도합
니다. 그 내용이 3절부터 8절까지입니다. 3절에 따르면, 하나
님은 사람의 말과 행동을 달아보시는 지식의 하나님이십니다.
하나님은 모르시지 않습니다. 교만과 오만은 하나님이 없다고
믿으며 하나님을 무시하는 것입니다. 그러나 하나님은 계십니
다. 하나님은 모든 것을 아십니다. 하나님은 역사하십니다.

하나님은 용사의 활을 꺾으시고, 약해서 패배한 자를 강하게 하십니다. 풍족하던 자를 주리게 하시고, 주리던 자를 배부르게 하십니다. 임신하지 못하던 자가 임신하게 하시고, 많은 자녀를 둔 자들은 오히려 쇠약해지게 하십니다. 하나님은 죽이기도 하시고 살리기도 하시며, 고통을 주기도 하시고 심판에서 건지기도 하십니다. 가난하게도 하시고 부하게도 하시며, 낮추기도 하시고 높이기도 하십니다. 가난한 자를 일으키셔서 높은 자리에 올리십니다.

이것이 무엇을 의미할까요? 어떤 사람들의 주장처럼 '빈부를 철폐하고 신분을 뒤집어엎는 혁명'이 이 찬송의 제목이고 기도의 제목일까요? 하나님께서 그런 분이실까요? 아닙니다. 그렇지 않습니다.

4-8절의 말씀을 우리의 삶에 적용해 보면 그 의미가 분명히 나타납니다. 가난하면 우리는 기가 꺾입니다. 그러나 하나님 안에 있으면 가난한 자는 의기소침할 필요가 없습니다. 아프면 우리는 좌절합니다. 그러나 하나님 안에 있으면 아픈 자는 슬퍼하지 않아도 됩니다. 부자가 되면 우리는 교만해집니다. 그러나 하나님 안에 있으면 부자는 교만해질 수 없습니다. 육체가 건강하면 우리는 자신만만해집니다. 자기를 자랑합니다. 그러나 하나님 안에 있으면 건강한 자는 자기를 자랑할 수

없습니다.

왜 그렇습니까? 우리의 삶과 인생을 결정하는 것은 가난도, 부요함도, 건강도, 질병도, 약함도, 강함도, 실패도, 성공도 아니기 때문입니다. 우리의 인생을 결정하는 것은, 정말로 우리의 삶을 이끄는 것은 내가 소유한 나의 것이 아니라 나를 소유하신 하나님이시기 때문입니다. 그래서 8절 마지막에서 한나는 하나님께서 이 세계를 지으셨고 다스리신다고 고백하며 찬양합니다.

우리는 이 땅에서 일어나는 수많은 일이 우리의 삶에 영향을 끼친다고 믿으며 살아갑니다. 그리고 그 일들이 우리의 삶을 좌우하고, 가치를 결정하고, 의미를 주거나 빼앗는다고 생각합니다. 돈, 권력, 건강, 사람, 정치, 문화가 우리의 삶을 좌우할 수 있다고 믿습니다. 그런데 정말 그렇습니까? 정말 그렇다면, 우리는 어디서 참된 기쁨을 맛보고 영원한 만족과 위로를 누리며 안심할 수 있겠습니까? 정말 그렇다면, 우리는 어떻게 황소처럼 이 세상을 뚫고 지나가고 사자처럼 맹렬히 이 세상을 정복하며 담대히 나아갈 수 있겠습니까?

실제로 우리의 삶을 주관하시는 분은 하나님이십니다. 우리의 가장 강력한 현실은 하나님이십니다. 이 세상의 어떤 현실보다, 우리가 겪는 어떤 현실의 문제보다 크고 강하며 우리에게 가까이 있는 현실은 하나님이십니다. 우리를 무너뜨리고 더럽히는 모든 현실의 문제는 하나님이라는 현실 앞에 전부 힘을 잃습니다. 그래서 우리는 황소처럼 이 현실을 뚫고 지나갈 수 있습니다. 맹렬한 사자처럼 담대하게 이 세상을 향하여 승리를 선포할 수 있습니다.

당신은 이 하나님을 믿습니까? 한나가 믿은 이 하나님이 당신의 하나님입니까? 오직 하나님만이 우리의 삶을 변화시키시고 가치와 의미를 주시며 살게 하시는 분이라는 사실을 믿습니까? 그저 지식이 아닌, 그저 관념이 아닌, 그저 억지로 오늘도 끌려 나와 나를 억누르는 종교가 아닌 지금도 살아 계셔서 여기서도 역사하시며 나와 함께하시는 그 하나님, 나의 삶을 바꾸시고 나를 변화시키시며 나에게 생명과 힘과 능력과 은혜를 주시는 그 하나님을 당신은 믿습니까? 그 하나님을 만나시길 바랍니다.

그런데 그 하나님을 어떻게 만날까요? 한나가 하나님을 어떻게 만났습니까? 예배 가운데 만났습니다. 하나님을 묵상하는 가운데 만났습니다. 하나님께 기도하는 중에 그 은혜를 경험했습니다. 영원하신 하나님을 뵙는, 온 우주에 편만하신 하나님을 뵙는 바로 그 접점, 그 시간, 그 장소가 예배였고 기도였으며 하나님을 묵상하는 것이었습니다.

이 예배가 우리의 현실이 되기를 간절히 소원합니다. 우리의 현실이 이 예배가 되기를 간절히 소원합니다. 한나의 하나님이 예수 그리스도 안에서 우리의 하나님이 되어 한나가 누린 그 놀라운 은혜를 우리도 경험하게 되기를 간절히 소원합니다.

마지막으로 9절과 10절에 따르면, 한나는 하나님께서 앞으로 무엇을 하시며 누구를 통하여 이루실지를 기도합니다. 거룩하시고 반석이신 하나님께서 삶의 모든 현실의 문제에 개입하시고 역사하심으로 힘을 주셨습니다. 그래서 하나님은 9절의 말씀과 같이 거룩한 자들, 즉 당신 자녀들의 발을 지키셔서 구원의 길로 인도하실 것입니다. 그러나 악한 자들은 심판하실 것입니다.

이 구원과 심판의 역사는 하나님께서 세우시고 힘을 주신 당신의 왕을 통하여, 기름 부음을 받은 자의 권세를 통하여 이루어질 것입니다. 왕이 바로 기름 부음을 받은 자입니다. '기름 부음을 받은 자'는 구약의 언어로는 '메시아'이고, 신약의 언어로는 '그리스도'입니다.

거룩하시고 반석이신 하나님께서 당신의 백성은 구원으로 인도하시며 죄인은 심판하실 것입니다. 당신의 백성이 처해 있는 모든 현실과 상황에 역사하셔서 그들이 황소와 같이, 사자와 같이 이기게 하실 것입니다. 이 모든 은혜의 역사는 하나님의 왕, 하나님께서 기름 부으시고 세우신 메시아를 통하여 이루어집니다. 바로 예수 그리스도이십니다. 예수 그리스도 안에 이 은혜의 역사가 충만합니다. 예수 그리스도를 구주로 믿어 그분 안에 거하는 자는 이 은혜를 충만히 받아 누릴 것입니다.

한나는 시간 안에 살면서 영원하신 하나님을 경험했습니다. 한나는 좁은 땅에 거하면서 온 땅에 충만하신 하나님을 경험했습니다. 그녀는 무지했지만 하나님을 아는 지식으로 충만하여 어느 누구보다 지혜로웠습니다. 그녀는 약하였지만 하나님의 도우심으로 어느 누구보다 강력했습니다. 그녀는 슬픔으로 눈물지었지만 어느 누구보다 기쁨과 즐거움이 충만하였고, 고통과 괴로움 앞에 몸서리를 쳤지만 하나님께서 그녀와 함께하심으로 그녀는 황소가 되고 사자가 되어 현실을 뚫고 지나갔습니다. 그 믿음의 능력을, 하나님의 은혜를, 예배 가운데, 일상의 삶 가운데 당신도 매일 경험하시기를 바랍니다.

04 말씀으로 자기를 나타내시니라

삼상 3:19-21

사무엘상 2장 12절 이후와 3장에는 뚜렷하게 대조되는 두 이
야기가 있습니다. 부패와 타락으로 거룩한 제사장의 직분을
잃어버린 엘리와 그 아들들의 이야기와 반대로 하나님을 섬기
며 거룩한 제사장으로, 그리고 하나님의 사람으로 성장해 가
는 사무엘 이야기입니다.

　대제사장 엘리의 아들들은 엘리가 한탄하듯이(삼상 2:25), 하
나님을 향하여 그리고 사람을 향하여 용서받을 수 없는 추악
한 죄악을 저질렀습니다. 그들은 자신들의 욕망을 채우기 위
하여 하나님께 드려진 제물을 중간에서 횡령했고 사람들을 협
박하여 강탈하기까지 했습니다. 심지어 하나님을 섬기기 위하
여 회막문에서 봉사하던 여인들과 간음까지 저질렀습니다.

　엘리 역시 아들들의 죄악에서 자유로울 수 없었습니다. 그
는 사실 아들들의 악행을 방조했습니다. 2장 23-25절에 따르

면, 그가 아들들을 책망하는 듯 보이지만 아들들을 죄악에서 돌이키게 하지는 못했습니다. 이런 엘리에게 하나님은 질책하셨습니다. "네 아들들을 나보다 더 중히 여겨"(삼상 2:29). 유진 피터슨은 이러한 엘리와 그의 아들들의 죄악을 다음과 같이 설명합니다.

> 종교는 그(엘리)의 직업이며 제사장직은 일종의 종교적 기능으로 전락했다. 그러므로 그는 하나님과 교제할 필요가 전혀 없었다. 홉니와 비느하스 역시 제사장 직분을 흉내 내고 있었지만 그들은 더 나빴다. … 그들의 마음속에서 가장 싫은 존재는 하나님이다.[1]

"엘리의 아들들은 행실이 나빠 여호와를 알지 못하"였습니다(삼상 2:12). 이는 단순히 그들에게 하나님을 아는 지식이 없다는 의미가 아닙니다. 그들은 하나님을 전혀 의식하지 않았고, 하나님과 상관없이 살았습니다.

그들은 하나님을 섬겼습니다. 그들은 하나님께 제사를 드렸습니다. 그들은 제사장이었기에 제사를 집례하고 예배를 인도하며 기도하고 말씀을 전하는 일을 했습니다. 그러나 그들

---

1 유진 피터슨, 『사무엘서 강해』, 박성혁 역(서울: 아바서원, 2016), 63.

은 하나님과 교제하지 않았습니다. 그들의 활동은 그저 형식에 그치는 종교 활동에 불과했습니다. 하나님과의 교제가 필요하지 않았고 하나님과의 교제를 간구하지도 않았습니다. 오히려 그들에게 하나님과의 교제는 귀찮은 일이었습니다. 그리고 그들에게 하나님은 가장 번거로운 존재가 되어 버렸습니다. 그들은 하나님과 교제하기 위하여 하나님 앞에 나간 것이 아니라, 그저 하나님을 이용하기 위하여 그 이름을 사용했을 뿐입니다.

그래서 그들은 당연히 여호와 하나님을 알지 못하였습니다 (삼상 2:12). 3장 1절의 말씀과 같이, 말씀이 희귀한 시대에 더욱 말씀을 어둡게 했을 뿐만 아니라 하나님을 향하여, 하나님의 말씀을 향하여 완전히 귀를 막고 마음을 닫았습니다.

왜 목회자가 타락할까요? 왜 기독교가 타락할까요? 왜 그리스도인이 거룩한 삶을 잃어버리고 세상의 소금과 빛의 역할을 감당하지 못할까요? 단순합니다. 하나님과 교제하지 않기 때문입니다. 하나님 앞에 서지 않기 때문이고, 하나님의 말씀에 귀 기울이지 않기 때문입니다. 하나님을 이용하기만 할 뿐, 하나님과 상관없이 살아가기 때문입니다.

엘리와 그의 아들들의 모습은 하나님과 교제하지 않는 신앙생활의 세 가지 모습을 보여 줍니다. 첫째, 하나님과 교제하지 않으면 신자의 정체성을 상실합니다. 어쩌면 처음부터 신자의 정체성이 없었기에 하나님과 교제하지 않는지도 모릅니다. 엘리와 그의 아들들은 제사장이라는 고귀한 직분의 정체성을 잃어버렸을 뿐만 아니라 하나님 나라의 백성이며 하나님의 자녀라는 거룩한 영적 정체성도 잃어버렸습니다.

둘째, 하나님과 교제하지 않으면 엘리처럼 무력하고 무능하여 어떤 삶의 변화도 이끌어 내지 못하고 형식적인 종교 활동만 하게 됩니다. 엘리는 자기 자신이 하나님의 말씀으로 변화되지 못했을 뿐만 아니라 자신의 아들들마저도 변화시키지 못했습니다. 그의 말은 그저 공허한 울림에 불과했고, 어떤 열매도 맺지 못했으며, 어떤 능력도 나타내지 못했습니다.

셋째, 엘리의 아들들이 보여 준 것처럼 하나님과의 교제가 없는 신앙생활은 선이 아니라 오히려 악을 행하는 죄악의 도구가 되기도 합니다. 그들은 거룩한 성전을 죄악의 장소로 만들었고, 거룩한 제사를 탐욕을 채우는 수단으로 변질시켰습니다.

그러나 사무엘은 그들과 반대의 지점에 있습니다. 우리는 하나님을 떠난 엘리 가족의 죄악이 아니라 하나님 앞에서 하나님을 섬기며 하나님과 깊은 교제를 나누는 사무엘을 눈여겨봐야 합니다. 사무엘은 자신의 정체성을 잃어버리지 않았습니다. 사무엘이 부모의 집을 떠나 엘리의 집으로 들어온 이후 그의 삶을 설명하는 가장 주된 표현은 '하나님을 섬겼다'입니다.

엘리의 아들들이 제사장의 거룩한 정체성과 사명을 내팽개칠 때, 사무엘은 세마포 에봇, 곧 제사장의 옷을 입고 하나님을 섬겼습니다(삼상 2:18). 엘리의 아들들이 하나님을 거역하여 자신들의 죄악을 키울 때, 그는 여호와 하나님 앞에서 성장했습니다(삼상 2:21). 엘리와 그의 아들들이 하나님의 저주와 사람들의 비난을 받을 때, 사무엘은 하나님과 사람들에게 더욱 은총을 받았습니다(삼상 2:26). 엘리와 그의 아들들에게 하나님의 말씀이 끊어지고 온 이스라엘에 하나님의 말씀이 희미해지는 그때, 하나님께서 사무엘을 부르셨습니다(삼상 3:4). 그리고 하나님의 말씀이 그에게 임하였고, 그 말씀으로 하나님은 당신을 사무엘에게 나타내셨습니다(삼상 3:21). 이처럼 사무엘은 엘리의 가족들과는 반대로, 하나님과의 교제 안으로 더욱더 깊이 들어갔고 하나님과 함께했으며 하나님의 사람으로 자라났습니다.

당신은 하나님과 교제하고 있습니까? 당신은 하나님과 함께하는 신앙생활을 하고 있습니까? 어쩌면 우리는 엘리의 아들들처럼 추악한 범죄를 쉽게 저지르지는 못할 것입니다. 오히려 그런 죄악은 교회의 지도자들에게서 나타납니다. 하나님과 함께하지 않고 하나님을 두려워하지도 섬기지도 않는 교회

지도자는 그저 자기 탐욕을 위하여 하나님을 이용하는 죄악에 빠지기 쉽습니다.

그러나 엘리의 모습, 곧 어떤 믿음의 능력도 경험하지 못하고 그 삶에서 어떤 말씀의 역사도 맛보지 못하며 하나님과 상관없이 살아가는, 그런 무기력하고 무능력한 신앙의 모습 역시 결코 괜찮지 않습니다. 큰 죄악을 범하는 것만이 죄가 아니라 하나님의 은혜와 능력을 온전히 누리지 못하고 맛보지 못하는 것 역시 죄이고 잘못이며, 무엇보다 너무나 큰 고통이고 손해입니다.

다시 한 번 묻습니다. 당신은 하나님과 교제함으로 하나님과 함께하는 유익을 누리고 있습니까? 형식적이고 피상적인 신앙생활이 아니라 당신의 삶이 변화되고 거룩한 정체성이 유지되며 성령의 능력을 경험하는 믿음의 삶을 살고 있습니까?

지금, 당신 삶의 목적은 무엇입니까? 지금, 당신의 정체성을 규정하는 것은 무엇입니까? 지금, 당신의 삶을 이끌어 가는 원동력은 무엇입니까? 지금, 당신의 기쁨과 즐거움, 소망과 기대는 무엇입니까? 당신은 하나님과 깊은 사귐을 누리고 있습니까? 당신의 삶에 하나님께서 실제로 함께하십니까? 당신은 하나님과 동행하고 있습니까?

그러면 어떻게 해야 하나님과 교제할 수 있을까요? 사무엘처럼 하면 됩니다. 하나님과의 교제는 단순히 외적 형식으로 이루어지지 않습니다. 엘리와 그의 아들들만큼 형식을 잘 갖추었던 사람들이 어디 있습니까? 그들은 제사장이었기에 형식은 철저히 지켰을 것입니다. 그러나 그들은 하나님과 전혀 상관없이 살아갔습니다.

하나님과의 사귐은 단순히 하나님을 아는 지식과 정보를 쌓는다고 해서 이루어지지도 않습니다. 누군가를 아는 것과 누군가와 사귀는 것, 그리고 누군가와 교제하는 것은 전혀 다른 이야기입니다. 우리는 텔레비전에 나오는 연예인들을 잘 압니다. 그들의 나이는 물론이고 키와 몸무게, 생일과 취향까지도 압니다. 그러나 그것은 정보일 뿐 사귐이 아닙니다. 아무리 예쁘고 멋진 연예인을 좋아해도 그것은 사귐이 아닙니다. 그의 팬은 될 수 있지만, 그의 배우자가 될 수는 없습니다.

사귐과 교제는 인격적인 것입니다. '팬'이 아니라 '부모와 자식'이 되는 것이며, '남편과 아내'가 되는 것입니다. 내용 없는 형식도 아니고, 내용만 있는 지식도 아닙니다. 사귐은 그를 아는 지식과 그와 함께하는 삶이 어우러지는 인격적인 상호 작용입니다. 그의 삶이 나의 삶이 되고 나의 생활이 그의 생활이 되는 것, 그것이 참된 교제이며 사귐입니다. 하나님과의 사귐이 바로 그러합니다. 그래서 하나님은 예수님을 믿는 자들의 아버지가 되셨으며, 예수님을 믿는 자들은 하나님의 자녀가 되었습니다. 또한 예수님은 교회의 신랑이 되셨고, 교회는 그의 신부가 되었습니다.

그 일이 사무엘에게 너무나도 분명하게 나타나고 있습니다. 하나님께서 사무엘에게 말을 거셨습니다. 하나님께서 사무엘에게 말씀하셨습니다. 하나님은 말씀으로 사무엘에게 당신을 나타내시며 사무엘과 교제하셨습니다(삼상 3:21).

하나님과의 사귐은 하나님의 말씀으로 이루어집니다. 하나님께서 우리에게 말씀하실 때, 그 말씀을 통해 우리는 하나님을 만나고 경험하며 알게 됩니다. 그리고 그 말씀 앞에 우리의 마음을 쏟아 놓을 때, 곧 기도로 하나님 앞에 우리의 마음을 올려 드릴 때, 그때에 비로소 깊은 교제가, 하나님과의 사귐이 우리의 삶에서 일어납니다.

극심한 혼란과 어둠이 이 땅을 뒤덮고 사람을 고통스럽게 할 때, 하나님의 말씀이 임하였습니다. 그리고 그 말씀이 임할 때, 하나님은 그 말씀을 들을 자를, 곧 그 말씀에 반응하여 당신께 나아와 당신과 깊은 교제를 누릴 자들을 부르셨으며, 그들을 통하여 당신의 은혜의 역사를 이루셨습니다.

태초에 온 땅이 공허하고 혼돈하며 흑암에 갇혀 있을 때, 하나님의 창조의 말씀이 임하였습니다. 그러자 공허는 충만으로, 혼돈은 질서로, 흑암은 빛으로 바뀌었습니다. 하나님은 그 모든 창조 역사의 절정으로 아담을 창조하시고 그에게 말씀하시며 깊은 교제를 나누셨고, 온 땅의 역사를 시작하셨습니다.

온 땅에 죄악이 가득하고 사람들의 마음에 악이 가득할 때, 의와 거룩은 하나도 보이지 않던 그곳에 하나님의 말씀이 노아에게 임하였습니다. 노아가 그 말씀에 반응하고 순종함으로 하나님과 교제하였고, 그를 통하여 온 땅에 구원의 역사가 일어났습니다.

홍수 이후에 또다시 사람들이 범죄하여 하나님을 떠나 교만해지고 자기 욕심을 따라 뿔뿔이 흩어져 하나님을 잊어 가던 그때, 하나님의 말씀이 아브라함에게 임하였습니다. 하나님께서 아브라함을 부르셨고 그와 깊이 교제하셨습니다. 그 아브라함으로 말미암아 온 땅에 임하는 구원의 역사와 구원의 약속이 시작되었습니다.

이스라엘 사람들이 애굽에서 종살이하며 하나님도 잊고 말씀도 잊은 영적인 고통과 가혹한 노예 생활의 고통으로 울부짖던 그때, 하나님의 말씀이 모세에게 임하였습니다. 하나님은 모세를 부르셨고 그와 교제하셨습니다. 그 모세로 말미암아 출애굽의 놀라운 역사가 시작되었습니다.

하나님의 백성들이 혼란과 흑암과 고통과 슬픔과 죄악과 비참함에 처해 있을 때, 그래서 울부짖으며 눈물 흘리며 유리 방황하던 그때, 그곳에 하나님의 말씀이 임하였고 그 말씀에 반응하며 하나님과 깊은 교제를 누리는 자들을 통하여 하나님의 놀라운 구원 역사가 일어났습니다. 사무엘이 그랬고, 다윗이 그랬으며, 이사야가 그랬고, 에스겔이 그랬으며, 다니엘이 그러했습니다. 그리고 지금 우리에게 그 말씀이 임했습니다.

예수님께서 죄악 가운데 신음하며 고통하던, 소망 없던 우리에게 오셨습니다. 말씀이 육신이 되어 우리 안에 거하시는 그 놀라운 말씀의 임재가 예수 그리스도 안에서 우리에게 충만히 주어졌습니다. 예수님 안에 하나님의 말씀이 충만하기에 예수님을 보고 믿음으로 하나님과의 깊은 교제를 누리며 그 안에 거하는 것입니다. 예수 그리스도를 믿음으로 하나님의 말씀을 받는 것이고, 예수 그리스도 안에서 하나님의 음성을 듣는 것이며, 예수 그리스도를 믿음으로 그 말씀 안에서 하나님과 깊은 교제를, 그 생명의 교제를 비로소 우리는 누리게 됩니다.

하나님은 오늘도 우리를 부르십니다. 하나님은 오늘도 우리와 깊은 교제를 나누기 원하십니다. 하나님은 오늘도 사무엘에게 하신 것처럼 '말씀'으로 당신을 우리에게 나타내시고, 그 '말씀'으로 우리를 깊은 교제로 초청하시며 우리를 회복시키시기 원하십니다.

우리를 어떻게 부르실까요? 예수님을 믿는 믿음과 우리 손에 들려주신 가장 확실한 하나님의 말씀인 성경으로 우리를 부르십니다. 희미한 음성이 아닌, 모호한 환상이 아닌, 불확실한 경험이 아닌, 이 땅에 육체로 오신 예수님과 선명하고 정확하게 기록된 말씀으로 하나님은 지금 우리에게 말씀하시며 이 말씀 안에서 우리와 교제하십니다.

이 말씀 안으로 들어오십시오. 성경 안으로 들어오십시오. 성경을 읽으시고, 선포되는 말씀을 들으십시오. 하나님과의 깊은 사귐 안으로 들어오십시오. 이 말씀을 통하여 우리에게 말씀하시는 하나님의 음성을 들으십시오.

우리는 말씀 안에서 잃어버린 거룩한 정체성을 회복할 것입니다. 잃어버린 영광스러운 사명을 다시 회복할 것입니다. 잃어버린 능력을 다시 찾을 것입니다. 우리를 부르시는 그 말씀 앞으로 나와 하나님과의 교제를 회복하십시오. 거기에 우리의 모든 회복이 있습니다. 하나님과의 교제가 회복되지 않으면 그 어떤 것도 회복될 수 없습니다. 하나님의 말씀을 읽고 듣기를 시작하는 것이 하나님과의 교제의 회복이며 우리의 회복의 시작입니다.

05 사람의 실패, 하나님의 승리

삼상 4:10-11, 5:1-5

사무엘상 4장부터 7장까지는 성경에서 가장 극적인 사건들을 기록하고 있습니다. 이스라엘과 블레셋 사이에 전쟁이 일어났습니다. 이후로도 이스라엘과 블레셋 사이의 갈등과 전쟁은 끊임없이 일어납니다.

그런데 이스라엘이 블레셋과의 전쟁에서 패배합니다(삼상 4:2). 이스라엘은 패배의 원인을 찾습니다. 그들이 찾은 이유는 '하나님의 언약궤를 가져오지 않은 것'이었습니다. 그들은 조상들이 광야를 지날 때 언약궤가 언제나 그들 앞에서 진행한 일과 전쟁 때에 언약궤와 함께함으로 승리했던 역사를 기억했을 것입니다. 그래서 그들은 언약궤를 전쟁터에 가져옵니다(삼상 4:4).

처음에는 이 조치가 효과가 있는 것처럼 보였습니다. 언약궤가 오자 이스라엘 군대의 사기가 치솟았습니다. 얼마나 크게 환호했는지 땅이 울릴 정도였습니다(삼상 4:5). 반대로 블레셋 군대는 심각한 위기감을 느끼기 시작했습니다(삼상 4:6-8). 그들 역시 이스라엘의 역사와 언약궤의 의미를 알고 있었습니다.

그러나 결과는 완전히 반대였습니다. 블레셋 군대가 오히려 힘을 내기 시작하더니 대승을 거둡니다(삼상 4:9-10). 언약궤가 없을 때 이스라엘 군대는 4천 명이 죽었는데, 언약궤를 가져온 후에는 무려 3만 명이 죽습니다. 이스라엘은 하나님과 함께하지 않았기에 패배했었고, 하나님과 함께하기 위하여 언약궤를 그들 가운데로 가져왔습니다. 그런데 아무 문제도 해결되지 않았습니다. 왜 그렇습니까?

'하나님과 함께한다는 것'은 그런 것이 아니기 때문입니다. 그들은 그저 언약궤를 가져오면 하나님께서 함께해 주시고 그들이 원하는 승리를 주실 것이라고 믿었습니다. 이스라엘 군대는 하나님을 마치 음료수 자판기처럼 그저 자신들의 필요를 채우는 도구로 여기고 있습니다. 그들은 하나님의 영광과 위엄을 전혀 의식하지 못하고 있습니다.

하나님은 기계가 아니십니다. 하나님은 인격적이십니다. 그들은 하나님을 하나님으로 인정하고 믿은 것이 아니라 마치 우상처럼 믿고 있습니다. 그들은 외적인 형식과 모양은 그럴듯하게 갖추고 있습니다. 그러나 그들의 마음은 전혀 하나님과 함께하고 있지 않습니다. 그 사실을 어떻게 알 수 있을까요? 아무도 기도하지 않습니다. 아무도 하나님의 뜻을 구하지 않고, 하나님의 도우심을 간구하지 않으며, 그들은 그저 언약궤, 나무 상자 하나 가져온 것으로 만족하고 있습니다.

이것은 하나님과 함께하는 것도, 바른 믿음도 아닙니다. 오히려 하나님을 모욕하는 불신앙입니다. 그래서 항상 이스라엘을 위하여 일하시는 하나님께서 이스라엘을 위하여 아무 일도 하지 않으심으로써 그들을 벌하셨습니다. 그들의 헛된 기대와 거짓된 믿음을 무너뜨리셨습니다.

이 전쟁의 패배로 엘리와 그의 아들들이 죽습니다. 그리고 엘리의 아들 비느하스가 죽을 때 그 아내가 갑자기 출산하며 아이를 낳았습니다. 그 아이의 이름이 바로 '이가봇'입니다. 하나님의 영광이 이스라엘을 떠났습니다(삼상 4:21-22). 형식적인 믿음, 하나님과 함께하지 않는 믿음, 하나님을 기계처럼 우상처럼 대하는 믿음은 하나님의 영광을 볼 수도, 경험할 수도 없습니다.

그렇게 이 전쟁이 끝나고 더 큰 수치와 모욕이 이스라엘을 덮쳤습니다. 하나님의 언약궤를 블레셋이 가져가 버린 것입니다. 당시 언약궤 안에는 십계명이 적힌 두 돌판, 만나가 담긴

항아리, 아론의 지팡이가 들어 있었을 것입니다. 이는 각각 하나님의 말씀, 하나님의 공급하심, 하나님의 인도와 보호를 나타냅니다. 그런데 그 언약궤를 빼앗겼으니 이스라엘은 그들의 정체성과 원동력을 잃어버린 것입니다.

블레셋이 그 언약궤를 빼앗아 그들의 신 중의 신인 다곤 신전에 두었습니다. 다곤은 블레셋의 여러 우상 중에 특별히 곡식과 풍요를 상징하는, 그들에게 가장 중요하게 여겨지는 신이었습니다. 블레셋 사람들이 하나님의 언약궤를 다곤 신전에 둔 것에는 매우 중요한 의미가 있습니다. 그 당시의 문화를 본다면, 이스라엘의 패배는 이스라엘의 신, 곧 여호와 하나님의 패배였고, 블레셋의 승리는 블레신의 신, 곧 다곤의 승리였습니다. 그들에게 하나님의 임재를 나타내는 언약궤를 다곤 신전에 둔다는 것은 다곤이 여호와 하나님을 붙잡고 있다는 의미입니다. 하나님이 패배한 것이고, 하나님이 포로가 된 것이며, 하나님이 다곤의 수중에 붙잡힌 종이 되었다는 의미입니다.

그러면 하나님께서 가만히 모욕을 당하고 계셨을까요? 하나님께서 다곤의 포로로 잡혀 계셨을까요? 하나님께서 다곤에게 패배하셨나요? 다곤이 있기나 한 신인가요? 다곤은 신이 아닙니다. 다곤은 그저 돌로, 나무로 만들어 놓은 조각품에 불과합니다.

하나님께서 다곤을 쓰러뜨리셨습니다. 성경 전체에서 속 시원한 장면 중 하나입니다. 다곤이 쓰러지자 블레셋 사람들 은 다시 다곤을 일으켜 세웁니다. 자기 스스로 일어서지도 못 하고, 사람들이 일으켜 세워 줘야 하는 것이 무슨 신입니까. 그 다음 날에는 더 큰일이 벌어졌습니다. 다곤 신상이 또다시 엎드러졌습니다. 얼굴이 땅에 닿았고 머리와 두 손목은 끊어 졌으며 몸뚱이만 남아 있습니다. 뿐만 아니라 블레셋 온 땅에 전염병이 돌아 사람들이 큰 고통을 당하게 됩니다.

블레셋 사람들이 그토록 의지하고 섬기며 자랑하고 믿던 다 곤이 땅에 엎드러지고 팔다리와 목이 잘렸습니다. 다곤은 스 스로도, 블레셋 사람들 중 어느 한 사람도 보호하거나 지키지 못했습니다. 하나님께서 역사하셨습니다. 하나님의 임재 앞 에, 하나님의 영광 앞에 그 어떤 우상도 살아남을 수 없습니 다. 그 어떤 거짓도 설 수 없습니다.

그 자리에 아무도 없었습니다. 이스라엘 군대가 몰래 밤에 들어와서 다곤을 넘어뜨린 것이 아닙니다. 하나님께서 직접 행하셨습니다. 하나님의 역사입니다. 이스라엘은 헛된 믿음 으로 패배하여 하나님께 수치를 안겼습니다. 그러나 하나님은 당신의 영광을 이스라엘의 손에 맡기시지 않았습니다. 하나님은 스스로 일하셨습니다. 하나님은 여호와 하나님이십니다.

> 하나님이 모세에게 이르시되 나는 스스로 있는 자이니라 _출 3:14

스스로 있는 자이신 하나님께서 스스로 당신 자신을 드러내셨습니다. 스스로 하나님 당신을 위하여 일하셨고, 스스로 당신의 영광을 나타내셨습니다.

> 나는 여호와이니 이는 내 이름이라 나는 내 영광을 다른 자에게,
> 내 찬송을 우상에게 주지 아니하리라 _사 42:8

고작 우상 따위가, 거짓 신이 하나님의 영광과 찬송을 빼앗을 수 없습니다.

이스라엘은 패배했지만, 하나님은 스스로 승리하셨습니다. 이스라엘은 하나님께 모욕을 돌렸지만, 하나님은 스스로 영광과 찬송을 받으셨습니다. 이스라엘의 패배가 하나님의 패배는 아닙니다. 이스라엘의 패배는 하나님께서 내리신 징벌이었습니다. 이스라엘의 패배를 통해서도 하나님은 영광을 받으셨습니다. 하나님께서 직접 다곤을 무너뜨리시고 다곤의 머리를 자르시며 승리하셨습니다. 블레셋의 우상 숭배와 교만을 무너

뜨리심으로 영광을 받으셨습니다.

지금 우리는 많이 혼란하고 어지러운 중에 있습니다. 눈에 보이지도 않는 바이러스 때문에 사람이 병들고, 아프고, 죽고, 온 나라 온 세계가 염려합니다. 사람이 얼마나 약하고 약한 존재인지 다시 깨닫게 됩니다. 우리는 단순히 두려움 때문이 아니라 우리의 안전을 위해서, 무엇보다 교회를 지키고 예배를 지키기 위해서, 더 나아가 나 때문에 다른 사람들이 고통을 받지 않도록 성도를 사랑하고 이웃을 사랑하는 방편으로 필요한 모든 조치를 간구하고 실행에 옮기고 있습니다.

우리의 믿음은 무지 혹은 무모함과는 다릅니다. 믿음이 무모해 보일 때도 있지만 무모함과 무지가 믿음은 아닙니다. 이 둘은 그 열매로 구분할 수 있습니다. 무모함은 불안과 염려를 낳지만, 믿음은 사랑의 열매를 맺습니다. 하나님 사랑과 이웃 사랑을 이룹니다. 주변에 안심과 평안을 낳습니다. 나만의 건강이 아니라 이웃의 건강도 돌보기 위해, 지역 사회의 불안을 잠재우기 위해, 사랑을 행하기 위해 결정합니다.

그러나 사실 지금 일어난 일들이 단순히 질병의 문제만은 아닙니다. '신천지'라는 이름이 등장하는 순간 전혀 다른 일이 됐습니다. 질병과 건강만의 문제가 아니라 교회를 덮치는 영적인 문제가 됐습니다. 그들은 악한 교주의 거짓된 가르침에 빠져, 성경에서 벗어난 잘못된 가르침에 빠져 정상적이고 합리적이며 이성적인 판단을 할 수 없게 되었으며, 교회를 공격하고 넘어뜨리기까지 했습니다.

그래서 '신천지' 외의 이단, 심각하게 잘못된 가르침에 빠진 분들이야말로 가장 불쌍합니다. 그분들을 보면 참으로 안타깝습니다. 우리는 그분들을 미워하고 정죄하기만 했지, 그분들을 위해 기도하지 않았습니다. 이제 그분들을 위하여, 신천지와 잘못된 가르침에 빠져 고통당하는 분들의 회복과 구원을 위하여, 병의 치료를 위하여, 그들이 악한 사탄 마귀의 미혹에서 벗어나 참된 복음과 생명을 누리도록 기도해야 할 때입니다. 이것 역시 이번 일이 주는 매우 중요한 교훈이라고 생각합니다.

그럼에도 너무나 안타까운 현실을 마주하고 있습니다. 교회가 닫힌 문도 활짝 열어야 할 때에 스스로 문을 닫아야 합니다. 지나가는 사람을 강권해서라도 교회에 앉혀야 하는데 오는 사람을 막거나 돌려보내야 합니다. 일 분 일 초라도 더 기도해야 하는데 기도회를 쉬어야 하고, 찬양으로 힘을 얻어야 하는데 찬양을 쉬어야 하고, 모임으로 교제해야 하는데 모임을 멈추어야 합니다.

마음이 복잡했습니다. '하나님의 교회라면 이런 것은 지나가야 하지 않나? 당연히 모든 어려움이 알아서 물러가야 하지 않나?' 그런데 만약 그렇게 믿는다면, 이스라엘의 실수와 뭐가 다르겠습니까?

그래서 오늘 본문 앞에 서게 됩니다. 우리 개인이, 그리고 우리 교회가 미처 보지 못했던 우리의 약함, 실수, 그리고 잘 못은 없는지 자신을 먼저 돌아봐야 합니다. 이스라엘처럼 그 저 형식에 치우친 신앙은 아니었는지, 하나님을 기계적으로 대하고 있지는 않았는지, 우리의 마음은 하나님을 떠나 있고 그저 몸만 이 자리에 있었던 것은 아닌지 우리 자신을 돌아봐 야 합니다. 하나님을 우상처럼 섬기고 있었던 것은 아닌지, 우리의 믿음이 말씀으로 바르게 세워지고 있는지 살펴야 합 니다.

많은 분이 교회의 복음 사역의 위축을 염려합니다. 필자도 그렇습니다. 그래서 사실 분하기도 합니다. 우리가 패배한 것 처럼 보였습니다. 코로나 바이러스에 지고, 신천지에게 진 것 처럼 보였습니다. 그래서 화가 났습니다.

그러나 이제 우리는 하나님의 승리를 기대해야 합니다. 하 나님께서 승리하실 것입니다. 패배한 이스라엘이 멈추었을 때 하나님께서 블레셋의 심장에서 블레셋의 신인 다곤을 무너뜨 리신 것처럼, 우리가 멈춘 듯한 이 시점에, 우리가 멈칫하고 있는 이 시점에, 우리가 잠시 위축되는 듯한 이 시점에, 하나님께서 역사하시고 하나님께서 승리하실 것입니다. 그렇게 하나님은 스스로 영광을 받으시고 스스로 높아지실 것이며 그 영광의 능력으로 우리를 회복시키실 것입니다. 그래서 우리는 멈춘 것이 아니라 더 큰 영광과 승리로 나아가는 것입니다.

> 여호와여 주께서 이 나라를 더 크게 하셨고 이 나라를 더 크게 하셨나이다 스스로 영광을 얻으시고 이 땅의 모든 경계를 확장하셨나이다 _사 26:15

이사야서의 말씀처럼 스스로 영광을 얻으신 하나님께서 당신의 능력으로 그 나라를 확장하실 것입니다.

이번 주 많은 메시지와 전화를 받았습니다. 금요일과 토요일은 다른 일들을 거의 할 수 없을 정도였습니다. 그런데 그중 필자의 마음에 큰 평안과 소망을 준 메시지가 있습니다. 어떤 집사님께서 필자에게 보내신 메시지입니다. '주님께서 잘하실 것입니다.'

맞습니다. 주님께서 잘하실 것입니다. 주님께서 승리하실 것이고 영광을 받으실 것입니다. 주님께서 우리를 건지시며 회복시키실 것입니다. 그리하여 우리를 통해 영광과 찬송과 경배를 받으실 것입니다. 그 은혜를 기대하고 소망하며 이 시기를 믿음으로 잘 이겨 내십시오.

06 돌아오는 언약궤
삼상 6:10-16

이스라엘은 깊은 혼란기를 보내고 있었습니다. 여전히 사사 시대와 같이 그들의 왕이신 하나님을 거부하고, 자기 스스로 자신의 왕이 되어 각자의 소견에 옳은 대로 행하였습니다. 이는 사람의 자존감이 높아지고, 서로 조화를 이루어 인격이 빛을 발하는 그런 긍정적인 열매를 맺는 것이 아닙니다. 오히려 사람의 악한 본성이 어떤 제재도 없이 그대로 드러나 서로 부딪치며 죄에 죄가 더해져 더 큰 죄와 악을 행하게 됨을 의미합니다.

이스라엘은 영적으로, 도덕적으로 더 악해졌습니다. 특별히 하나님으로부터 멀어져 바른 믿음의 길이 아닌, 이스라엘 주변의 이방인들이 믿는 종교의 방식으로 하나님을 섬기기 시작했습니다. 바로 우상 숭배입니다. 그들은 하나님을 섬긴다고 했지만, 하나님을 우상처럼 대하거나 우상을 하나님으로

섬겼습니다. 그 대표적인 사건이 사무엘상 4장과 5장에 기록
된 블레셋과의 전쟁입니다.

전쟁에 열세였던 이스라엘은 이를 극복하기 위해 '언약궤'
를 전쟁터로 가져왔습니다. 이스라엘이 출애굽하여 광야를 지
날 때, 이 언약궤가 그들 앞에서 인도하였고 전쟁을 승리로 이
끌었음을 기억했기 때문입니다. 그러나 이는 언약궤 자체에
신비한 능력이 있어서가 아니라 하나님께서 그들과 함께하셨
기 때문이었습니다. 그런데 이스라엘은 언약궤가 가리키는 하
나님은 바라보지 않고 그 언약궤만을 바라봤습니다. 종교적
형식과 조건을 갖추면, 그래서 언약궤를 가져오면, 그들이 원
하는 것, 곧 전쟁에서의 승리를 얻을 수 있다고 믿었습니다.
이는 명백히 우상 숭배입니다. 결과는 이스라엘의 대패였습니
다. 심지어 이스라엘은 언약궤마저도 블레셋에 빼앗겨 버렸습
니다.

블레셋은 그 언약궤를 자신들이 섬기는 우상, 곧 다곤의 신
전에 두었습니다. 이스라엘 사람들이 하나님의 언약궤를 자
신들이 원하는 것을 얻을 수 있는 도구로 이용했다면, 블레셋
은 하나님의 언약궤를 자신들의 힘을 과시하는 수단으로 이용
했습니다. 이스라엘도, 블레셋도, 그 어느 누구도 하나님을 하
나님으로 인정하고 바르게 섬기지 않았습니다. 마땅히 하나님

께 드려야 할 찬양과 경배는 사라졌습니다. 하나님을 자기 만족을 위한 도구로 전락시켰습니다. 이것이야말로 우상 숭배의 본질입니다.

오늘 우리는 하나님을 어떻게 대하고 있습니까? 우리 신앙생활의 목적은 무엇입니까? 기도의 목적, 예배의 목적, 예수님을 믿는다고 하는 믿음의 목적이 무엇입니까? 하나님께 경배와 찬양과 영광을 올려 드리기 위함입니까, 아니면 나의 만족을 위함입니까? 내가 원하는 것을 내 손에 얻거나 내가 높아지기 위함이 아닙니까? 그것도 아니면 그저 형식적으로 아무 마음 없이 대하고 있습니까? 만약에 그렇다면, 우리도 하나님의 언약궤를 빼앗긴 이스라엘이나 하나님의 언약궤를 모욕한 블레셋과 다르지 않습니다.

하나님을 우상처럼 섬기던 이스라엘은 전쟁에 대패함으로 하나님의 심판을 받았습니다. 전쟁 후 하나님을 우상보다 못하게 모욕한 블레셋 역시 하나님의 손에 심판을 받습니다(삼상 5:6). 먼저는 블레셋 사람들이 섬기던 우상이 부러졌고, 그들의 몸이 역병으로 말미암아 무너졌으며, 그들의 땅 전부가 하나님의 심판을 받았습니다(삼상 5:12). 결국 블레셋은 하나님의 심판을 더 이상 견디지 못하고 하나님의 언약궤를 이스라엘로 돌려보내기로 합니다. 그러나 사실, 그 모든 과정이 순리에 맞지 않습니다. 블레셋 사람들은 자신들에게 일어난 재앙이 하나님께서 행하신 일임을 알 수 있었습니다.

그의 손이 우리와 우리 신 다곤을 친다 _삼상 5:7

에그론 사람이 부르짖어 이르되 그들이 이스라엘 신의 궤를 우리
에게로 가져다가 우리와 우리 백성을 죽이려 한다 _삼상 5:10

그렇다면 그들이 취해야 할 합당한 반응은 자신들의 죄악을 하나님 앞에 회개하며 용서를 구하고 하나님을 하나님으로 인정하는 것입니다. 그러나 그들은 회개를 거부했습니다. 그들은 '속건제'로 금 독종 다섯과 금 쥐 다섯 마리를 언약궤와 함께 돌려보냅니다. 이는 자신들의 죄를 회개하기 위함이 아니었습니다. 오히려 그들이 늘 해 왔던 우상 숭배의 방식대로 금으로 하나님을 달래서 자신들의 뜻대로 하나님을 조종하여 재앙을 피하려는 종교적 꼼수에 불과했습니다. 그들은 끝까지 하나님을 하나님으로 인정하지 않았습니다. 하나님을 외면하기로 결정했습니다. 이것이 죄의 본성이며 무서운 영향력입니다.

병에 걸린 사람이 의사가 무섭고 치료가 아프다고 하여 의사를 멀리하고 병원을 떠나면 어떻게 그 병을 치료할 수 있겠

습니까? 자신들의 치명적인 죄는 그대로 두고, 그 죄를 다루시고 용서하시며 생명을 주시는 하나님을 버리려고 합니다. 그 방법이 편하기 때문입니다.

그런데 우리도 이렇지 않습니까? 죄를 버리고 돌이킴으로 하나님 앞에 회개하는 것보다 이전에 행하던 죄의 습관이 더 편하고 익숙하고 즐거워서 하나님을 외면하고 떠나려고 하지는 않습니까? 죄 사함과 영생의 은혜가 하나님 앞에 있는데, 이를 거부하고 하나님으로부터 등을 돌리려 합니다. 이 얼마나 답답한 일입니까.

그러나 한편으로는 이것이 죄인의 당연한 반응일 수도 있습니다. 죄인은 하나님의 심판을 견딜 수 없고, 하나님 앞에 설 수도 없기 때문입니다. 죄인이 그 심판을 피하여 도망가는 것 말고, 죄인이 몸을 웅크려 숨는 것 말고 하나님 앞에서 무엇을 할 수 있겠습니까? 에덴동산에서 범죄한 아담도 숨었고 핑계했으며 하나님으로부터 등을 돌렸으니, 이는 죄인의 원초적이고 본능적인 반응입니다.

하지만 아무리 숨고 도망간다 하더라도 어떤 죄인도 하나님의 손을 피할 수는 없습니다. 그 누가, 그 무엇이 하나님의 손길을 막고 하나님의 시선을 가릴 수 있겠습니까? 하나님은 보고 계시고, 알고 계시며, 그 손을 펼치셔서 죄를 심판하십니다.

그렇다면 그 심판으로부터 피할 수 있는 길은 전혀 없습니까? 죄인이 심판하시는 하나님을 피하여 도망가지 않고 죄 사함과 영생의 은혜를 받아 누리는 길, 그리고 죄인을 향하여 내리시는 하나님의 심판의 손길이 은혜와 사랑의 손길로 바뀌는 이 은혜의 역사는 결코 없습니까?

아닙니다. 있습니다. 심판을 피하고 은혜로 나아가는 길, 사망을 피하고 생명으로 나아가는 유일한 길이 오직 하나 있습니다. 이 죄 짐을 예수님께 맡기는 것입니다. 예수님입니다. 예수님만이 바로 하나님 아버지께로 나아가는 유일한 생명의 길이십니다. 예수님께서 우리 대신 그 손에 맞으심으로, 예수님께서 우리 대신 죄악의 모든 심판을 감당하심으로 우리는 죄인이 아닌 의인이 되었습니다. 예수님을 구주로 믿어 그분을 의지할 때, 이 모든 은혜가 내 것이 됩니다. 하나님 앞으로 나아갈 수 있으며, 죄를 용서받고 다시 사는 은혜를 누릴 수 있습니다. 예수님께서 이를 거절하시지 않습니다.

구약 시대에도 하나님께서 '제사'를 통하여 이를 알려 주셨습니다. 그러나 블레셋은 끝까지 죄악에 머뭅니다. 그들은 하나님을 하나님으로 인정하지 않습니다. 하나님의 언약궤를 이스라엘로 돌려보내면서도 악한 고집을 꺾지 않습니다. 그들은 '젖먹이는 소 두 마리'에게 언약궤를 실은 수레를 끌게 합니다.

그 어미 소 두 마리가 본능적으로 송아지를 버릴 수 없기에 그 소가 길을 잘못 들게 해서 모든 일을 우연으로 돌리려고 했습니다.

그러나 하나님의 보이지 않는 손이 그 수레를 이끌어 곧바로 이스라엘 땅에 이르게 합니다. 그 후 하나님의 말씀대로 레위인이 언약궤를 옮기고 하나님께 소와 수레를 제물로 드리며 예배합니다. 블레셋 사람들이 하나님을 하나님으로 인정하지 않으려고 사용했던 소 두 마리와 수레가, 결국 하나님의 손에서 하나님을 하나님으로 인정하고 하나님께 합당한 예배와 경배와 영광을 올려 드리는 하나님의 도구로 사용되었습니다.

하나님의 백성이라고 자부하던 이스라엘도, 이방인인 블레셋도 그 모양과 형식은 달랐지만, 그들은 하나님 앞에 '우상 숭배'라는 같은 죄를 저질렀습니다. 하나님을 하나님으로 인정하지 않고, 하나님께 마땅히 올려 드려야 할 예배와 경배와 찬송을 올려 드리지 않으며, 하나님을 우상으로 우상을 하나님으로 섬기는 악한 죄를 저질렀습니다. 그러나 하나님은 사람의 손에 당신의 영광을 맡기시지 않았습니다. 하나님은 사람의 실패로 당신의 영광을 가리시지 않았고, 사람의 죄악으로 당신이 받으셔야 할 경배를 포기하시지 않았습니다. 하나님은 당신의 영광을, 당신의 승리를, 당신이 받으셔야 할 합당한 찬송과 경배를 결코 포기하시지 않습니다. 하나님은 스스로 승리하시며 영광과 찬송을 받으십니다.

> 나는 여호와이니 이는 내 이름이라 나는 내 영광을 다른 자에게,
> 내 찬송을 우상에게 주지 아니하리라 _사 42:8

사람은 끊임없이 우상을 만들고 숭배합니다. '전쟁에서 이기겠다', '우리의 힘을 과시하겠다', '내가 원하는 것을 소유하겠다'와 같은 그런 욕망이 있는 한 우상 숭배는 사라지지 않습니다. 하나님을 하나님으로 인정하지 않고 이용하려고 합니다. 하나님을 우상처럼 섬기거나 혹은 내가 원하는 것을 준다고 약속하는 것을 하나님으로 섬깁니다.

그러나 하나님은 하나님이십니다. 하나님께서 모든 우상을 물리치십니다. 하나님께서 말씀하실 때 모든 우상의 거짓 가르침이 무너지고, 하나님께서 당신의 손으로 일하실 때 모든 우상은 힘을 잃습니다. 죄 때문에 하나님 앞에 나오지 못하는 자들을 당신 앞으로 이끄십니다. 하나님을 외면하고 도망치려는 자들을 붙잡고 돌이키십니다. 숨으려 하는 자를, 하나님을 외면하여 어둠 속으로 숨어드는 자를 끄집어내어 영광의 밝은 빛 가운데에 두십니다.

예수 그리스도께서 이를 이루셨습니다. 그분께서 사람과 같은 육체로 오셔서 사람과 함께, 사람 가운데 거하셨습니다. 그분께서 오셔서 그 음성으로 하나님의 말씀을 들려주셨습니다. 그분께서 오셔서 사람을 섬기심으로 하나님의 사랑을 이루셨습니다. 그분께서 십자가에 달려 죽으심으로 우리를 향한 하나님 아버지의 사랑을 확정하셨고, 그분의 몸이 찢기자 하나님과 우리 사이를 가로막고 있던 모든 율법의 벽이 무너지며 우리가 하나님 앞으로 나아갈 담력을 얻었습니다. 그분께서 하나님과 우리 사이의 완전한 중보가 되셔서 하나님과 우리 사이의 완전한 화평을 이루셨습니다. 그분께서 우리에게 성령을 부어 주셔서 우상을 물리치게 하셨고, 진리의 빛을 비추셔서 하나님을 바라보게 하셨으며, 새로운 생명으로 살게 하셨습니다. 우리가 우상 숭배에서 벗어나 참된 믿음으로 나아가는 유일한 길은 오직 예수 그리스도와 그분의 복음밖에는 없습니다.

하나님은 결코 패배하시지 않습니다. 하나님은 결코 무너지시지 않습니다. 하나님은 당신이 받으실 영광과 찬송을 포기하시지 않습니다. 그리고 이를 위하여 당신의 백성을 회복시키십니다. 예수 그리스도의 보혈로 구원하셔서 깨끗하게 하심으로, 성령을 부어 주심으로 다시 일으키십니다. 그래서 당

신을 다시 찬양하게 하시고 다시 경배하게 하시며 다시 하나
님을 섬기게 하십니다.

결코 포기하시지 않는 하나님의 능력을, 하나님의 은혜와
사랑을 꼭 기억하십시오. 그리고 오늘, 우리도 그 회복의 걸음
을 시작합시다. 언약궤가 돌아옴으로 시작된 하나님의 은혜의
회복이, 우리 안에 말씀과 예배가 회복됨으로 다시 일으켜질
것입니다. 오늘의 우리에게도 하나님께서 말씀을 허락하심으
로, 우리 안에 임재하시는 당신의 영광을 드러내심으로 우리
를 회복시키시며 영광의 찬송을 받으실 것입니다.

물론 우리는 하나님의 임재를 경험하며 위축된 우리의 현실
도 마주하게 될 것입니다. 그러나 동시에 하나님의 능력의 손
길도 바라보게 될 것입니다. 이스라엘의 회복이 하나님의 하
나님 되심을 회복함으로 시작되었듯이, 우리 안에 하나님을
향한 예배와 찬양을 회복할 때, 우상을 버리고 참되신 하나님
을 사랑하는 이 사랑이 회복될 때, 예수 그리스도의 십자가와
그분의 복음이 다시 온전하고 분명하게 우리의 마음에 자리
잡을 때 우리의 회복이 시작될 것입니다.

07 온 이스라엘은 미스바로 모이라
삼상 7:2-12

이스라엘에 하나님의 언약궤가 돌아왔습니다. 그러나 언약궤
가 돌아왔다고 해서 이스라엘이 회복된 것은 아니었습니다.
만약 언약궤가 돌아온 것만으로 이스라엘이 회복되기를 바란
다면, 블레셋과의 전쟁에서 패배했던 실수를 반복하는 것입니
다. 이스라엘의 진정한 회복은 언약궤가 돌아오는 일회적인
이벤트로 이루어지지 않습니다. 무려 20여 년이라는 긴 시간
이 필요한, 그들의 마음과 행동을 새롭게 하는 총체적인 변화
가 필요한 지난한 과정으로 이루어집니다.

이스라엘에 하나님의 언약궤가 돌아왔고, 이스라엘 온 족
속이 여호와 하나님을 사모했습니다(삼상 7:2). 본문 속 '사모하
다'라는 단어의 정확한 의미는 '울다, 애통하다, 부르짖다'입니
다. 이스라엘의 회복은 눈물의 애통함, 회개에서 시작됩니다.
곧 회개가 회복의 시작점입니다. 그러나 사무엘은 이스라엘을

향하여 그저 애통의 눈물에서 끝내지 말고 진정한 회개를 실행하라고 외칩니다.

참된 회개는 사무엘의 설교와 같이 하나님께로 돌아오는 것입니다(삼상 7:3). 집 나갔던 둘째 아들이 아버지의 집으로 돌아오듯이 삶의 방향을 바꾸는 것이고 삶의 모습을 바꾸는 것입니다. 그래서 회개는 변화이며 회복입니다.

사무엘은 이스라엘을 향하여 하나님께로 돌아오라고, 그저 눈물이 아니라 진실로 마음 깊이 죄악을 애통하며 죄로부터 돌아서서 하나님을 섬기며 하나님의 은혜 안에 거하는 삶으로 변화되라고 간절히 외칩니다. 그것이 사는 길이고 승리하는 길이며 복된 길이기 때문입니다. 그리고 오늘날 하나님은 사무엘을 통하여 우리에게도 동일하게 말씀하십니다.

참된 회개와 회복은 '우상을 버리는 것'입니다. 사무엘은 이스라엘을 향하여 "전심으로 여호와께 돌아오려거든 이방 신들과 아스다롯을 너희 중에서 제거하고 너희 마음을 여호와께로 향하여 그만을 섬기라"(삼상 7:3)고 말합니다. 바알들과 아스다롯을 마음속에 남겨 놓지 말고 완전히 제거하라고 말합니다.

바알과 아스다롯은 농사와 풍요, 전쟁의 승리를 약속하는 그 당시 가장 유명한 신이었습니다. 그러나 그것을 넘어 그 이상이었습니다. 바알과 아스다롯은 그 당시 사람들이 살아가는 문화였고 세상 그 자체였습니다. 바알과 아스다롯의 무서움은 그들 안에서 인간의 모든 욕망이 허용된다는 것입니다. 바알과 아스다롯을 섬기면 사람들이 가장 바라는 대로 농사도 풍년이고 전쟁도 승리한다고 가르칩니다. 더하여, 그들의 제의는 온갖 성적 타락과 쾌락을 종교라는 이름으로 허용했습니다. 오늘 우리가 살아가는 현실과 얼마나 비슷합니까!

바알과 아스다롯은 신의 이름을 가졌지만, 그저 인간의 욕망이 투영된 존재에 불과했습니다. 사람은 자신의 욕망에 신의 이름을 붙여 섬기고 추구하며 정당화합니다. 모든 죄를 덮어 버리고, 오직 사람의 만족만이 선이 되게 합니다. 이것이 우상 숭배의 본질입니다.

하나님께서 이스라엘에게 '우상을 제거하라'라고 말씀하십니다. 작게는 우상을 섬기던 종교적 활동들을 그만두라는 말씀입니다. 그들이 가지고 있던 온갖 신상들, 부적들, 주문들을 버려야 합니다. 그러나 그것만이 아닙니다. 이 말씀은 삶의 본질을 향한 명령입니다. 삶의 방향을 바꾸라는 총체적인 명령입니다. 그 당시 세상을 지배하던 문화와 맞서라는 구체적이며 실제적인 명령입니다. 사람의 모든 욕망을 정당화하던, 그리고 풍요와 만족과 쾌락을 누리기 위해서라면 그 어떤 것도 허용되던 그 세계와 세계관을 거부하라는 적극적이며 실천적인 명령입니다.

> 그러므로 형제들아 내가 하나님의 모든 자비하심으로 너희를 권하노니 너희 몸을 하나님이 기뻐하시는 거룩한 산 제물로 드리라 이는 너희가 드릴 영적 예배니라 너희는 이 세대를 본받지 말고 오직 마음을 새롭게 함으로 변화를 받아 하나님의 선하시고 기뻐하시고 온전하신 뜻이 무엇인지 분별하도록 하라 _롬 12:1-2

바울은 로마교회에 편지했습니다. 이 세대, 이 세상을 본받지 말고, 하나님의 선하시고 기뻐하시고 온전하신 뜻을 분별하여 몸을, 삶을, 생활을 하나님께서 기뻐하시는 거룩한 산 제사로 드리라고 명령합니다. 이것이 참된 회개이고, 이 회개가 우리를 회복시키기 때문입니다.

회개는 회복이며 구체적이고 실제적인 변화입니다. 회개는 우리 안에 자리 잡은 우상을 버리는 것입니다. 나의 욕망을 정당화하고 나의 만족을 위하여 이용하고 있는 우상들과 우상 숭배적인 신앙생활을 버리는 것입니다. 이 세상과 구별되는 것입니다. 세상과 뒤섞여 세상의 원리가 나의 원리가 되고 세상의 목적이 나의 목적이 되어 세상과 욕망을 따르는 것이 아니라, 하나님이 나의 목적이 되시고 하나님이 내 삶의 이유가 되시는, 그래서 하나님을 따르는 삶의 변화가 바로 회개입니다. 물론 시간이 걸리고 쉽지 않습니다. 그러나 끝까지 포기하지 않고 주님의 도우심을 간구하며 나아가야 합니다. 그것이 우리에게 주어진 믿음의 싸움입니다.

참된 회개가 우리 안에 일어날 때 우리는 기도와 예배의 회복을 경험하게 됩니다. 동시에 기도와 예배가 회복될 때 우리 안에 참된 회개가 일어납니다. 이 둘은 나누어진 것이 아니라 함께 일어나는 은혜의 역사입니다.

사무엘이 이스라엘을 향하여 참된 회개를 선포하였습니다. 온 이스라엘을 미스바로 모이게 했습니다. 그리고 그가 한 일은 '기도'였습니다(삼상 7:5). 온 이스라엘이 미스바에 모이자 블레셋이 가만히 있지 않았습니다. 그들은 또다시 이스라엘을 공격하려고 했습니다. 그때에 이스라엘 사람들이 택한 대응도 '기도'였습니다.

당신은 우리를 위하여 우리 하나님 여호와께 쉬지 말고 부르짖어 우리를 블레셋 사람들의 손에서 구원하시게 하소서 _삼상 7:8

사무엘이 무릎을 꿇고 간절히 이스라엘의 참된 회개와 회복과 변화를 위하여 하나님께 기도했습니다. 이스라엘이 전쟁의 위험에 빠지자 기도를 요청했습니다. 이전처럼 언약궤를 가져와 우상 숭배의 죄를 범하지 않았습니다. 다른 나라를 의지하지도, 전략을 짜고 무기를 챙기는 등 자기 힘을 의지하지도 않았습니다. 그들은 오직 하나님의 은혜와 도우심을 간구하며 하나님을 찾았습니다. 하나님께 부르짖었습니다. 이스라엘의 지도자인 사무엘의 가장 큰 의무는 기도였습니다.

그래서 교회의 지도자가 되시는 분들 역시 더욱 간절히 기도해야 합니다. 필자부터가 깊이 회개하게 됩니다. 우리가 더욱 간절히 교회를 위하여, 이 나라를 위하여, 우리의 자녀들을 위하여 기도해야 합니다. 조금만 발을 잘못 디뎌도 세상의 낭떠러지에 떨어질 수 있습니다. 사탄이 우는 사자와 같이 우리를 공격하려고 합니다. 그렇다면 우리가 해야 할 일은 무엇이겠습니까? 기도입니다. 더욱 간절히 주님의 은혜를 구해야 합니다.

그런데 사무엘만 기도했을까요? 기도 부탁을 하면 나는 기도하지 않아도 됩니까? 그렇지 않습니다. 내가 기도하기 때문에 부탁하는 것입니다. 내가 기도하지 않는데 기도를 부탁하는 것은 기도가 아닙니다.

사무엘이 하나님께 부르짖을 때 온 이스라엘이, 이스라엘의 모든 군대가 하나님께 부르짖어 기도했을 것입니다. 그것이 마땅한 기도의 모습입니다. 그러므로 당신을 포함한 모든 성도는 함께 더욱 기도해야 합니다. 더욱 간절히 주님의 은혜를 구해야 합니다.

사무엘과 이스라엘이 하나님께 간절히 기도하자 하나님께서 응답하셨습니다. 그들이 이전에 기도하지 않고 그저 언약궤만 가져왔을 때는 '이가봇', 즉 하나님의 영광이 그들에게서 떠나며 절망으로, 비참한 패배로 그들의 전쟁이 마무리되었습니다. 그러나 이제 그들이 우상을 버리고, 하나님의 은혜를 간절히 구하며, 세상과 사람을 의지하는 것이 아니라 오직 하나님만을 의지함으로 나아갈 때, 이 전쟁은 '에벤에셀'로 끝났습니다. "여호와께서 여기까지 우리를 도우셨다"(삼상 7:12). 도우시고 살리시며 건지시는 하나님을 경험하고, 그 하나님께 경배와 찬양을 올려 드리는 감사와 기쁨의 예배로, 찬송으로 이 전쟁이 마무리되었습니다.

'이가봇'과 '에벤에셀'을 나누는 것은 사람의 지식과 경험과 힘이 아닙니다. 강력한 무기도 아닙니다. 우상도 아닙니다. 하나님이십니다. 하나님께 올려 드린 간절한 기도입니다. 기도는 바로 그 하나님의 은혜를 실제 삶에서 경험하는 유일한 통로입니다.

이스라엘이 참된 회개와 회복을 경험한 또 하나의 매우 중

요한 모습이 있습니다. 바로 '사무엘이 이스라엘을 다스렸다'
는 사실입니다(삼상 7:6, 15, 16). 사무엘이 이스라엘을 다스렸다
고 할 때 단순히 이스라엘의 정치적인 환경을 말하는 것이 아
닙니다. 사실 이는 이스라엘 안에 일어난 회개와 변화의 원인
이자 동시에 열매입니다.

이전까지 이스라엘 사람들을 다스리던 존재는 바로 자기 자
신이었습니다. 이스라엘은 자기 소견에 옳은 대로 행했습니
다. 자기 자신이 자신의 왕이 되어 살아갔습니다. 그런데 그
통치권이 사무엘에게로 옮겨졌습니다. 사무엘 역시 다스림을
받는 자였습니다. 사무엘을 다스린 존재, 무엇이 사무엘을 다
스렸습니까? 하나님의 말씀입니다. 하나님의 말씀이 희미할
때(삼상 3:1), 그래서 더 이상 하나님의 말씀의 교훈이 사람들에
게 알려지지 않고, 사람들이 하나님의 말씀을 알지 못하며 그
말씀에 순종하지 않을 때, 하나님께서 그와 함께하셨고, 그에
게 말씀으로 자신을 나타내셨습니다(삼상 3:21).

사무엘은 말씀의 사람이었습니다. 하나님의 말씀이 사무엘
을 다스렸고, 그 사무엘이 이스라엘을 다스렸습니다. 사무엘
의 통치는 한 인간 사무엘의 통치가 아니라 하나님의 말씀의
통치였습니다. 하나님의 말씀이 이스라엘을 다스렸습니다.
왕이신 하나님께서 그 말씀을 이스라엘 안에 선포하셨습니다.

그 말씀이 이스라엘 사람들의 마음에 심겼고, 그들이 하나님의 말씀을 통하여 하나님을 알아 갔으며, 하나님의 뜻을 깨달았고, 하나님과 사귀었습니다. 하나님께 기도를 드렸으며, 자신 안에 있는 우상을 발견하였고, 우상을 제거하며 하나님 앞에 회개할 수 있었습니다. 하나님의 말씀이 그들 안에 새로운 역사를 이루었습니다.

우리 안에 말씀이 회복되어야 합니다. 말씀이 우리를 다스려야 합니다. 어떻게 해야 말씀이 회복될까요? 우리가 말씀을 소유하는 것이 말씀의 회복이 아니라, 말씀이 우리를 소유하는 것이 말씀의 회복입니다. 성경이 우리의 성경이 되는 것이 아니라, 우리가 성경의 사람이 되는 것이 말씀의 회복입니다. 말씀의 통치입니다.

그런데 이 모든 은혜가 우리에게 어떻게 주어질까요? 이 어렵고 힘든, 참된 회개와 변화의 은혜를 우리가 어떻게 해야 경험할 수 있을까요? 우리에게 성령을 부으셔서 우상을 무너뜨리고 삶의 변화를 일으키시는 분이 누구십니까? 우리에게 참된 기도를 알려 주시는 분이 누구십니까? 그분 자신이 하나님의 말씀이시며 우리에게 하나님의 말씀을 알려 주시는 분이 누구십니까? 우리의 왕으로 오셔서 우리를 다스리시고 인도하시며 은혜를 주시는 분이 누구십니까?

예수 그리스도이십니다. 참된 회개도, 우상을 이기는 일도, 말씀을 회복하는 것도, 우리를 도우시는 예수 그리스도 안에 있습니다. 우리의 결단이, 어떤 지식이, 활동이 이 회개와 회복을 이루는 것이 아니라 예수님께서 이루십니다. 그래서 우리는 예수님을 믿어야 합니다. 예수님께로 나아가야 합니다. 예수님 안에 소망이 있고, 예수님 안에 회복이 있으며, 예수님 안에 능력이 있습니다.

08 사무엘의 가족, 예수님의 가족

삼상 8:1–5; 막 3:33–35

사무엘상 8장에는 사무엘 집안의 이야기가 짧게 기록되어 있습니다. 사무엘이 나이 많아 늙었습니다. 그의 아들들은 아버지의 뒤를 따라 이스라엘의 지도자인 '사사'가 됐습니다. 그러나 사무엘의 아들들은 자기 아버지의 뒤를 따르지 않았습니다 (삼상 8:3, 5). 그들은 아버지의 경건과 거룩을 잃어버리고 악을 행하였으며, 이스라엘을 향해서는 영적, 도덕적, 사회적으로 심각한 피해를 끼쳤습니다.

사무엘의 아들들은 사무엘의 신앙과 삶을 이어 가지 못했습니다. 왜 이런 일이 벌어졌을까요? 사무엘이 타락했거나 변질된 것은 아닌 것 같습니다. 그는 여전히 경건한 이스라엘의 지도자이고, 이후로도 그 역할을 잘 감당했습니다.

뚜렷한 원인이 나타나지는 않지만, 가장 가능성 높은 이유는 사무엘과 그 아들들이 멀리 떨어져 지냈다는 사실입니다.

사무엘의 고향과 집은 '라마'입니다(삼상 1:1; 7:17). 사무엘이 주로 사역했던 곳은 벧엘, 길갈, 미스바입니다(삼상 7:16). 모두 예루살렘 근방입니다. 그런데 사무엘의 아들들이 사사가 된 곳은 예루살렘에서 약 80km 정도 멀리 떨어진 '브엘세바'입니다. 더구나 브엘세바는 이스라엘의 남방 경계로서, 예루살렘에서는 멀고 이방 나라 '에돔'에게서는 가까운 지역입니다.

아버지는 엄청나게 바쁘고, 아들들은 멀리 떨어져 지냅니다. 자연스럽게 이 아들들은 아버지와 함께하지 못했고, 아버지의 경건을 보고 배우지 못했습니다. 도리어 우상을 숭배하는 이방 문화에 더 근접해 있었습니다. 아버지와 그들 사이의 물리적 거리가 영적 거리가 되어 버렸고, 이 거리를 극복하지 못한 채 사무엘과 아들들 사이에 영적 단절이 일어난 것입니다.

사무엘의 가정과는 반대인 가정이 있습니다. 바로 예수님의 가정입니다. 예수님은 이 땅에 사시는 동안 결혼을 하시지 않았기에 아내와 자녀가 없으십니다. 그러나 성경 여러 곳에 예수님의 형제와 누이에 관한 기록이 있습니다. 예수님은 특별한 과정을 통해 태어난 장남이십니다. 아버지는 일찍 돌아가셨고, 동생들은 여럿입니다. 당시 문화에 따르면, 어머니는 자녀들을 먹여 살릴 경제 활동을 할 수 없었습니다. 예수님은 가장의 역할을 감당하셔야 했습니다. 예수님은 그래서 아들이었고, 형이었으며, 오빠였고, 또 아버지와 같았습니다.

『기독교 승리의 발자취』에 예수님의 형제와 누이에 관한 매우 자세하고 중요한 설명들이 있습니다.[2] 우리는 대체로 예수님의 형제들을 잘 모르거나 중요하게 생각하지 않습니다. 그러나 성경을 자세히 살펴보면, 예수님의 공생애 사역은 상당 부분 예수님의 가족들을 중심으로 이루어졌고, 초대 교회 안에서 그들이 매우 핵심적인 역할을 감당했음을 알 수 있습니다.[3] 책 제목과 같이 '기독교 승리의 발자취'의 첫 발자취는 어쩌면 예수님의 가족들이었는지도 모릅니다.

마가복음 15장 40-41절을 보면, 예수님께서 십자가에 달리셨을 때 많은 여자가 예수님의 어머니 마리아와 같이 있습니다. 이 중에 이름이 기록되지 않은 여인들 중 상당수는 예수님의 누이들이었을 것입니다. 예수님께서 부활하셨을 때도 마찬가지입니다.[4] 제자들이 예수님을 버리고 도망갔던 그때, 예수님의 누이들은 어머니 마리아와 함께 예수님 곁을 지키고 있었던 것입니다. 그들은 예수님의 고난과 부활의 증인이었습니다.

---

2 cf. 로드니 스타크, 『기독교 승리의 발자취』, 허성식 역(서울: 새물결플러스, 2020), 93-96.

2 cf. 로드니 스타크, 『기독교 승리의 발자취』, 허성식 역(서울: 새물결플러스, 2020), 93-96.

3 위의 책, 95.

4 위의 책, 94.

고린도전서 9장 5절을 보면, 예수님의 공생애 기간 동안 제자들만이 아니라 예수님의 형제들이 예수님과 함께 다녔음을 알 수 있습니다. 특별히 사도행전 1장 14절이 매우 중요합니다. 예수님께서 부활하시고 승천하셨습니다. 그리고 예수님의 명령을 따라 제자들이 다락방에 모여 힘써 기도합니다. 그런데 그곳에는 제자들만 있지 않았습니다. 그곳에는 예수님의 어머니 마리아와 예수님의 동생들도 있었습니다. 즉, 초대 교회의 시작점에, 성령께서 강력하게 역사하신 그 오순절 날에 예수님의 형제들이 사도들과 함께했다는 것입니다.[5]

예수님의 형제들 중 '야고보'가 가장 유명합니다. 이 야고보는 '위대한 야고보, 의인 야고보'라고 불렸습니다. 그의 선행이 초대 교회의 어느 누구보다 위대했기 때문입니다. 게다가 그는 초대 교회의 가장 중요한 지도자였습니다.[6] 갈라디아서 1장 19절에 따르면, 바울이 예루살렘을 방문했을 때 베드로 외에 모든 사도가 바울을 피합니다. 여전히 바울을 두려워하고 그의 회심을 확신하지 못했기 때문입니다. 그때 바울을 만난 사람이 야고보입니다.

---

5 위의 책, 94.

6 위의 책, 95.

갈라디아서 2장 9절에서는 이 야고보를 가리켜 베드로, 요한과 같은 교회의 기둥이라고 언급합니다. 심지어 베드로, 요한보다 먼저 등장합니다. 그가 우선했다는 것입니다. 특히 사도행전 15장을 보면, 이방인의 할례와 구원 문제로 말미암아 교회에 심각한 논쟁이 벌어집니다. 이를 위해 바울이 예루살렘교회에 답을 구하고, 사도와 장로들이 모여 연구합니다. 교회 역사 최초의 총회가 열린 것입니다. 그런데 이 총회를 주도하고 진행하며, 마지막에 복음에 합당한 결론을 정리하고 교회에 공표한 사람이 바로 야고보입니다. 그래서 야고보는 교회 역사 최초의 총회장입니다.

이것만 보면 야고보는 정말 대단한 믿음의 사람입니다. 그러나 야고보를 포함하여 예수님의 형제들이 처음부터 믿음의 삶을 산 것은 아닙니다. 마가복음 3장 21절을 보면, 예수님의 형제들이 예수님을 붙잡으러 와서 예수님에게 '미쳤다'라고 말합니다. 사실 이는 당연한 반응입니다. 가족들의 생계를 책임져야 하는 가장이 어느 날 갑자기 집을 나가 하나님의 말씀을 전한다고 하는데, 어느 가족이 가만히 있을 수가 있겠습니까? 처음에는 예수님의 형제들도 예수님을 구주로 인정하지 않았습니다.

그러나 그들이 예수님의 뒤를 따르기 시작했고, 그 말씀을 듣기 시작했으며, 예수님을 믿고 헌신하기 시작했습니다. 예수님의 고난과 부활의 증인이 되었으며, 교회의 위대한 지도자가 되었습니다. 그들의 삶이 바뀌었습니다. 어떻게 이런 변화가 일어났겠습니까?

로드니 스타크는 예수님의 형제들에게서 일어난 변화의 이유를 알 수 있는 매우 중요한 사실을 알려 줍니다. 어떤 사람이 기독교를 믿기로 결정하고 교회에 오는 가장 주요하고 강력한 이유는 무엇일까요? 기독교가 가지고 있는 교리의 아름다움과 신학적 고상함 때문이 아닙니다. 그가 교회의 역사를 깊이 연구하여 찾아낸 답은 "먼저 그 종교를 믿은 사람들과의 사회적 유대" 때문입니다.[7] 쉽게 말하면, 관계 때문입니다.

당신은 맨 처음 어떻게 교회에 왔습니까? 삼위일체를 깨달아서 왔습니까? 하나님의 창조와 섭리를 이해하고 받아들이셔서 왔습니까? 성경을 연구해 보니 이것이 하나님의 말씀이고 참된 진리라는 깨달음이 있어서 왔습니까? 거의 대부분은 그렇지 않습니다. 우리가 왜 교회에 오냐면, 나랑 친한 누군가가 교회에 한 번만 같이 가자고 사정사정해서 옵니다. 그 사람 체면 때문에, 관계 때문에, 부탁 안 들어주면 마음 상할까 봐

---

[7] 위의 책, 107.

어쩔 수 없이 억지로 끌려옵니다. 모태 신앙은 아예 선택의 여지도 없이 태어나 보니 교회에 있습니다. 아내가, 남편이, 친구가, 부모님이, 자녀가 '교회에 한 번만 가면 다음부터는 가자는 소리 안 할게'라는 말에 교회에 옵니다. 그렇지 않습니까? 하나님께서 한 영혼을 건지시는 일에 바로 이 방법을 사용하십니다.

그런데 무조건 관계가 있다고 해서 다 이런 열매를 맺을까요? 그렇지 않습니다. '좋은 관계'여야 합니다. 그러면 어떻게 해야 '좋은 관계'를 만들고 유지할 수 있을까요? 잘해야 합니다. 다른 이유, 다른 방법이 없습니다. 잘하는 것 말고는 '좋은 관계'를 만들고 유지하는 방법은 없습니다.

왜 우리가 사람들과 좋은 관계를 맺고 잘해야 할까요? 왜 욕을 먹지 말아야 하고, 사람들의 존경과 인정을 받아야 할까요? 그 모습 자체가, 그러한 삶의 모습 자체가 가장 강력한 복음의 증거이기 때문이고, 교회 가자며 전도할 때에 그 모습을 보며 한 사람이 주 앞에 나아오기 때문입니다.

예수님의 형제들이, 그리고 야고보가 교회의 중요한 자들이 될 수 있었던 이유, 또한 그들이 예수님을 부인하였지만 결국 믿음의 사람이 될 수 있었던 이유는 예수님을 가장 가까이에서 봤기 때문입니다. 예수님의 첫 번째 관계인 가족이었기 때문입니다. 예수님이 그의 아들이었고, 그들의 형이고 오빠이며 아버지와 같은 존재였기 때문입니다. 예수님의 말 한 마디 한 마디, 행동 하나하나를 그들이 보고 배우며 예수님과 함께 살았기에, 그들은 예수님을 신뢰하였고 믿을 수 있었습니다. 그것이 그들의 삶을 바꿀 수 있었던 것입니다. 예수님께서 얼마나 가족을 아끼고 사랑하셨습니까? 예수님은 십자가에서 숨을 거두시기 직전까지 그 어머니를 돌보셨습니다.

오늘 우리의 현실을 봅니다. 오늘날 많은 아버지의 현실은 예수님 같은 아버지보다는 사무엘 같은 아버지가 되기 쉽습니다. 중요한 일이고 귀한 일이지만 너무 바쁜 일 때문에 시간적으로도 공간적으로도 아이들과의 거리가 멀어지기가 쉽습니다. 이미 그런 시간을 보내고 있습니다. 가족이 모두 함께 모이는 일 자체가 너무 어려운 시대를 살아가고 있습니다. 필자도 마찬가지입니다.

그러나 우리에게는 큰 소망이 있습니다. 마가복음 3장 34-35절에 따르면, 예수님은 당신의 형제와 자매와 어머니와 가족을 요셉의 집안으로, 즉 혈통으로 제한하시지 않습니다. 하나님의 뜻대로 행하는 자, 하나님의 말씀을 믿고 순종하여 사는 모든 자가 예수님의 형제요 자매입니다. 2,000여 년 전, 예수님의 형제와 자매들이, 그리고 야고보가 누렸던 영적인 복을 지금 우리도 동일하게 누릴 수 있습니다.

예수님은 우리의 가장 큰 형님, 오빠, 아버지와 같은 분이십니다. 예수님은 어떤 육체의 자녀도 낳지 않으셨지만, 오늘 우리에게 가장 좋은 아버지, 가장의 모델이십니다. 예수님은 가장 좋은 교사와 공동체 리더의 본을 보여 주셨습니다. 예수님 안에서 우리도 믿음의 아름다운 가정을 이룰 수 있습니다. 우리도 사람들과 좋은 관계를 맺을 수 있습니다.

다른 사람에게, 그리고 자녀에게 긴 시간 동안 가르치고 길게 설명하는 일은 어렵지만, 짧은 시간 동안 보여 주고 그들과 함께하는 것은 가능합니다. 예수님도 가르치신 시간보다 함께 걸으시고 식사하시며 보여 주신 시간이 더 많았습니다.

우리가 삼위일체를 설명하고 가르치는 일은 어렵습니다. 그러나 예수님께서 기도하심으로 기도를 가르치셨던 것처럼, 우리는 하나님 아버지께 예수님의 이름으로 성령님을 의지하여 기도하는 모습을 보여 줄 수 있고 함께 기도할 수 있습니다.

우리가 하나님의 섭리와 능력을 설명하기는 매우 어렵습니다. 그러나 예수님께서 제자들에게 부활을 보여 주시고 낙심한 제자들을 격려하신 것처럼, 우리는 하나님의 섭리와 능력을 의지하고 믿음으로 낙심과 실패와 좌절 가운데서 다시 일어나는 모습을 보여 줄 수 있습니다.

하나님의 사랑과 자비와 용서를 설명하기는 너무나 어렵습니다. 그러나 예수님께서 우리를 용서하셨듯이 우리가 하나님의 사랑으로 용서할 수는 있습니다. 우리가 거룩한 행실을 가르치면 잔소리가 됩니다. 그러나 예수님께서 모든 율법에 순종하시고 제자들의 발을 씻기심으로 섬기셨듯이, 우리가 하나님의 말씀을 경외함으로 경건하고 거룩한 삶을 사는 모습을 보여 줄 수는 있습니다. 교리가 아닌 교리를 적용하여 사는 삶이, 그리고 믿음의 가르침이 아닌 믿음대로 사는 삶의 모습이 훨씬 더 강력한 복음의 증거입니다.

우리는 그런 유산을 받아 누리고 있습니다. 이제는 우리가 그런 유산을 전해야 합니다. 가정에서, 학교에서, 직장에서, 하나님께서 우리에게 허락하시고 맡기신 모든 관계 속에서 예수님의 모습을 드러냄으로 풍성한 믿음의 열매를 맺을 수 있을 것입니다.

09 우리도 다른 나라들같이
삼상 8:19-20

사무엘상 7장은 영적으로, 사회적으로, 정치적으로 큰 혼란과 어려움을 겪었던 이스라엘이 사무엘의 통치 아래에서 안정과 평안을 누리는 장면으로 마무리됩니다. 그러나 이스라엘은 또 다시 심각한 위기를 맞이합니다. 이스라엘 사람들이 사무엘의 통치를 거부하고, 새로운 왕, 즉 주변 나라들과 같은 왕정을 요구하기 시작한 것입니다(삼상 8:5, 20). 이스라엘 장로들의 이러한 요구는 나름 합리적이었습니다. 그들이 왕을 요구하는 주된 이유는 사무엘의 노쇠였습니다(삼상 8:1, 5).

'늙음'은 여러 의미를 지닙니다. 내적으로, 영적으로는 지혜와 인격이 깊어지고 고매해짐을 의미하기도 합니다. 그러나 육체의 관점으로는 '약해짐'과 같은 말입니다. 이스라엘 사람들은 사무엘의 내면이 아닌 사무엘의 외적 모습만을 보고 판단했습니다. 힘을 자랑하는 주변의 왕들과 사무엘을 비교하기 시작했습니다. 사무엘이 늙어 그 육체가 쇠약해졌습니다. 이스라엘의 장로들은 약해진 사무엘에게 미래를 맡길 수 없다고 판단했습니다. 사무엘의 내면, 그가 가진 지혜와 지식, 하나님을 향한 경건과 사랑은 보지 못했습니다. 결정적으로 사무엘의 아들들의 과오가 컸습니다. 사무엘의 아들들이 사사가 되어 이스라엘을 다스렸지만, 그들의 통치는 사무엘을 계승하지 못했습니다. 오히려 그들은 엘리의 아들들처럼 악을 행하였고 선을 이루지 못했습니다(삼상 8:3, 5).

지도자의 과오가 얼마나 끔찍한 결과를 낳는지 이들을 통해 확인할 수 있습니다. 사무엘은 이스라엘의 미래를 이끌어 가기에는 너무나 노쇠하고 약해 보였습니다. 사무엘의 계승자들은 한참 모자랍니다. 그러한 상황에서 이스라엘의 장로들은 리더십의 교체를 택합니다. 새로운 시대의 새로운 리더십을 요구하기 시작한 것입니다.

그러나 사실 이스라엘 장로들의 요구는 전혀 새로운 것이 아니었습니다. 그들의 요구는 오히려 과거, 곧 사사 시대로의 회귀였습니다. 그들은 사실 새로운 왕을 요구하는 것이 아닙니다. 그들은 자신들의 영원하고 참된 왕이신 하나님을 거부한 것입니다(삼상 8:7). 곧 왕이 없어 각자 소견에 옳은 대로 행했던, 자기가 자신의 왕이 되었던 죄와 혼란의 시기로 돌아가기로 결정한 것입니다. 하나님을 버리고 죄로 돌아가려는 죄의 탄성과 탄력이 극도로 나타난 것입니다. 그래서 이는 단순히 이스라엘 사회의 정치 체제와 리더십의 변화가 아니었습니다. 이스라엘이 자신들의 정체성을 버리고 전혀 새로운 정체성을 스스로 세우려는 시도였습니다.

이스라엘의 정체성은 하나님으로부터 비롯됩니다. 그들의 실존은 하나님께서 아브라함에게 주신 언약에서부터 시작합니다. 하나님께서 아브라함에게 하나님의 나라와 백성들을 약속해 주셨고, 그 약속의 실현 속에 그들이 존재했습니다. 하나님을 떠나서는 그들이 존재할 수 없었습니다. 하나님께서 이스라엘의 하나님이 되시고 이스라엘이 하나님의 백성이 되는 것. 하나님과 이스라엘 사이의 특별한 언약이 이스라엘의 정체성이었습니다.

그래서 이스라엘의 정체성은 '하나님의 거룩'에 있습니다. 거룩은 구별입니다. 그들은 구별된 자들입니다. 하나님께서 모든 민족 가운데 그들을 아브라함 때에 구별하여 부르셨고, 종살이하던 애굽에서 구별하여 건지셨으며, 가나안 땅에서 우상 숭배와 잔인함의 범죄 가운데 있던 여러 민족과도 구별하셨습니다.

그런데 이스라엘은 그 거룩한 정체성을 스스로 버립니다.

그들은 눈앞에 보이는 욕망 때문에 더 이상 세상과 구별되기를 포기합니다. 그들은 '세상과 같아지기'를 선택합니다. 세상의 체제가 자신들의 체제가 되게 하고, 주변 나라들의 이념이 자신들의 이념이 되게 하며, 다른 나라들의 목적과 가치가 자신들의 것이 되게 했습니다. 세상과 같아졌습니다. 거룩한 하나님의 나라, 하나님의 백성이 아닌 세상이 되어 버렸습니다.

'죄악의 탄성과 탄력'은 매우 강력합니다. 놀라운 은혜를 경험한 이스라엘도 조금의 빈틈이 생기자 곧바로 하나님을 배신하고 죄악의 자리로 돌아갔습니다. 우리도 늘 이 죄악의 탄성을 경험하며 삽니다. 때로는 끌려가고, 때로는 넘어지며 살아갑니다. 예수님을 믿고 구원을 받아 은혜를 경험하지만, 이 은혜의 경험이 우리 삶의 모든 모습을 한 번에 완전하게는 바꾸지 못합니다. 육체가 성장하듯이 우리의 영혼도 점점 성장합니다. 한순간에 거룩을 완전히 이루지 못하고, 하루아침에 획기적으로 변화하지도 않습니다. 우리는 천천히, 육체의 성장보다 훨씬 더디게 영적으로 성장해 갑니다.

우리가 구원을 받아 은혜를 경험하여도 우리의 내면에는 여전히 옛 사람, 즉 죄를 사랑하고, 하나님을 미워하며, 하나님의 통치를 거부하고, 세상을 따라가며, 내 마음대로 하고 싶어 하는 옛 본성이 남아 있습니다. 그냥 흔적만 남아 있는 것이 아니라 강력하게 남아서 우리를 쥐고 흔들기도 하고, 우리를 넘어뜨리기도 하며, 우리를 지배하기도 합니다. 하나님을 너무나 사랑하지만, 그리스도의 은혜에 깊은 감사와 찬송을 늘 부르지만, 그럼에도 불구하고 스스로 죄를 선택하고 거룩을 거부하며 죄와 악 가운데로 나아갑니다. 우리만 그런 것이 아닙니다. 바울도 그랬습니다.

> 그러므로 내가 한 법을 깨달았노니 곧 선을 행하기 원하는 나에게 악이 함께 있는 것이로다 내 속사람으로는 하나님의 법을 즐거워하되 내 지체 속에서 한 다른 법이 내 마음의 법과 싸워 내 지체 속에 있는 죄의 법으로 나를 사로잡는 것을 보는도다 오호라 나는 곤고한 사람이로다 이 사망의 몸에서 누가 나를 건져 내랴 우리 주 예수 그리스도로 말미암아 하나님께 감사하리로다 그런즉 내 자신이 마음으로는 하나님의 법을 육신으로는 죄의 법을 섬기노라 _롬 7:21-25

우리 안에 있는 죄악이 우리를 쓰러뜨리고 넘어뜨립니다. 죄악의 강력한 탄성이 우리를 예전의 그 모습으로 돌아가게 합니다. 바울이 탄식이 곧 우리의 탄식입니다. 그래서 우리가 옛사람의 본성으로, 죄악으로 돌아가는 것, 그 탄성에 이끌려 또

다시 죄를 짓는 것은 이상한 일이 아닙니다. 그러나 그것이 좋은 것도 아닙니다. 더욱이 신자에게는 일어날 수는 있으나 아무렇지도 않은 일은 아닙니다. 참된 신자는 그러한 자신의 현실에 안타까워하고 슬퍼하며 눈물짓고 싸웁니다. 또다시 나를 쓰러뜨리는 죄악의 탄성에 저항하고 탄식하며 나아갑니다.

우리는 죄의 탄성에 저항해야 합니다. 그냥 끌려가는 것이 아니라 맞서야 하고, 버텨야 하고, 싸워야 합니다. 비록 겉으로 보기에는 같이 가는 것처럼 보일지라도 그 마음과 중심에는 믿음의 싸움을 싸워야 합니다. 그래야 돌이킬 수 있고 도망갈 수 있으며 끊어 낼 수 있습니다.

그러나 우리는 연약하여 또 넘어지고 쓰러집니다. 그러면 우리가 이 죄악의 탄성을 이기고 믿음을 유지하며 거룩한 신자의 삶을 살아가는 방법은 무엇일까요? 우리를 끌고 가는, 우리를 억지로 끌고 가는 이 죄악의 강력한 손길을 끊어 내고 믿음의 길을 가는 유일한 길은 무엇일까요?

우리는 우리를 잡고 있는 손이 누구의 손인지를 깨달아야 합니다. 내 스스로 손을 뻗어 죄악을 붙잡을 때에도, 온갖 세상 유혹이 나를 이끌어 죄 가운데로 끌고 갈 때에도 우리의 손을 붙잡고 있는 가장 강력한 손이 있습니다. 때로는 보이지 않는 것 같지만, 때로는 아무 힘도 없는 것처럼 느껴지지만, 때로는 그 손이 있는지조차 느끼지 못하지만, 분명히 우리의 손을 붙잡고 있고 우리를 이끌고 있으며 우리를 건지는 강력한 손, 그 어떤 것도 끊을 수 없고 우리에게서 떼어 놓을 수 없으며 우리를 이끄는 손이 있습니다.

바로 예수 그리스도의 손입니다. 예수님의 손입니다. 우리가 예수님을 붙잡고 있는 것이 아닙니다. 우리의 손은 그렇게 강하지 않습니다. 우리의 손은 그렇게 신실하지 못합니다. 우리의 손을 붙잡고 있는 것은 예수님이십니다. 예수님께서 우리를 붙잡고 계십니다. 죄악이 나를 끌고 가는 것 같습니다. 그러나 그것은 잠시입니다. 영원하지도 않고, 우리의 최종적인 목적지도 아닙니다. 우리를 끌고 가는 것은 예수님이십니다. 예수님께서 우리를 끌고 가시고 이끌어 가십니다. 그 손을 다시 잡아야 합니다.

죄에 맞서 싸우십시오. 죄악의 탄성이 우리를 흔들 때 저항하십시오. 우리를 잡아끄는 죄악의 손을 놓고, 우리를 우리보다 먼저 붙잡고 계시는 예수님의 손을 의지하십시오. 겉으로 보이는 것만으로 판단하지 마십시오. 보이지 않으나 무엇과도 비교할 수 없는 강력한 예수님의 손을 바라보십시오.

죄악의 탄성이 우리를 흔들 때가 있습니다. 그렇게 끌려갈 때도 있습니다. 그러나 정말로 우리를 붙잡고 있는 가장 강력한 힘은 예수 그리스도의 은혜의 탄성입니다. 우리가 잠시 흔들리고 끌려가도, 주님께서 우리를 다시 은혜의 자리로, 예배의 자리로, 구원과 영광의 자리로 끌어당기시고 회복시키십니다. 우리의 힘으로 죄의 탄성을 이기는 것이 아닙니다. 우리의 힘으로, 우리 스스로 회복하는 것도 아닙니다. 죄가 여러분을 끌고 갈 때에, 내 안에 다시 죄의 탄성이 강력하게 일어날 때에 예수 그리스도를 바라보십시오. 예수 그리스도의 피 묻은 손을 바라보십시오. 예수님의 은혜의 탄성, 은혜의 탄력을 의지하십시오. 주님께서 우리를 다시 회복시키실 것입니다. 주님께서 우리를 붙들어 그분께로 이끄실 것입니다.

죄악의 탄성이 얼마나 강한지 모릅니다. 그러나 그 무엇도 그리스도 예수 안에 있는 하나님의 사랑에서 우리를 끊을 수 없습니다.

> 높음이나 깊음이나 다른 어떤 피조물이라도 우리를 우리 주 그리스도 예수 안에 있는 하나님의 사랑에서 끊을 수 없으리라 _롬 8:39

그때에 우리는 죄악의 탄성을 극복하고 거룩한 신자의 정체성을 드러내며 영광 가운데로 나아갈 수 있습니다. 또다시 소망을 품을 수 있습니다. 또다시 힘을 낼 수 있습니다. 또다시 주님의 은혜 안에 거함으로 믿음 가운데 나아갈 수 있습니다.

이스라엘이 하나님을 거부했습니다. 그들의 왕이신 하나님을 거부했습니다. 그러나 하나님은 이스라엘에게 향하신 손을 거두시지 않았습니다. 오히려 하나님은 당신의 손으로 이스라엘을 더욱 강하게 붙잡으십니다. 그래서 그들이 택한 '왕'이 얼마나 자신들을 고통스럽게 하는지 '사울'을 통하여 알려 주셨고, 하나님의 왕, 하나님의 왕권이 얼마나 복되고 영광스러운지를 '다윗'을 통하여 알려 주셨으며, 이 다윗을 통하여 이스라엘의 영원하고 완전하신 구원의 왕, 예수 그리스도를 보내 주셨습니다.

예수님이 왕이십니다. 그분의 손이 우리를 붙잡고 있습니다. 그 은혜를 의지하십시오. 예수님을 바라보십시오. 그분의 손이 우리를 이끌고 있으니 그분 안에서 다시 힘을 내시고 일어나십시오.

10 이스라엘의 왕

삼상 9:16-17; 10:14-16

이스라엘 사람들은 왕을 요구했습니다. 그들은 단지 자신의 욕망을 실현시켜 줄 왕이 필요했고, 더 나아가 자신이 자신의 왕이 되어 자신의 뜻과 자신의 나라를 이루려는 욕망을 이루길 원했습니다. 왕을 요구하는 그들의 진심은 영원하고 참되신 왕인 하나님을 거부하는 것이었습니다.

문제는 '왕'이 아니라 이스라엘 사람들의 악한 의도였습니다. 하나님은 이미 이전에 이스라엘에 왕을 두실 것이라 말씀하셨습니다. 하나님께서 이스라엘의 왕이시고, 이스라엘에 하나님의 왕을 세우실 것이라 말씀하셨습니다. 그 왕을 통하여 하나님은 이스라엘을 구원하시고 다스리실 것입니다. 이 왕에 대한 말씀은 궁극적인 왕이신 예수 그리스도를 향합니다.

이스라엘은 왕을 요구했지만, 실제로는 왕을 거부하고 있었습니다. 자신의 욕망을 실현시켜 줄 왕을 세움으로, 그리고 자신이 자신의 왕이 되어 자신의 뜻과 자신의 나라를 이루려는 욕망이 그들의 영원하고 참되신 왕인 하나님을 거부했습니다. 하나님의 통치를 거부하고, 세상과 구별되는 거룩한 하나님의 나라가 아닌 세상과 같아지기를 선택했습니다. 그래서 그들에게 '왕'은 하나님의 뜻을 이루어 그들에게 구원과 은혜를 베푸는 존재가 아닌 그들의 욕망을 실현해 주고 그들의 욕망이 투영된 새로운 '우상'에 불과했습니다.

그럼에도 불구하고 하나님은 이스라엘에 왕을 허락하셨습니다(삼상 8:22). 이는 하나님께서 이스라엘 사람들의 억지와 악한 요구에 굴복하신 것이 아닙니다. 오히려 하나님은 이를 통하여 이스라엘의 진정한 왕은 어떤 존재인지, 하나님께서 세우실 이스라엘의 참된 왕의 자질과 조건, 그리고 그 왕의 역할이 무엇인지를 알려 주십니다.

사무엘상 9, 10장의 이야기는 사울이 왕이 되는 과정입니다. 두 가지 사실에 초점을 맞추고 있습니다. 첫째, 사울의 뛰어난 외적인 조건입니다. 그는 비록 가장 작은 베냐민 지파 출신이지만, 유력한 집안, 부유한 집안의 아들입니다(삼상 9:1). 그는 효자입니다. 아버지의 명령에 기꺼이 수고를 감당하고 아버지를 먼저 염려합니다(삼상 9:3, 5). 엘리의 아들들, 사무엘의 아들들과는 다릅니다. 무엇보다 가장 큰 특징은 그의 외모입니다. 그는 '준수한 청년'이었습니다. 키가 커서 어디서 봐도 눈에 띄었습니다(삼상 9:2). 모든 백성 중에 짝할 자가 없을 정도로 뛰어났습니다(삼상 10:24). 최고 중의 하나가 아니라 최고였습니다. 그가 지닌 외적인 조건들은 그가 왕이 되는 데 아무런 문제가 없고 가장 합당함을 드러냅니다. 사무엘처럼 노쇠하지 않았고, 사무엘의 아들들처럼 악하지도 않았습니다. 외모만 보면 사울은 누가 봐도 왕이 될 만한 사람이었습니다.

둘째, 하나님의 세밀하고 특별한 섭리입니다. 사울이 왕이 되는 과정은 그의 아버지가 잃어버린 나귀들을 찾기 위한 여정에서부터 시작합니다. 그는 나귀를 찾으러 종과 함께 떠나지만 찾지 못하고 돌아오려던 찰나에 종의 제안으로 사무엘을 찾아갑니다(삼상 9:6). 하나님께서 사무엘에게 사울이 이스라엘의 지도자가 될 것이라고 말씀하십니다(삼상 9:16, 17). 사무엘상 10장에 따르면, 사무엘이 사울의 머리에 기름을 붓고 그를 지도자로 세운 이후에도 하나님은 세 번이나 매우 특별한 징조를 보여 주심으로 당신께서 사울을 왕으로 세우셨음을 확증하시고, 이후로 모든 사람 앞에서 그를 지도자로 세우게 하십니다. 이렇게 사울의 뛰어난 외적 조건과 하나님의 세밀하신 섭리를 볼 수 있습니다.

그런데 특이하게도 사울의 외적인 조건들이 그가 왕이 되는 과정에서 어떤 역할을 했다거나 중요한 조건이 되었다는 설명은 나오지 않습니다. 그저 사울은 그런 사람이라고 그를 설명하는 선에서 그치고 맙니다. 즉, 사울이 이스라엘의 지도자로 세워진 이유는 사울이 가지고 있던 외적인 조건들, 즉 그의 집안, 그의 잘생긴 외모와 강인한 육체, 심지어 그의 착하고 바른 성품 때문이 아닙니다. 철저히 하나님의 섭리 때문입니다.

사울이 왕이 되는 과정은 사울이라는 한 개인의 뛰어난 자질과 성취를 보여 주려는 것이 아닙니다. 오히려 사울의 모습들, 사울이 왕이 되는 과정들을 통하여 하나님은 이스라엘의 왕이 지녀야 하는 자질과 이스라엘의 왕이 감당해야 할 사역과 사명을 알려 주십니다. 이스라엘의 왕에게 주어지는 가장 중요한 사명은 사무엘상 9장 16절에 기록되어 있습니다. 바로 이스라엘의 왕은 이스라엘 사람들을 '블레셋', 즉 그들의 원수들에게서 구원해야 하며 이스라엘을 다스려야 합니다. 구원자이자 통치자여야 합니다.

그럼 어떻게, 무엇으로 구원하고 통치할까요? 그것 역시 사울이 왕이 되는 과정에 분명히 나타나고 있습니다. 사무엘상 10장 9-13절에 따르면, 사울은 하나님의 선지자들을 만나고 성령의 충만을 입어 예언을 합니다. 이때 예언은 미래의 일을 말하는 것보다는 하나님의 말씀을 선포하고 하나님께 올려 드리는 찬양을 의미합니다. 이스라엘의 왕은 성령과 하나님 의 말씀으로 하나님의 백성들을 구원하고 다스리는 자입니다. 이스라엘의 왕은 단지 이스라엘이라는 한 국가의 왕이 아니라 하나님의 통치를 위임 받은 대리자이고, 이스라엘이라는 이 땅의 나라가 아니라 영원한 하나님의 나라를 이 땅 위에서 이 루어 가는 존재이기 때문입니다.

그런데 사울의 겉모습과 외적인 조건은 너무나 훌륭했지 만, 처음부터 그에게는 매우 중대한 문제가 있었습니다. 사울 은 하나님의 나라에 관심이 없었습니다. 그의 마음속에는 하 나님의 나라가 없었습니다. 그는 '사무엘'을 알지 못했습니다. 이것이 가장 분명한 증거입니다.

사울과 종이 아버지의 나귀를 찾지 못했습니다. 사울이 집 으로 돌아가려고 할 때, 사무엘에게로 사울을 이끈 사람은 그 의 종이었습니다(삼상 9:6). 사무엘에게 바칠 예물을 준비한 사 람도 종이었습니다(삼상 9:8). 사울은 사무엘의 이름도 알지 못 하여 그를 '하나님의 사람', '선견자'라고 부르고, 심지어는 눈 앞에 사무엘이 나타나도 그의 얼굴을 알아보지 못합니다(삼상 9:18). 이름도 모르는데 얼굴을 모르는 것은 당연합니다.

이것은 무엇을 의미합니까? 사무엘이 어떤 사람입니까? 하나님의 말씀으로 이스라엘을 다스리던 사람입니다. 온 이스라엘 땅을 다니며 하나님의 말씀을 전하고, 하나님의 나라를 이루어 간 사람입니다. 그런데 그를 모릅니다. 한 인간 사무엘을 모르는 것이 아니라 사무엘을 통하여 선포되었던 하나님의 말씀도, 사무엘을 통하여 이루어진 하나님의 통치도, 사무엘을 통하여 하나님께서 그 땅 위에 세우시는 '하나님의 나라'도 사울은 몰랐습니다. 그는 육체적으로는, 지리적으로는, 정치적으로는 이스라엘이라는 나라에 살고 있었지만, 영적으로는 하나님의 나라에 속한 사람이 아니었습니다. 그는 하나님의 나라 밖에 있었습니다. 결정적으로 사무엘상 10장 16절이 이를 강력하게 증거합니다.

사무엘이 사울을 가르칩니다(삼상 10:8). 무엇을 가르쳤겠습니까? 이스라엘의 왕의 존재와 목적과 사명을 성경과 이스라엘의 역사를 통하여 가르쳤을 것입니다. 사울의 숙부가 사울에게 사무엘에게서 배운 것을 질문합니다(삼상 10:15). 그때 사울의 대답을 보십시오.

암나귀들을 찾았다고 우리에게 분명히 말하더이다 하고 사무엘이 말하던 나라의 일은 말하지 아니하니라 _삼상 10:16

'나라의 일', 단순히 이스라엘이라는 국가의 정치와 경제와 국
방을 말하는 것이 아닙니다. 사무엘이 말하던 나라는 하나님
의 나라입니다. 이스라엘은 이 땅 위에서 하나님의 나라를 이
루어 가는 하나님의 공동체입니다. 그런데 사울은 '나라의 일',
하나님 나라의 일은 말하지 않습니다. 그는 여전히 '당나귀'에
만 관심이 있습니다. 재산에만, 가족의 자산에만 관심이 있을
뿐입니다.

그래서 사울은 사무엘상 9장 16절에 기록된 하나님 나라의
왕의 사명을 감당하지 못합니다. 이후의 기록들을 보면, 사울
은 블레셋과 제대로 전쟁하지 못합니다. 블레셋에게서 백성을
구원하지 못합니다. 하나님의 말씀으로 백성들을 다스리지도
못합니다. 성령이 아니라, 오히려 악령에 사로잡힌 자가 되고
맙니다.

그럼에도 불구하고 백성들은 사울에게 열광합니다. 이전까
지는 '하나님께 만세'를 외치던 사람들이 '왕의 만세'(삼상 10:24)
를 외치기 시작합니다. 사울은 하나님께 인정받는 왕이 아니
라 사람들의 열광과 사람들의 인기를 한 몸에 받는 자가 되었
습니다. 하나님의 나라와 하나님의 권세와 하나님의 영광이
사라져 버렸습니다. 그저 멋지고 뛰어난 사람, 사울이라는 왕
이 섰을 뿐입니다.

우리의 왕은 누구입니까? 누가 우리를 다스리고 있습니까? 하나님이 없어도, 하나님 나라와 상관없이, 하나님의 말씀과 성령의 역사가 없어도, 키 크고 잘생기고 똑똑하고 전쟁에서 승리하고 부와 만족만 주면, 그것을 준다고 약속만 하면 왕으로 섬기고 있지 않습니까?

모든 사람의 마음속에는 '상승 욕구'가 있습니다. 더 높아지려고 하고, 더 가지려고 합니다. 그런데 현실이 따라가지 못합니다. 그러면 우리의 마음속에 '동일시 욕구', '모방 욕구'가 일어납니다. 되지 못하면, 가지지 못하면 흉내라도 내려고 하는 것입니다. 그래서 짝퉁이 사라지지 않습니다.

'사울'은 바로 이스라엘 사람들의 상승 욕구가 빚어낸 동일시 욕구, 모방 욕구의 대상이자 절정이었습니다. 이스라엘 사람들은 사울처럼 되고 싶었습니다. 외적으로 완벽한 조건을 갖추고 싶었고, 부유한 집안을 이루고 싶었으며, 유력한 가문이 되고 싶었고, 모두가 인정할 만한 종교적 경험들을 하고 싶었을 뿐입니다. 사울은 이스라엘의 왕이 아니라 이스라엘 사람들 내면의 욕망이 투영된 '우상'이었습니다. 이스라엘 사람들의 마음속에 다른 나라들과 세상처럼 되고 싶은 욕심이 자라났고, 그 욕심이 잉태하여 우상 숭배라는 죄를 낳았습니다. 그리고 우리 안에도 다양한 이름을 가진 '사울'과 같은 우상이 있습니다.

하나님께서 사울을 이스라엘의 지도자로 세우신 궁극적인 이유가 바로 여기에 있습니다. '우상'은 결코 우리의 왕이 될 수 없음을 알려 주시기 위함입니다. '다른 나라들과 같은 왕', '세상의 왕'이 세상의 모든 조건을 다 충족한다 해도 하나님의 나라와 상관없는 왕은 우리의 왕이 될 수 없습니다. 왜냐하면 우리를 죄와 사망으로부터 구원할 수도, 하나님의 말씀으로 거룩하게 다스릴 수도 없기 때문입니다.

그러면 누가 왕입니까? 하나님의 말씀과 성령으로 다스려 우리를 거룩하게 하고, 하나님의 백성들을 구원하여 영생을 누리게 하며, 영원하고 참된 가치와 정체성을 회복시켜 주는 자가 진정한 우리의 왕입니다. 세상은 '나의 뜻이 이루어지는 것'을 추구하며 그것을 기뻐하지만, '하나님의 뜻이 이루어지기를' 기도하고 이 땅 가운데 '하나님의 나라가 임하기'를 소원하며 그 나라를 이루어 가는 왕이 우리의 왕입니다. 바로 예수 그리스도이십니다. 예수님께서 우리의 왕이십니다. 그분이 육체가 되신 하나님의 말씀이시며, 그분께서 우리에게 성령을 부어 주십니다. 그분께서 하나님의 나라를 이루시며 하나님의 나라의 왕이십니다.

세상을 흉내 내고 세상과 같아지는 것이 우리의 정체성도 아니고 우리 인생의 목적도 아닙니다. 그것이 우리의 삶을 가치 있게 하지도 않습니다. 예수 그리스도 안에서 거룩한 하나님의 자녀가 되는 것이 우리의 정체성이며 궁극적인 인생의 가치입니다. 사라져 버릴 세상의 욕망을 이루는 것이 우리의 만족이 아닙니다. 영원한 천국의 백성으로 영생과 영광을 누리는 것이 우리의 만족입니다. 이 땅이 우리의 나라가 아니며 이 땅의 권력이 우리의 왕이 아닙니다. 우리의 본토, 고향은 저 천국이며, 우리의 왕은 영원하신 하나님의 아들 예수 그리스도이십니다. 세상과 같아지는 것이 아니라 거룩함으로 세상과 구별되고, 말씀으로 죄를 이기며, 성령의 능력으로 세상의 온갖 고난과 공격을 극복하는 것이 우리의 힘이요 영광이요 능력입니다.

세상을, 사울을 닮아 가는 것이 아니라 예수님을 닮아 가십시오. 세상의 열매가 아닌 성령의 열매를 맺으십시오. 세상의 속성이 아닌 하나님의 성품을 이루십시오. 이것이 우리의 구원이요 능력이요 영광입니다. 이 모든 은혜의 선물이 예수 그리스도께 있습니다. 예수님을 바라보시고 예수님을 붙잡으십시오. 주님께서 우리에게 은혜를 베푸실 것입니다.

11

믿음의 전쟁과 승리

삼상 11:6-11

이스라엘에 큰 위기가 닥쳤습니다. 이스라엘에 정말로 무섭고 고통스러운 전쟁의 위기가 닥쳤습니다. 말 그대로 내우외환의 위기입니다. 겉으로는 주변 강대국의 위협이, 안으로는 문제를 해결할 만한 리더십의 부재가 이스라엘을 혼란과 두려움으로 몰아넣고 있습니다.

암몬 왕 나하스가 길르앗 야베스 땅을 침략하고 그곳에 진을 쳤습니다. 야베스 사람들은 맞서 싸우기보다는 암몬 왕 나하스에게 항복합니다. "우리와 언약하자 그리하면 우리가 너를 섬기리라"(삼상 11:1)라는 이 표현은 모두 왕과 신하, 왕과 백성의 관계를 의미합니다.

우리가 잘 알듯이, 이스라엘의 영원하고 완전하신 왕은 하나님이십니다. 더구나 지금 이스라엘에는 '사울'이라는 지도자가 왕으로 세움을 받았습니다. 또한 신명기 7장 2절에 따르면, 이스라엘은 어떤 이방 민족과도 언약을 맺지 말아야 했습니다. 하나님의 강력한 명령이었습니다.

그러나 야베스 사람들은 암몬 왕을 자신들의 왕으로 섬기는 조약을 먼저 제안합니다. 그들이 이상하리만치 이렇게까지 굴복하는 것은 암몬 왕 나하스의 흉포함과 잔인함 때문이었습니다. 야베스 사람들의 항복과 제안에 암몬 왕 나하스는 매우 잔인하고 무서운 단서를 답니다. "내가 너희 오른 눈을 다 빼야 너희와 언약하리라"(삼상 11:2). 암몬 왕 나하스가 원하는 것은 이스라엘 사람들과의 화목이 아니었습니다. 그는 이스라엘 사람들에게 씻을 수 없는 수치와 모욕, 회복 불가능한 패배를 안기려고 했습니다.

학자들의 연구에 따르면, 암몬 왕 나하스의 공격으로 말미암아 요단강 동편에 있던 이스라엘 지파들 중에서 많은 사람의 오른쪽 눈이 뽑혔고, 이 때문에 수천 명이 길르앗 야베스로 도망 와 살고 있었다고 합니다. 길르앗 야베스 사람들은 암몬 왕으로 말미암아 수치와 패배, 고통과 두려움을 이미 직접 보고 들은 것입니다. 암몬 왕 나하스의 최종 목적은 여기서 그치지 않고 이 모든 일을 통하여 '온 이스라엘을 모욕하는 것'이었습니다(삼상 11:2). 이 말의 의미는 단순히 이스라엘 사람들을 향한 모욕이 아닙니다. 하나님의 백성 이스라엘을 모욕하고 조롱함으로 하나님을 모욕하고 조롱하려는 것입니다. 이것이 최종적이고 궁극적인 목적입니다. 하나님을 공격하는 것입니다.

하나님의 백성은 늘 세상으로부터 공격을 받습니다. 예수님은 다음과 같이 말씀하십니다. "세상이 너희를 미워하지 아니하되 나를 미워하나니 이는 내가 세상의 일들을 악하다고 증언함이라"(요 7:7). 예수님은 세상의 악한 일들과 죄악을 드러내십니다. 지금까지 사람들이 다 좋다고 여기던 일들, 심지어 의롭고 거룩하다고 말하던 일들까지도 예수님은 그것이 얼마나 악한 일이고, 가증한 일이며, 하나님의 심판을 받을 만한 일인가를 드러내셨습니다. 그러니 당연히 세상은 예수님을 미워하고 싫어합니다. 그렇다면 예수님을 믿고, 예수님을 사랑하며, 예수님을 주님으로 섬기는 교회가 세상의 미움을 받고 공격을 당하는 것 역시 당연한 일입니다.

이스라엘이 광야를 지날 때, 하나님께서 그들과 함께하시고 그들을 도우셔서 그들은 광야를 지나왔고 광야의 전쟁과 가나안 땅의 전쟁에서 승리했습니다. 하나님을 섬기는 하나님의 백성 이스라엘을 세상이 기뻐하고 좋아할 리가 없습니다. 하나님을 향한 도전은 하나님의 백성을 향한 핍박으로 실행됩니다. 바로 그 공격 앞에 길르앗 야베스 사람들이 놓여 있습니다. 그리고 그들은 그 공격의 잔인함 앞에서 두려움에 억눌려 저항 한 번을 못하고 스스로 굴복하고 있습니다.

우리는 이러한 상황을 보면서 한 사람을 생각하지 않을 수 없습니다. 바로 '사울'입니다. 사울은 '다른 나라와 같이 전쟁에서 이스라엘을 승리하게 할 왕, 이스라엘을 다른 나라들과 같게 만들어 줄 왕'으로 세워진 자입니다. 그의 외모와 자질들이 어떤 나라의 왕과 비교해도 모자라지 않아서, 그가 이끈다면 전쟁에서 승리할 것이라는 기대를 한 몸에 받고 세워진 왕입니다. 그렇다면 이스라엘에 닥친 이 위기의 순간에 그는 나서서 백성을 구원해야 합니다. 그러나 사울은 그저 고향 땅에 돌아가서(삼상 10:26) 소를 치며 평범히 생계를 이어 가고 있었을 뿐입니다(삼상 11:5). 그는 왕으로 세움을 받았지만 왕의 역할을 제대로 감당하고 있지 않았습니다.

야베스 장로들이 전령을 이스라엘 각 땅으로 보내 도움을 청합니다. 사울이 살던 기브아에도 야베스에서 일어난 일들이 전해집니다. 그 소식을 듣고서 기브아 사람들이 통곡합니다. 그러나 그들이 자신들을 보호할 자, 자신들의 왕으로 세운 사울이 그 땅에 있지만, 아무도 사울을 찾지도, 그에게 도움을 청하지도 않습니다.

사실 사울에게 도움을 청하지 않는 것보다 훨씬 더 크고 치명적인 문제가 있었습니다. 그렇게 강력하고 잔인한 암몬의 공격 앞에서 그 누구도 하나님께 기도하지 않고 있다는 것입니다. 야베스 사람들은 두려워 떨며 항복을 선언하고 조약을 요청했습니다. 장로들은 도움을 청하기 위하여 전령들을 파송했습니다. 자칫 온 이스라엘이 치명적인 고통과 피해를 당할 수 있는 상황입니다. 그러나 그들의 조상들에게 약속하셨고, 실제로 그 땅을 소유할 수 있도록 도우신 그 하나님을 어느 누구도 찾지 않습니다.

이것이 진짜 위기였습니다. 이것이 이스라엘에게 닥친 위기의 본질이었습니다. 하나님의 백성들이 하나님을 왕으로 인정하지 않았을 뿐만 아니라, 하나님의 도우심을 간구하지도 않는 상황. 그들은 하나님을 자신들의 삶 가운데서 잊어버렸습니다. 우리도 마찬가지입니다. 환란과 공격이 우리에게 닥쳐옵니다. 위기를 겪습니다. 그러나 진짜 위기는 하나님을 잊는 것입니다. 우리의 구원과 도움이 되시는 하나님께 기도하지 않는 것입니다.

그럼에도 불구하고 하나님께서 사울을 통하여 이스라엘을 건지십니다. 이스라엘 백성들은 하나님을 잊어버렸지만, 하나님은 이스라엘을 잊지 않으셨습니다. 이스라엘은 하나님의 통치를 거부하였지만, 하나님은 여전히 이스라엘을 다스리시고 보호하시며 사랑하십니다.

사울이 소를 몰고 집으로 돌아올 때에 울고 있는 사람들을 봅니다. "백성이 무슨 일로 우느냐"(삼상 11:5). 사울은 그때까지도 여전히 야베스에서 일어난 일, 이스라엘에 닥친 정치적, 군사적, 영적 위기를 모르고 있었습니다. 그제서야 야베스에서 일어난 이야기를 사울이 듣게 됩니다. 그리고 무슨 일이 일어났습니까? 6절은 모든 상황을 변화시키는 변화의 시작점입니다. 그때에 하나님의 영, 성령님께서 사울에게 충만히 임하셨습니다. 성령님께서 사울에게 역사하시자 사울이 일어나 군사를 모으고 구원의 소식을 선포하며 암몬 사람들을 물리칩니다.

겁먹고 위축되어 있었던 이스라엘 사람들이 용맹한 군사가 되었습니다. 하나님을 모욕하며 이스라엘을 협박하던 암몬의 군대가 대낮에 패하여 도망갔습니다. 사울에게 가장 먼저 변화가 일어났고, 이스라엘 사람들에게 이 변화가 확장되었으며 결국 승리했습니다.

무엇이, 누가 이스라엘을 구원하였습니까? 무엇이 이스라엘과 하나님을 모욕하던 암몬 왕을 쫓아냈습니까? 이스라엘의 승리는 어디에서 왔으며, 누가 이룩했습니까? '사울 왕'입니까? 아닙니다. 세상과 같은 왕이 승리를 가져온 것이 아니라 성령의 충만함을 받은 왕, 성령으로 세상과는 구별된 자가 이를 이루었습니다.

'왕정'이 이스라엘을 구원했습니까? 앞선 사회 체제와 다른 나라와 같은 효율적인 제도가 이스라엘을 승리로 이끌었습니까? 아닙니다. 하나님의 능력이 이스라엘을 구원하였습니다. 성령님께서 역사하시자 이 모든 변화가 일어났습니다. 하나님의 백성과 교회의 승리는 칼과 창과 제도가 아니라 성령님께 있습니다. 성령님의 역사가 우리의 승리입니다. 사울의 능력이 아니라 성령님께서 그를 통해 구원을 이루셨습니다.

그러나 사울은 이후에 실패하고 무너집니다. 그는 성령의 충만함을 잃어버립니다. 그는 성령을 소멸시키며 하나님을 떠나 버렸습니다. 그에게서 하나님의 능력도 사라져 버립니다. 왕의 자격도, 사역도, 능력도 다 잃어버립니다. 결국 사람이 원하는 왕, 사람의 욕망을 이루어 주는 왕은 영원하고 참된 구원의 왕이 될 수 없습니다.

그러나 하나님은 우리에게 영원하고 완전한 왕을 보내 주셨습니다. 사람이 기뻐하는 사람의 왕이 아니라, 하나님의 뜻에 합하여 하나님의 통치를 이루는 하나님의 왕을 보내 주셨습니다. 성령으로 충만하신 왕, 모든 다스림과 통치에서 완전한 하나님의 능력으로 이루시는 왕, 당신의 백성을 사랑하셔서 모든 원수를 무너뜨리시고 당신 발 아래에 밟으시며 구원과 승리와 영광을 당신의 백성에게 주시는 왕을 보내 주셨습니다. 예수님이십니다. 예수님께서 우리의 영원하고 완전한 왕으로 오셔서 성령으로 우리를 다스리시며, 하나님의 완전한 능력으로 우리를 구원하십니다.

사실 신자의 삶은 전쟁입니다. 이 사실을 잊고 지낼 때가 얼마나 많은지 모릅니다. 이 땅의 교회를 가리켜 '전투하는 교회'라고 말할 정도입니다. 세상은 늘 교회를 공격합니다. 때로는 너무나도 달콤하게 유혹하고 때로는 너무나도 고통스럽게 핍박합니다. 암몬 왕 나하스가 이스라엘을 공격하여 하나님을 모욕하려 했듯이, 우리가 예수님과 친밀할수록 예수님을 미워하는 세상은 우리를 더욱 공격합니다.

우리가 하나님을 더욱더 사랑하고 그 말씀에 순종할수록, 하나님의 말씀을 거부하고 죄와 사망의 세력을 추종하는 세상은 더욱더 우리를 미워합니다. 우리가 성령으로 충만할수록, 성령의 열매를 싫어하고 성령의 역사를 훼방하려는 악한 영의 공격이 우리에게 더욱 강하게 밀어닥칩니다. 우리의 눈을 빼 진리를 못 보게 하고, 우리의 입을 막아 복음을 말하지 못하게 하며, 우리의 손을 부러뜨려 사랑을 행하지 못하게 하고, 우리의 발을 잡아 하나님의 나라를 확장하지 못하도록 할 것입니다. 우리가 주님께 속했기 때문입니다.

세상이 너희를 미워하면 너희보다 먼저 나를 미워한 줄을 알라 너희가 세상에 속하였으면 세상이 자기의 것을 사랑할 것이나 너희는 세상에 속한 자가 아니요 도리어 내가 너희를 세상에서 택하였기 때문에 세상이 너희를 미워하느니라 _요 15:18-19

그래서 세상으로부터 받는 공격은 우리가 하나님께 속한 자이며 주님의 택하심을 받았다는 은혜의 가장 분명한 증거입니다. 세상에 속한 자, 주님께 속하지 않은 자는 세상이 신경도 안 쓰고 가만히 둡니다. 그러므로 우리는 오히려 즐거워하고 기뻐할 수 있습니다.

오히려 너희가 그리스도의 고난에 참여하는 것으로 즐거워하라 이는 그의 영광을 나타내실 때에 너희로 즐거워하고 기뻐하게 하려 함이라 너희가 그리스도의 이름으로 치욕을 당하면 복 있는 자로다 영광의 영 곧 하나님의 영이 너희 위에 계심이라 … 만일 그리스도인으로 고난을 받으면 부끄러워하지 말고 도리어 그 이름으로 하나님께 영광을 돌리라 _벧전 4:14, 16

그럼에도 불구하고 세상의 공격 앞에 우리가 얼마나 약하고 약해집니까? 세상의 공격은 여전히 무시무시하고 두렵습니다. 우리에게 무슨 힘이 있습니까? 우리에게 무슨 능력이 있어 이 세상을 이길 수 있겠습니까? 야베스 사람들의 비굴함을 비난하기에는 우리의 현실도 그리 쉽지 않습니다. 오늘도 우리는 이 믿음의 싸움을 싸워야 합니다. 어떻게 싸워야 할까요? 무엇으로 싸워야 할까요? 세상의 공격에 세상의 무기와 세상의 방식으로 맞서면 될까요? 아닙니다. 우리는 그렇게 싸울 수 없습니다. 그러한 것들로는 이길 수도 없습니다.

> 깨끗함과 지식과 오래 참음과 자비함과 성령의 감화와 거짓이 없
> 는 사랑과 진리의 말씀과 하나님의 능력으로 의의 무기를 좌우에
> 가지고 _고후 6:6-7

깨끗함과 하나님의 뜻을 분별하는 지식과 오래 참음과 자비함과 성령의 감화와 사랑과 진리의 말씀과 하나님의 능력이 우리의 의의 무기입니다. 이를 가지고 싸울 때 우리는 이길 수 있습니다. 마귀의 간계를 대적하고, 어둠의 세상 주관자들을 이길 하나님의 전신갑주를 입어야 합니다.

> 그런즉 서서 진리로 너희 허리 띠를 띠고 의의 호심경을 붙이고
> 평안의 복음이 준비한 것으로 신을 신고 모든 것 위에 믿음의 방

패를 가지고 이로써 능히 악한 자의 모든 불화살을 소멸하고 구원의 투구와 성령의 검 곧 하나님의 말씀을 가지라 모든 기도와 간구를 하되 항상 성령 안에서 기도하고 이를 위하여 깨어 구하기를 항상 힘쓰며 여러 성도를 위하여 구하라 _엡 6:14-18

어떻게 이 무기를, 이 전신갑주를 우리가 취할 수 있습니까? 이 모든 것의 주인이신 예수 그리스도를 바라보십시오. 믿음의 주요 온전케 하시는 이이신 예수 그리스도를 바라보십시오 (히 12:2). 우리를 구원하시기 위하여 모든 모진 공격을 다 당하시고 마침내 승리하셔서 우리에게 영원한 영생과 영광을 주시고 성령을 부어 주시는 예수님을 바라보십시오. 예수님께 집중하십시오. 예수님을 의지하십시오. 그분의 십자가와 말씀을 붙잡으시고 그분께서 부어 주시는 성령의 충만을 받으십시오.

이것을 너희에게 이르는 것은 너희로 내 안에서 평안을 누리게 하려 함이라 세상에서는 너희가 환난을 당하나 담대하라 내가 세상을 이기었노라 _요 16:33

주님을 바랄 때, 그리고 주님을 믿어 그분 안에 거할 때, 이 모든 은혜가, 이 모든 전쟁의 무기가 우리 손에 들려질 것입니다. 그리고 우리는 주님과 함께 승리할 것입니다. 그때에 우리는 참된 평안을 누리게 될 것입니다.

12 불잡아야 할 것과 버려야 할 것
삼상 19:20-25

사무엘은 암몬 왕 나하스와의 전쟁에서 승리한 이스라엘과 사울에게 "나라를 새롭게 하자"라고 선언합니다(삼상 11:14). 사무엘이 말하는 '나라'는 단순히 이스라엘 국가가 아닙니다. 이는 하나님의 나라이자 하나님 나라의 백성인 이스라엘 사람들의 영적인 정체성을 가리킵니다.

사울과 모든 이스라엘 백성이 하나님 앞에 섭니다(삼상 11:15). 세상 앞에, 사람들 앞에 서는 것이 아니라 하나님 앞에 섭니다. 하나님 앞에서 사울을 왕으로 삼고, 예배를 드리며, 모든 백성이 하나님 앞에서 기뻐합니다. 이스라엘은 하나님 앞에 서야 했고, 하나님 앞에서 새로워져야 했습니다. 그들의 영적인 정체성을 회복하는 개혁과 갱신이 필요했습니다.

사무엘상 12장을 보면, 이를 위해 사무엘은 먼저 역사를 통하여 이스라엘에게 교훈합니다. 이스라엘의 역사는 '하나님의 구원, 이스라엘의 범죄, 하나님의 심판, 이스라엘의 부르짖음, 하나님의 응답과 구원'을 반복합니다. 시작은 하나님의 구원의 은혜입니다. 그들이 잘해서, 구원받을 만해서 하나님께서 건지신 것이 아니었습니다. 처음부터 그들이 받은 구원은 하나님께서 거저 주신 은혜의 선물이었습니다. 문제는 그 은혜를 받았음에도 불구하고 이스라엘이 계속하여 범죄한 것입니다.

이스라엘의 첫 번째 죄는 하나님을 잊은 것입니다(삼상 12:9). 이 죄가 이스라엘이 저지른 모든 죄의 근원이며 본질입니다. 이스라엘이 애굽에서 종살이하며 고통당할 때, 하나님은 모세와 아론을 통하여 그들을 구원하셨습니다. 그러나 그들은 하나님과 하나님께서 하신 일을 잊었습니다.

하나님을 잊은 죄는 두 번째 죄를 일으킵니다. 바로 우상 숭배입니다(삼상 12:10). 영원하고 참되며 유일한 신이신 하나님을 잊은 이스라엘은 우상을 하나님의 자리에 앉혀 놓고 섬기기 시작합니다. '바알들과 아스다롯'은 '다산과 쾌락의 신'입니다. 다산, 곧 풍요와 번영이, 그리고 육체의 쾌락이 그들의 신이 되었습니다. 번영과 쾌락을 싫어하는 사람은 없습니다. 이 세상의 모든 정치, 경제, 문화, 종교는 결국 이를 이루기 위해 존재하고 활동합니다. 사람들은 이를 가장 중요하게 여기고,

이를 위해 살아갑니다. 결국 번영과 쾌락은 각 시대마다 이름을 바꾸어 가며 사람들의 가장 강력한 우상이 되어 왔습니다.

이스라엘이 이 우상을 섬겼습니다. 이는 단순히 종교 문제가 아닙니다. 이는 이스라엘 사람들의 삶의 목적과 원리가 세상과 같아져서 거룩한 하나님의 백성이라는 영적 정체성을 잃어버렸음을 의미합니다. 이스라엘은 우상을 섬겼고, 이로 말미암아 하나님께 심판의 매를 맞았으며, 또 하나님께 부르짖었습니다. 그리고 하나님은 또다시 사사를 통하여 이스라엘을 구원하셨습니다(삼상 11:11).

그러나 이스라엘은 거기서 그치지 않고 또다시 죄를 더합니다. 바로 왕을 구한 것입니다(삼상 11:12). 사무엘은 이스라엘의 본심을 정확하게 지적합니다. 이스라엘은 '하나님 여호와께서 그들의 왕이 되심에도 불구하고' 왕을 구하였습니다. 정확히 그들은 왕을 구한 것이 아니라 왕이신 하나님을 거부한 것입니다. 물론 이스라엘 사람들은 '모든 죄에 왕을 구하는 악을 더하였다'라고 스스로 인정합니다(삼상 12:19).

그러나 하나님은 그러한 악에도 불구하고 암몬 왕 나하스가 이스라엘을 치러 왔을 때에 바로 그 왕, 그들이 원한 왕을 통하여 이스라엘을 구원하여 주셨습니다. 사실 왕의 유무는 큰 상관이 없습니다. 하나님은 변함없이 이스라엘을 구원하셨습니다. 왕이 없을 때에도 하나님은 사사들을 통하여 이스라엘을 구원하셨습니다(삼상 12:11). 왕이 생기자 하나님은 바로 그 왕을 통하여 이스라엘을 구원하셨습니다. 비록 그 왕이 하나님을 버리려는 그들의 악한 의도에 따라 세워진 것이었어도, 하나님은 그 왕도 이스라엘을 구원하시는 당신의 도구로 사용하셨습니다.

왕이 없을 때 이스라엘이 죄를 덜 저지르거나 하나님을 더 사랑한 것도 아니고, 왕이 생겼다고 해서 이스라엘이 이전보다 특별히 더 많은 죄를 저지른 것도 아니었습니다. 그들은 여전히 하나님을 잊었고, 여전히 우상을 섬겼으며, 여전히 자신들의 욕망을 이루어 줄 존재를 계속 찾고 있었을 뿐입니다.

중요한 것은 왕의 유무가 아닙니다. 왕이든, 백성이든, 모든 이스라엘은 하나님 앞에서 전적으로 새로워져야 했습니다. 사무엘상 12장 14절의 말씀처럼 모두 하나님의 말씀에 순종해야 하며, 12장 15절의 경고와 같이 하나님의 말씀을 거역함으로 받을 심판을 두려워해야 합니다. 우상을 버리고 하나님께로 돌아와야 하고, 하나님의 도구에 불과한 사람을 의지하지 않아야 합니다. 더 이상 하나님을 잊어서는 안 됩니다.

이스라엘이 붙잡아야 할 것은 '하나님'입니다. 악을 행하였으나 두려워하지 말고 하나님께로 돌아와야 합니다(삼상

12:20). 하나님을 섬기는 자리, 하나님의 자녀의 자리, 그 나라 백성의 자리로 돌아와야 합니다. 유익하게도 못하며, 구원하지도 못하는 헛된 것을 따르지 말고 버려야 합니다(삼상 12:21). 왜냐하면 이스라엘을 향한 하나님의 사랑은 변함이 없기 때문입니다(삼상 12:22). 그 사랑에 의지하여 이스라엘은 하나님께로 돌아와야 하고, 그 사랑 때문에 이스라엘은 하나님께로 돌아와야 합니다. 그것이 이스라엘이 살길이고, 갱신이며, 참된 개혁입니다.

사무엘이 이스라엘을 향하여 '나라를 새롭게 하자'며 이스라엘의 개혁과 갱신을 선포하며 이를 촉구했습니다. 이는 결국 교회를 새롭게 하는 길이고 우리를 향한 선포이기도 합니다. 이스라엘의 죄악은 우상 숭배와 하나님이 아닌 사람을 의지하는 것이었습니다. 이 모든 죄악의 근원은 하나님을 잊은 것이었습니다. 하나님 나라의 백성이며 하나님의 자녀라는 정체성을 망각한 것이었습니다.

그들이 정체성을 망각하자 전혀 새로운 정체성이 자리를 대신했습니다. 바로 '세상'입니다. 이스라엘이 하나님의 거룩한 형상으로 지음 받은 자, 하나님의 언약의 계승자, 하나님의 자녀요 제사장 나라로 세움 받은 영광스러운 정체성을 잃어버렸습니다. 세상의 우상을 자신들의 하나님으로 믿고, 세상의 왕을 자신들의 왕으로 의지하여 세상을 닮는 것을 넘어서서 세상이 되려고 했습니다. 그것은 이스라엘을 발전시키는 것도, 새롭게 하는 것도 아니었습니다. 풍요와 번영을 위해 우상을 섬기고 왕을 세웠지만, 이는 오히려 이스라엘을 죄와 악의 비참함으로 몰아넣는 일이었습니다.

교회와 성도의 위기도 이와 같습니다. 많은 분이 한국 교회가 위기를 맞이했다고 말씀하시며 교회의 미래를 염려하십니다. 특히, 교인 수의 감소가 큰 위기입니다. 이는 피할 수 없는 현실이며, 이미 닥쳤습니다. 인구가 줄어드니 당연히 교인 수도 줄어들 수밖에 없습니다. 그러나 더 큰 문제, 더 깊은 문제, 더 오랫동안 교회를 괴롭혀 온 문제는 교회의 세속화입니다. 세상과 교회가 더 이상 구별되지 않습니다. 이스라엘이 가나안 나라, 종교, 문화, 제도를 따라갔듯이 교회도 세상을 따라갑니다. 세상의 방식이 교회의 방식이 되고, 세상의 목적이 교회의 목적이 되며, 세상의 기쁨이 교회의 기쁨이 되어 버렸습니다. 세상과의 구별이 흐려지다가 세상과 같아지고, 이제는 세상에 종속되어 갑니다. 세상을 의지하고 따라가다가 세상의 지배를 받는 지경에 이르렀습니다.

하나님을 말합니다. 성경도 말하고 복음도 말합니다. 겉으로 드러난 형식이나 사용하는 언어를 보면 교회가 맞습니다.

그러나 실제로 추구하는 가치는, 바라보는 나라는, 기도하는 비전과 꿈은 세상과 같아져 버렸습니다. 하나님이 사라지고 하나님의 말씀의 원리가 적용되지 않습니다. 교회에 와도 세상과 같고, 그리스도인을 만나도 세상과 하나도 다를 바가 없는 구별되지 않는 교회와 신자가 다수가 되어 버렸습니다. 교회와 신자가 '거룩'을 잃어버렸습니다. 그리스도의 향기가 나지 않고, 하나님의 형상이 증거되지 않으며, 성령님의 능력이 발휘되지 않습니다. 그리스도가 없는 그리스도인이 되어 버렸습니다.

이것이 진짜 위기입니다. 하나님을 잊어버리고, 하나님 나라의 위대한 비전을 꿈꾸지 않으며, 말씀의 교훈을 살아 내지 못하고, 기도의 능력을 잃어버리는 것, 이것이 진정한 위기입니다. 그래서 우리도 하나님 앞에 다시 서야 합니다. 하나님 앞에서 하나님의 말씀과 교회의 역사를 통하여 우리를 비춰 봐야 합니다. 우리도 하나님 앞에서 새로워져야 합니다.

코로나 19 탓에 많은 교회가 어려움을 겪고 있습니다. 그러나 큰 어려움 중에도 잘 견뎌 내고 오히려 성장하고 더 튼튼해진 교회들도 있습니다. 더 어려워진 교회, 더 침체된 신앙은 말할 필요가 없습니다.

더 좋아진 교회는 우리가 알아야 합니다. 본질을 붙잡은 교회는 오히려 이때에 더욱 성장하고 튼튼해졌습니다. 영적 정체성을 놓치지 않은 교회가 더욱 힘을 냈습니다. 하나님의 말씀을 붙들고 매일의 삶에서 그 말씀의 원리를 좇아 살아 내기를 훈련하고 힘쓰는 교회, 매일의 삶 가운데 기도의 능력을 경험하는 신자, 하나님께 집중하며 그 은혜를 사모하고 경험하는 교회는 오히려 더욱 튼튼해졌습니다.

교회와 신자의 위기는 세상을 몰라서가 아니라 세상을 너무 많이 알아서 닥쳐옵니다. 교회와 신자의 위기는 세상에 무관심해서가 아니라 세상에 너무 많은 관심을 두기 때문에 옵니다. 세상과 구별되서 문제가 아니라 세상과 너무 친한 나머지 세상과 구별되지 않는 것이 교회의 가장 큰 위기입니다. 세상 속에서 소금과 빛이어야 할 교회가 세상이 되어 세상과 함께 어두워지고 함께 썩는 것이 위기입니다.

우리는 세상의 소리보다 하나님의 말씀에 더 귀를 기울여야 합니다. 우리는 세상을 의지하기보다 성령님의 능력을 힘입어야 합니다. 우리는 하나님께서 우리에게 허락하신 말씀과 성령을 따라 믿음의 원리로 살아가야 합니다. 어느 누구도 아닌 그리스도인의 정체성을 지켜 나가야 합니다. 그때에 세상을 변화시키며 세상을 이깁니다.

우리는 큰 위기의 때를 지나고 있습니다. 하지만 위기가 기회란 말이 있듯이 지금이 오히려 기회입니다. 하나님 앞에서 우리를 돌아보며 새롭게 할 수 있는 기회입니다. 우리는 지금까지 정말 잘해 왔습니다. 귀한 믿음의 유산과 신앙의 전통을 우리는 이미 가지고 있습니다. 우리는 더욱 믿음의 본질을 붙들어야 합니다. 교회 됨의 본질을 다시금 점검해야 합니다. 그리고 믿음대로 사는 삶을 훈련해야 합니다. 전수해야 합니다. 그렇게 하나님께서 역사하십니다. 그 사랑을 의지함으로 이제는 새로워질 수 있습니다.

13

위기 앞에 나타난 신앙의 실체

삼상 13:5-14

우리는 사무엘과 사울을 통하여 이스라엘의 영적 문제들을 짚어 보고 있습니다. 하나님이 아닌 것을 하나님으로 섬기는 우상 숭배, 죄로 돌아가려는 강력한 악의 탄성, 세상과 같아지려는 세속화 같은 것들입니다. 오늘은 좀 더 심각한 문제를 함께 살펴보려고 합니다. 바로 '겉으로는 신자이지만, 실제로는 하나님을 믿지 않는 실제적 무신론'입니다.

단순히 비판과 책망을 위해서 이러한 내용을 살피는 것이 아닙니다. 이는 오히려 하나님께서 당신의 나라를 이루시고 역사를 이끌어 가시는 독특한 방식을 알려 줍니다. 하나님은 죄와 허물을 드러나게 하시고, 이를 회개하게 하시며, 하나님의 은혜를 간구하게 하심으로 새로운 역사를 이어 가십니다. 사무엘서의 맥락에서는 하나님께서 기뻐하시는 왕 다윗을 통해 새로운 이스라엘을 이루어 가시는 과정이며, 궁극적으로는 예수 그리스도와 그분의 교회를 세워 가시는 하나님의 손길입니다. 그래서 조금은 껄끄럽고 불편하고 마음이 아프지만, 이스라엘의 이러한 모습들을 통해 우리를 돌아봄으로 주님의 교회로서의 우리의 정체성을 다시금 세워 갈 수 있습니다.

사울왕이 블레셋과의 전쟁이라는 매우 심각한 위기를 만났습니다. 사울의 아들 요나단이 블레셋을 공격하고(삼상 13:3), 이로 말미암아 이스라엘과 블레셋 사이에 전면전이 일어납니다. 더 심각한 것은 사울이 처한 현실이었습니다. 현실은 위급했으나 사람들은 '숨었'습니다. 모든 백성은 두려워 '떨고', 전쟁에 임하는 왕과 군사들을 위하여 기도하고 번제를 드려야 할 사무엘은 제때에 오지 않았으며, 이러한 탓에 백성들, 군사들이 '흩어'졌습니다. 전쟁을 치를 만한 가능성조차 보이질 않았습니다.

그러자 사울은 자신에게 허락되지 않은 일, 즉 오직 하나님께서 정하신 자들만이 할 수 있는 번제를 자신이 직접 진행했습니다(삼상 13:9). 이는 단순히 사울이 사무엘의 권한을 침해한 월권의 문제가 아닙니다. 이는 사울과 사무엘 사이의 문제가 아니라 하나님과 사울 사이의 문제였습니다.

현실의 심각한 위기 앞에 사울이 가진 믿음, 하나님을 대하는 마음의 실체가 여실히 드러났습니다. 사울은 '블레셋'을 두려워합니다. 그러나 사울이 정말로 두려워해야 할 대상은 하나님입니다. 사울은 사람을 의지하고 군사를 의지합니다. 그러나 사울이 정말로 의지해야 할 분은 하나님입니다.

사울이 이 위기에서 지키고자 하는 비전과 목적은 자신의 왕좌입니다. 자신의 권력을 지키기 위해 사울은 움직이고 있습니다. 그러나 사울이 정말로 지켜야 하고 정말로 이루어야 하며 품어야 할 비전은 하나님의 나라입니다.

사울은 유대인입니다. 겉으로는 모든 종교적 활동을 다 하고 있습니다. '이스라엘의 왕'이라는 직분도 있습니다. 그러나 사울은 하나님을 두려워하지도, 의지하지도 않으며 그 마음 가운데 하나님의 나라를 꿈꾸지도 않습니다. 그는 겉으로는 신앙인이었지만, 실제로는 하나님을 믿지 않는 실제적 무신론자였습니다.

하나님을 부정하는 무신론의 여러 유형 중, '실제적 무신론'이 가장 강력하고 무섭습니다. 왜냐하면 겉으로는 신자로서 갖추어야 할 모든 조건을 다 갖추고 있어서 남들이 보기에는 전혀 무신론자로 보이지 않고, 심지어 자기 자신도 자신이 무신론자라는 사실을 알지 못할 때가 있기 때문입니다. 그래서 다른 무신론자는 교회 밖에 있지만, '실제적 무신론자'는 교회 안에 있습니다.

누군가가 만약 겉으로는 하나님을 믿는다고 하고 교회에 출석도 하며, 심지어 직분을 맡아 교회를 섬긴다 해도, 그 마음으로는 하나님을 두려워하지 않고 의지하지도 않으며 하나님의 나라를 꿈꾸지도 않는다면, 그리고 그 삶의 현실에서 하나님을 위하여 살지 않고 하나님의 말씀대로 하나님과 함께 살아가고 있지 않다면, 그 사람은 실제적 무신론자일 확률이 매우 높습니다. 그리고 이 사실은 고난과 위협이 닥칠 때 너무나도 선명하게 드러납니다.

우리는 이 강력하고 무서운 '실제적 무신론'을 이겨 내고 참된 믿음을 소유해야 합니다. 어떻게 해야 이를 이길 수 있을까요? 무신론은 하나님 앞에 무너질 수밖에 없습니다. 하나님은 살아 역사하시기 때문입니다. 하나님이 어떤 분이신지를 알고, 그 은혜를 실제로 현실의 삶에서 경험할 때 무신론은 무너집니다.

하나님은 블레셋보다 더 두렵고, 사람보다 더 의지할 만하며, 세상의 부와 권력보다 더 영광스럽고, 우리의 인생을 더 가치 있게, 더 의미 있게 만드시는 분입니다. 그리고 그 무엇과도 비교할 수 없고, 훨씬 더 좋고 훨씬 더 귀하며, 강력하고 영광스러우며, 완전하고 영원하여 결코 사라지지 않을 아름다운 그 은혜와 사랑을 우리에게 실제로 우리의 현실 가운데 이미 부어 주셨습니다.

하나님께서 천지 만물을 창조하시고 우리를 택하셨습니다. 예수 그리스도의 십자가의 복음으로 우리를 구원하셨습니다. 성령을 충만히 부으셔서 우리를 통해 당신의 뜻을 이루시고, 당신의 나라를 실제로 우리의 현실 가운데, 지금 이곳에서 이루어 가십니다.

하나님은 눈에 보이지 않습니다. 하나님이 눈에 보이지 않는다고 하여 하나님께서 계시지 않습니까? 하나님을 이해할 수 없다고 하여 하나님께서 존재하시지 않습니까? 우리가 사는 이 세상에도 눈에 보이지 않고 이해할 수 없으나, 분명하게 존재하며 우리의 삶에 강력한 영향력을 끼치는 것은 얼마든지 있습니다. 공기는 우리 눈에 보이지 않으나 우리를 살게 합니다. 빛은 그 실체를 만질 수 없으나 우리가 존재하게 합니다. 사랑과 양심과 마음은 실체를 만질 수 없고 때로는 이해할 수도 없으나, 오늘 우리의 삶을 움직이는 가장 강력한 힘입니다.

그렇다면 하나님은 어떻습니까? 하나님은 실재하십니다. 삼위일체 하나님은 오늘도 살아 계셔서 지금 우리와 함께하십니다. 우리가 보지 못하고, 이해하지 못하며, 발견하지 못한다 해도 삼위일체 하나님은 오늘도 우리와 함께, 우리 가운데, 우리 위에 계시며 우리를 인도하십니다.

성부 하나님께서 온 우주 만물을 창조하시고 다스리시며 당신의 뜻을 이루고 계십니다. 성자 예수님께서 육체로 우리 가운데 오셨으며 우리를 끔찍한 죄와 사망에서 건지셔서 우리에게 새 생명을 주셨습니다. 성령 하나님께서 예수님을 믿는 자 가운데 능력으로 임하셔서 하나님의 일을 이루어 가십니다.

하나님은 눈에 보이지 않을 뿐, 지금 우리 눈에 보이는 그 어떤 것보다 분명히 우리와 함께하십니다. 삼위일체 하나님은 우리가 이해하지 못할 뿐, 그 어떤 지식보다 분명하고 확실하고 명확하게 우리에게 당신의 뜻을 이루고 계십니다. 삼위일체 하나님은 우리에게 일어나는, 우리를 둘러싸고 있는 그 어떤 현실보다 가장 강력하고 분명한 현실이시며 실제이십니다.

우리가 이 하나님을 잊을 때, 그리고 기억하지 않을 때, 겉으로 드러나는 형식과 모습으로 만족하여 그것으로 신앙의 내용을 삼는 실제적 무신론에 빠집니다. 혹은 현실의 어려움 앞에 약해 쓰러져 믿음을 포기합니다.

그러나 우리에게는 그 무엇보다 더 좋은 분이 계십니다. 이 사실을 꼭 기억하십시오. 우리에게는 더 강력하고 영광스러우며 아름다운 분이 함께하십니다. 바로 그 살아 계신 하나님을 경험해야 하며, 알아야 하고, 교제해야 합니다. 만물을 창조하시고 다스리시는 하나님을 경외하고, 우리에게 찾아오시는 예수님을 만나며, 우리에게 힘을 주시는 성령님을 경험해야 합니다. 곧, 우리의 믿음이, 하나님께서 우리에게 주신 복음이 우리의 일상으로, 우리 삶의 현실로 들어와 능력과 권세를 발휘하게 해야 합니다. 사울은 바로 그 지점에서 실패했습니다. 현실의 위기 앞에서 하나님을 잊고 외면했습니다. 믿음이 현실로 들어오지 못했습니다.

당신의 삶에서 교회가 차지하는 비율은 어느 정도입니까? 대부분의 우리에게는 교회가 삶에서 차지하는 비율이 10%가 채 되지 않습니다. 우리의 삶을 이루는 시간과 공간, 관계의 90% 이상은 교회가 아닌 직장, 가정, 학교와 같은 세상입니다. 그 교회 밖에서의 90%의 삶이 우리의 진짜 모습입니다. 그 90% 안에서 우리 믿음의 실체가 드러납니다. 그래서 만약 하나님을 두려워하고 의지하며 하나님의 나라를 꿈꾸고 이를 위해 사는 삶은 10%이고, 나머지 90%는 세상을 두려워하고 사람을 의지하며 내 욕망을 위하여 살아간다면, 이것이 실제적 무신론입니다.

하나님은 우리의 10%만 구원하시고, 나머지 90%는 버려 두시지 않았습니다. 하나님은 필자와 당신을 100% 구원하셨습니다. 그분께서 베푸신 구원의 은혜와 사랑과 능력은 0.1%의 모자람, 허점도 없습니다. 그분은 100% 완벽하게, 완전하게 필자와 당신을 구원하셨습니다. 그것이 예수 그리스도의 복음의 능력입니다.

그래서 사울처럼 우리 인생의 90%를 채우는 교회 밖의 삶을 결코 포기해서는 안 됩니다. 포기할 수도 없습니다. 혹은, 1:9로 우리 인생을 분리시킬 수도 없습니다. 10%의 교회 생활로 믿음을 지켰다고 만족할 수도 없으며, 10%로 복음의 능력을 제한할 수도 없습니다.

이제 우리 현실의 10%를 채우는 복음으로 나머지 90%의 일상의 삶을 변화시켜야 합니다. 변화시킬 수 있는 능력이 복음에 충분합니다. 그래서 우리의 90% 안에 있는 나의 경제생활, 직장 생활, 모든 관계와 누리고 즐기는 문화, 꿈과 비전이 복음의 빛을 받아 복음의 능력으로 변화되어야 합니다. 변화될 수 있습니다.

내가 교회 밖에서 가장 두려워하는 것이 바뀌어야 하고, 교회 밖에서 가장 의지하는 것이 바뀌어야 하며, 교회 밖에서 가장 기쁘고 즐거워하는 것, 교회 밖에서 추구하는 가치가 바뀌어야 합니다. 내 인생의 10%만 하나님의 영광을 위하여 사는 것이 아니라 내 인생 전부가 하나님의 영광을 위한 삶으로 실제로 바뀌어야 합니다.

교회는 우리 신앙의 종착역이나 최종적인 목적지가 아닙니다. 교회는 신앙의 출발점이며, 신자 한 사람 한 사람을 통하여 하나님의 나라가 시작되어 뻗어 나가는 시작점입니다. 어디로 가야 할지 목적지를 정하고, 바른길을 지도에서 확인하며, 앞으로 나아갈 힘을 채워 출발하는 출발점입니다. 바로 여기에서 우리 믿음의 삶이, 현실과 실제의 삶이 시작합니다. 그래서 교회가 너무나도 중요합니다.

신앙의 목적지는 당신 삶의 90%를 차지하고 있는 직장이며, 가정이며, 학교이며, 세상입니다. 당신이 만나는 사람의 절대다수를 차지하고 있는 불신자들입니다. 바로 그곳에서 우리는 복음의 삶을 살아가며 복음의 능력을 드러내야 합니다.

당신의 삶의 현장에서 하나님과 동행하십시오. 우리에게 더 좋은 것, 더 강력한 것, 세상과 비교할 수 없이 영광스럽고 아름다운 것이 있습니다. 우리는 이미 소유하고 있습니다. 우리에게 있는 그 복음의 능력으로 오늘을 살아가십시오. 그리고 복음의 능력을 증거하는 삶을 살아가십시오. 이를 통해 우리 안에서 실제적 무신론을 물리치고, 세상에 생명을, 참된 진리를 증거하십시오.

이를 위하여 하나님의 말씀에 귀를 기울이십시오. 말씀 속에서 당신에게 말씀하시는 하나님의 음성을 들으십시오. 기도하는 가운데 당신에게 찾아오셔서 기도를 들으시고 은혜를 베푸시는 예수 그리스도를 만나십시오. 우리의 심령 가운데 충만히 임하셔서 위로하시고 소망을 주시며 살아갈 힘을 주시는 성령님의 능력을 경험하십시오. 성경을 자주 읽고 깊이 묵상하십시오. 경건한 믿음의 사람들이 쓴 글들을 읽으십시오. 하나님 앞에 홀로 서서 하나님을 기도 가운데 깊이 만나십시오. 고난 가운데 하나님의 뜻을 발견하십시오. 그리고 하나님과 함께 지금의 현실을 살아가십시오.

이를 위하여 구체적인 훈련과 연습이 우리에게 필요합니다. 그리고 우리는 이를 우리의 삶에서 구체적으로 적용하고 실천하는 훈련을 앞으로 할 것입니다. 일상의 삶 가운데 하나님과 함께하십시오. 하나님의 영광을 드러내십시오. 예수 그리스도의 향기를 뿜어내고, 거룩한 하나님의 성품을 이루며, 성령의 열매를 맺으십시오. 그때에 우리가 먼저 변화를 경험할 것이고 이 세상이 변화될 것입니다.

14

우리가 건너가자
삼상 14:6–15

사무엘상 14장은 두 개의 사건을 통해서 사울과 그의 아들 요
나단의 차이점을 선명하게 드러냅니다. 첫 번째 사건은 요나
단이 블레셋을 공격한 일입니다. 이스라엘의 왕에게는 블레셋
을 쳐서 이스라엘을 보호해야 하는 매우 중요한 사명이 있습
니다(삼상 9:16). 그러나 사울은 하나님의 백성들을 보호하고 돌
보며 하나님의 뜻으로 인도해야 하는 이 거룩하고 영광스러운
왕의 사명을 잘 수행하지 못했습니다. 오히려 그의 아들 요나
단이 이를 더욱 잘 감당했습니다(삼상 13:3). 이는 두 사람의 정
치적, 군사적, 인격적 차이가 아닙니다. 하나님을 대하는 자
세, 곧 신앙의 차이입니다.

요나단은 "블레셋 사람들의 부대로 건너가자"라고 말하고
실제로 건너갑니다(삼상 14:1). 그런데 그는 그 말을 아버지 사
울에게는 하지 않았습니다. 물론 요나단이 아버지 사울을 무

시했다는 표현은 아닙니다. 오히려 요나단이 아버지 사울과 다른 길을 가고 있음을 보여 줍니다. 블레셋으로 가는 길에 험한 바위가 여기에도 있고 저기에도 있지만(삼상 14:4), 요나단은 멈추지 않고 블레셋으로 들어가고, 블레셋 군대를 물리치며, 이후 이스라엘의 대승을 이끌어 냅니다.

그러나 사울은 전혀 다른 모습을 보여 줍니다. 요나단은 단한 사람과 함께 거친 바위를 넘어 원수를 물리치고 백성을 보호하기 위하여 적진인 블레셋으로 건너갔습니다. 하지만 사울은 타락한 종교 지도자들에게 둘러싸여 있었고 수백 명의 사람들과 함께 있었는데(삼상 14:2-3), 요나단이 블레셋에 간 사실조차 모른 채로 가만히 머물러 있습니다.

요나단은 건너갔고, 사울은 머물러 있습니다. 이는 단순히 전쟁을 하고 안 하고의 문제가 아닙니다. 두 사람이 가지고 있는 정치적, 군사적 견해의 차이도 아닙니다. 혹은 요나단이 더 호전적이고, 사울이 평화를 더 사랑하기에 그런 것은 더더욱 아닙니다. 이는 하나님을 대하는 신앙의 차이이며, 믿음의 차이입니다.

우리는 6절에서 요나단의 믿음을 볼 수 있습니다. 요나단은 두 가지 사실을 고백합니다. "여호와께서 우리를 위하여 일하실까 하노라." 이는 하나님께서 일하실지도 모르겠다는 모호한 말이 아닙니다. 하나님께서 우리를 위하여 일하실 것을 간구하는 소망의 기도입니다. 더하여 요나단은 "여호와의 구원은 사람이 많고 적음에 달리지 아니하였느니라"라고 고백합니다. 요나단은 사람을 의지하지 않고, 오직 하나님만을 의지합니다.

그리고 이 믿음은 그저 말뿐인 구호가 아니었습니다. 요나단이 단 한 사람과 함께 블레셋을 향하여 거친 바위를 건너갈 수 있었던 것은, 그가 살아 계신 하나님의 일하심과 구원의 능력을 실제로 믿고, 바로 그 믿음대로 현실을 사는 사람이었기 때문입니다.

블레셋으로 넘어간 요나단은 전투를 앞두고 하나님의 표징을 구합니다(삼상 14:10). 그리고 하나님께서 전쟁의 승리를 허락하셨다는 징표가 나타나자마자, 즉 하나님의 뜻이 드러나자마자 기어서라도 블레셋으로 올라가 원수를 무찔러 하나님께서 맡기신 사명을 감당합니다.

요나단의 신앙 고백은 멋진 글씨로 액자에 넣어 집안에 걸어 놓는 장식품이나 생명 없이 껍데기만 남은 형식이 아니었습니다. 그의 믿음은 삶과 분리되지 않았습니다. 그의 믿음은 그의 삶의 성격과 모습과 비전과 행동을 규정하고 실제로 이루어 내는 가장 강력하고 유일한 원리이자 살아 있는 생명의 능력이었습니다.

그는 하나님의 말씀을 믿었고, 하나님의 약속을 의지했습니다. 끊임없이 하나님의 뜻을 물었고, 하나님의 말씀을 묵상하였으며, 하나님의 때에 즉각적으로 신실하게 반응했습니다. 하나님께서 주신 사명을 붙잡고, 하나님의 뜻을 따라, 하나님을 의지함으로, 하나님의 시간에, 하나님과 함께 움직였습니다. 그것이 사울에게는 없는 요나단의 믿음이었고 믿음의 삶이었습니다.

두 사람의 차이를 보여 주는 두 번째 사건을 사무엘상 14장 24-46절에서 볼 수 있습니다. 요나단이 블레셋을 쳐서 상당한 타격을 입혔습니다. 하나님께서 큰 기적을 베푸셔서 이스라엘 사람들이 블레셋을 공격하였고 승리를 거두었습니다. 그러나 아무리 승리했다 해도 전쟁으로 말미암아 백성들이 심히 피곤했습니다. 그런데 사울이 "내가 내 원수에게 보복하는 때까지 아무 음식물이든지 먹는 사람은 저주를 받을"(삼상 14:24) 것이라고 아주 이상한 명령을 내립니다. 전투에 지친 군사들을 굶긴 것도 이상한데, 그 이유는 더 말이 안 됩니다. 사울은 수고하고 애쓴, 심지어 자기 아들인 요나단을 칭찬하지도 않고, 목숨 걸고 전쟁에 임한 군사들을 격려하지도 않습니다. 결정적으로 그는 하나님께 전혀 감사하지 않습니다. 하나님을 찾지도 않습니다. 왜냐하면 그에게는 이스라엘의 승리, 하나님의 승리가 아니라 '자기 자신의 승리'가 중요했기 때문입니다. 그에게 주인공은 자기 자신입니다. 요나단도 아니고, 군사도 아니고, 하나님도 아닙니다. 그 모두는 그저 자신의 만족을 위해 존재하는 도구일 뿐이었습니다.

그 결과는 매우 비참하고 고통스러웠습니다. 아버지의 명령을 듣지 못했던 요나단이 풀숲에서 꿀을 먹습니다. 사울은 그 사실을 알고 자기 아들인 요나단을 죽이려고 합니다. 너무 배가 고팠던 백성들은 '고기를 피째 먹음'으로 율법을 위반하는 심각한 범죄를 저지릅니다. 자신을 위해 아들을 죽이려 하고, 백성은 더 큰 죄를 짓게 하는 지경에 처합니다. 아버지로서도, 왕으로서도 그는 실패했습니다.

그러나 요나단은 사울과 전혀 다른 모습을 보여 줍니다. 요나단은 아버지의 명령이라고 해도 그의 잘못을 지적합니다. 요나단은 전쟁에서 수고하고 애쓴 백성들을 먼저 생각합니다. 하나님을 사랑한 요나단은 하나님의 사람들도 사랑합니다. 그와 함께 거룩한 전쟁을 치른 믿음의 형제들, 믿음의 동지들을 외면하지 않습니다.

하나님을 사랑하지 않은 사울은 하나님의 사람들도 사랑하지 않았습니다. 그의 중심은 자기 자신이었기 때문입니다. 그러나 요나단은 하나님을 행함과 진실함으로 사랑했습니다. 그리고 하나님의 사람들을 그렇게 진심으로 사랑했습니다. 그의 중심은 하나님이기 때문입니다. 이로 말미암아 요나단은 '하나님의 동역자'라는 이름을 얻습니다.

사울이 요나단을 죽이려고 하자 백성들이 앞서서 요나단을 보호합니다. 감히 왕의 명령에 저항합니다. 백성들도 자기 목숨을 걸고 요나단을 지킵니다. 그리고 요나단에 대하여 말합니다. "그가 오늘 하나님과 동역하였음이니이다"(삼상 14:45). 요나단은 하나님의 동역자였습니다. 요나단은 믿음으로 하나님과 동역하였고, 사랑으로 하나님의 사람들과 동역하였습니다.

우리에게도 이 요나단의 믿음이 필요합니다. 우리는 지금까지 경험해 보지 못한 큰 위기와 도전 앞에 놓여 있습니다. 정말 이쪽을 봐도 저쪽을 봐도 넘기 힘든 큰 바위가 가로막고 있습니다. 교회를 향한 공격이 우리를 둘러싸고 있습니다. 그중에는 교회가 스스로 자초한 것도 있습니다. 교회가 이 세상 속에서 믿음으로 사는 모습을 보이지 못하여 받는 비난과 공격도 분명히 있습니다.

그러나 세상은 늘 믿는 자를 넘어뜨리려 하고 교회를 공격합니다. 하나님의 나라가 확장되는 것을 막아서고 신자의 거룩한 삶을 방해합니다. 더하여 여전히 남아 있는 우리 안의 죄성과 게으름이 우리 신앙 성장의 발목을 잡습니다. 늘 있던 일이지만, 새로운 형태의 큰 영적 위기 앞에 놓여 있습니다.

뿐만 아닙니다. 우리는 사회, 경제적 위기도 매우 심각하게 겪고 있습니다. 지금을 지난다 해도 어떻게 다시 회복할 수 있을지 걱정이 앞서는 때입니다. 마치 블레셋 군대가 이스라엘을 둘러싸 호령하고 위협하며 공격하듯이, 그런 공격 앞에 우리는 놓여 있습니다. 하나님은 바로 그 믿음의 싸움으로 우리를 부르셨습니다.

그래서 우리에게는 더더욱 요나단의 믿음이 필요합니다. 하나님의 말씀을 붙잡고 믿음으로 살아 내는, 하나님의 뜻과 하나님의 때가 선명히 드러날 때 지체 없이 움직이는, 그리고 실제 삶으로 살아 내는 그 믿음이 우리에게 정말로 필요합니다. 이를 위해 기도해야 하고, 우리는 훈련해야 합니다. 늦지 않았습니다. 지금부터라도 하나님과 함께하는 삶을, 하나님의 말씀을 붙들고 의지하는 삶을 말씀과 기도로 준비하시면 됩니다.

당신은 사울처럼 형식적인 신앙생활에 만족하여 머물겠습니까? 아니면 요나단처럼 믿음으로 건너가 믿음의 싸움을 싸워 승리하겠습니까? 믿음을 그냥 장식품처럼 벽에 걸어 두겠습니까? 아니면 살아 역사하시는 하나님을 믿음으로, 그 말씀의 능력으로 담대하게 거침없이 뚫고 지나가겠습니까? 하나님의 때에, 하나님의 부르심을 외면하여 하나님의 역사에서 소외되겠습니까? 아니면 그 부르심에 응답하여 하나님의 때에, 하나님의 은혜의 역사에, 새로운 역사에 참여하겠습니까? 당신은 하나님의 동역자가 되겠습니까? 아니면 방관자가 되겠습니까?

예수님은 주저하시지 않았습니다. 우리 주 예수님은 우리를 구원하시는 그 일에 하나님 아버지의 뜻에 전적으로 순종하셔서 하나님 아버지께서 정하신 그때에 주저함 없이 담대하게 그리고 거침없이 사탄의 권세를 물리치시고 우리를 건지셨습니다. 그 구원의 생명으로 우리는 오늘 살아가고 있습니다.

이제 우리도 뚫고 지나가야 합니다. 믿음으로 오늘을 살아가야 합니다. 믿음의 싸움을 싸워야 합니다. 하나님을 사랑함으로 하나님의 말씀을 붙잡고 믿음의 능력으로 싸워 나가십시오. 그때 우리가 승리할 것입니다. 하나님의 사람들을 사랑하십시오. 함께 믿음의 싸움을 싸우는 지체들을, 믿음의 가족들을 격려하며 함께 나아가십시오. 그때 우리는 참된 승리의 영광을 누리며, 하나님께 영광의 찬송을 올려 드릴 것입니다.

15 더크신 하나님
삼상 15:22

하나님께서 사울에게 아말렉과의 전쟁을 명령하셨습니다(삼
상 15:1-3). 여기에는 오래된 역사적 배경이 있습니다. 이스라
엘 백성들이 출애굽하여 광야를 지날 때 아말렉이 그 행렬의
뒷부분에 있던 가장 약한 사람들을 공격했습니다(출 17장; 신 25
장). 이는 아말렉이 적극적으로 하나님의 뜻을 거역하며 하나
님을 대적한 일이었습니다. 하나님은 직접 아말렉을 심판하시
겠다고 말씀하셨습니다. 그러므로 사울이 치러야 할 이 전쟁
은 단순한 전쟁이 아니라, 죄를 미워하시는 하나님께서 아말
렉에게 내리시는 진노의 심판이었습니다(삼상 15:2). 그래서 하
나님은 어느 누구도, 그 무엇도 남겨 놓지 말라고 명령하십니
다(삼상 15:3).

지금 우리의 관점으로 보면 하나님께서 조금 너무하신다는
생각이 듭니다. '이렇게까지 잔인하게 하셔야 하나'라는 생각

이 우리 마음 한구석에 남습니다. 그러나 두 가지의 측면에서 이를 이해할 수 있습니다.

하나는 그 당시의 문화에서 전쟁은 상대가 상대를 진멸하는 것이었습니다. 그래서 그 당시 사람들에게 하나님의 이러한 명령은 전혀 이상하지 않은 전쟁의 방식이었습니다. 다른 하나는 하나님의 심판이 가지는 영적 측면입니다. 죄에 대한 하나님의 심판은 무섭고 떨리는 것입니다. 하나님은 정말로 죄를 미워하시고 싫어하십니다. 온 천지 만물을 지으시고 다스리시는 하나님께서 그 능력과 권위로 행하시는 심판 앞에 무엇이 변명을 할 수 있고, 그 무엇이 그 심판을 피할 수 있겠습니까? 죄를 향한 하나님의 심판의 무서움을 우리는 여기서 다시 한 번 확인할 수 있습니다. 그리고 그 심판이 우리를 향한 것이었으며, 그 심판을 우리 대신, 나 대신 받으시고 나에게는 생명을 주신 예수 그리스도의 십자가의 은혜를 다시금 확인하게 됩니다.

사울은 군사를 모아 아말렉을 정벌합니다. 그는 전쟁에서 승리합니다. 그러나 그는 전쟁에서 승리하는 동시에 하나님의 말씀에 불순종합니다. 분명히 하나님은 어느 것도, 어느 누구도 남겨 놓지 말라고 하셨는데, 사울과 백성들은 아말렉 왕을 살려 주고 가장 좋은 양과 소를 남겨 놓습니다(삼상 15:3, 9). 정확히는 사울과 백성들, 군사들이 아말렉 사람들의 좋은 것들을 탈취합니다(삼상 15:19).

사울은 전쟁에서는, 세상에서는 성공했습니다. 그러나 하나님의 말씀에 온전히 순종하지 못함으로 하나님 앞에서는 실패했습니다. 백성들이 양과 소를 남겨 놓을 때 사울이 이를 묵인한 이유, 정확히는 사울 자신이 가장 좋은 양과 소를 남겨 놓은 이 실패의 이유는 뜻밖에도 '하나님께 가장 좋은 것을 드리기 위함'이었습니다.

> 백성이 당신의 하나님 여호와께 제사하려 하여 양들과 소들 중에서 가장 좋은 것을 남김이요 _삼상 15:15

> 백성이 그 마땅히 멸할 것 중에서 가장 좋은 것으로 길갈에서 당신의 하나님 여호와께 제사하려고 _삼상 15:21

하나님께 가장 좋은 것을 드리면 하나님께서 가장 기뻐하실 것이라 생각한 것입니다. 그러나 실제로는 하나님의 말씀에 불순종하는 죄를 저지르고 있었습니다. 그들은 하나님을 크게 오해했습니다.

일반적인 종교, 특별히 무속과 같은 우상 숭배는 '더 좋은 것을 바쳐야 더 좋은 것을 받을 수 있다'라고 믿습니다. 그래서 굿판에서 무당이 가장 많이 하는 말이 '정성이 부족하다'입니다. 그리고 정성을 제물로 증명하라고 합니다. 신을 감동시킬 만한 제물, 신을 움직일 만한 정성을 끊임없이 요구하고, 드린 정성에 비례해서 합당한 선물을 받는다고, 보상을 받는다고 가르칩니다.

그러면 과연 누가 주인입니까? 누가 결정합니까? 내가 움직이고 조종할 수 있는 신이, 그리고 그 결정과 행위가 나와 내가 바치는 제물에 달려 있는 존재가 어떻게 나보다 강하고 크고 지혜로운 존재가 되어 나를 구원할 수 있겠습니까? 그런데 사울은 지금 하나님을 그런 우상과 같은 존재로 오해하고 있습니다.

하나님은 예배를 받으십니다. 율법의 명령대로 제물을 드려야 합니다. 그러나 하나님은 제물의 신선도나 품질을 따지시지 않습니다. 바쳐진 제물에 따라 마음과 생각과 행동을 이렇게 저렇게 바꾸시지도 않습니다. 하나님은 제물이 아니라 그 제물을 가지고 나아오는 사람의 마음을 보십니다. 하나님은 제물을 받으시는 것이 아니라, 드려지는 제물을 통하여 그 제물을 드리는 사람을 받으십니다. 하나님께서 원하시는 것은 제물보다 더 크고 중요하고 가치 있으며 귀한 것입니다. 하나님께서 원하시는 것은 죽은 짐승의 시체가 아니라 살아 있는 사람의 마음입니다.

사울은 바로 이 점을 놓치고 있습니다. 그 사실이 하나님을 부르는 호칭에 너무나도 명확하게 나타납니다. 사울은 한 번도 '나의 하나님'이라고 하지 않습니다. 사울은 계속 '당신의 하나님'이라고 말합니다(삼상 15:15, 21).

사울이 하나님을 부정한 적은 한 번도 없습니다. 이미 우리가 여러 번 봤듯이 사울은 하나님을 인정합니다. 그는 신앙인처럼 행동합니다. 종교적 형식도 잘 지킵니다. 그러나 사울에게 하나님은 '나의 하나님'이 아니었습니다. 사울에게 하나님은 능력도 있으시고 권위도 있으셔서 섬기고 제물을 바쳐야 할 대상은 맞지만, '나의 하나님'은 아니었습니다. 하나님께 할 도리는 하겠지만, 하나님이 내 마음을 드리고 내 삶을 공유하며 내 삶 가운데 들어와 함께 살아가야 할 분은 아니었습니다.

바로 여기에서 모든 문제가 시작됐습니다. 사울에게 하나님은 '신' 중의 하나였지 유일한 주 하나님은 아니었습니다. 그는 하나님과 함께하지 않았습니다. 그는 하나님을 인격적으로 경험하지 못했습니다. 이것이 원인이었습니다. 그는 그저 하나님에 관하여 아는 사람이었을 뿐입니다. 그래서 그는 하나님을 이방 신 중의 하나로 오해한 것입니다.

당신에게 하나님은 어떤 분이십니까? 당신이 믿는 하나님은 당신에게 어떤 하나님이십니까? 목사의 하나님, 부모님의 하나님, 아내의 하나님, 남편의 하나님, 장로님의 하나님, 권사님의 하나님, 집사님의 하나님이 아닌, '당신의 하나님'은 어떤 분이십니까?

그 하나님을 경험하셨습니까? 그 하나님과 인격적인 교제를 나누고 있습니까? 그 하나님께서 당신의 삶 안에 들어오셔서 당신과 함께 거하십니까? 당신이 그분의 임재 안으로 들어가 그 사랑 안에 거하며 함께 살고 있습니까? 그저 '당신의 하나님'으로 하나님을 말하고 있지는 않습니까?

옆집 아빠가 아무리 착하고 인자하고 능력이 많고 친절해도, 옆집 아빠는 옆집 아빠이지 내 아빠가 아닙니다. 그런 친절한 옆집 아빠로, 옆집 아저씨로 하나님을 알고 이해하고 그렇게 대하고 있지는 않습니까? 하나님이 참 좋은 분이신 것은 알겠는데, 나하고는 상관없는 분으로 대하고 있지는 않습니까?

우리에게도 사울과 같은 일이 일어날 수 있습니다. 하나님을 제대로 알지 못하면, 하나님과 살아 있는 인격적인 교제를 나누지 못하면 우리는 하나님을 오해하게 됩니다. 내가 가진 지식으로, 경험으로, 철학과 논리로, 하나님을 너무나도 작은 하나님으로 생각하게 됩니다. 영원하고 완전하며 충만한 하나님과 하나님의 은혜를 깨닫지 못하고, 그저 눈에 보이고 손에 잡히며 순간에 머물고 마는 너무나도 작고 초라한 것으로 하나님을 오해해서는 안 됩니다.

『당신의 하나님은 너무 작다』라는 책이 있습니다. 혹시 하나님을 너무 작게 생각하고 있지 않습니까? 그저 저 천국에 가만히 앉아 계시며 우리를 내려다보시는 인자한 할아버지로 생각합니까? 혹은 우리의 죄에 신경질적인 반응을 부리시며 매를 들고 계시는, 우리의 죄를 감시하고 계시는 그런 경찰로만 생각하고 있지 않습니까? 혹은 아무 생각 없이, 그저 우리에게 퍼주기만 하시는, 우리가 드리는 만큼 무조건 주시는 그런 분으로 생각하고 있지 않습니까?

하나님은 우리의 생각보다 훨씬 크십니다. 가만히 자리에 앉아 계신 분이 아니라 오늘도 살아 역사하시는 분이시며, 멀리 계신 분이 아니라 지금도 우리 안에서 우리와 함께 계신 분이십니다. 우리의 잘못에 안타까워하시며 어찌할 바를 몰라 발을 동동 구르고 계신 분이 아니라 우리의 죄에 대하여 심판하시고 벌하시며 고치시는 분이시며, 우리의 고통과 슬픔을 외면하시는 분이 아니라 우리의 눈물을 닦아 주시며 마음을 위로하시고 소망을 주시는 소망이 되시는 분이십니다.

우리가 하는 것만큼 우리에게 주시는 수동적인 분이 아니고, 우리 안에 그분의 계획과 뜻을 스스로 이루어 가시는 분입니다. 우리가 드리면 받으시고 드리지 않으면 받지 못하시는 분이 아니라, 스스로 영광을 받으시며 모든 피조물을 통하여 경배와 찬양과 영광을 받으시는 창조주 하나님이십니다. 가만히 우리를 기다리시는 분이 아니고 우리에게 먼저 찾아오시는 분이십니다. 우리를 만드신 분이고, 우리를 다스리시는 분이며, 우리에게 오셔서 구원하신 분이고, 우리의 심령에 충만히 거하셔서 이끄시고 다스리시는 분입니다. 그분은 위대하시고 능하시며 왕이신 하나님입니다.

바로 그 하나님께서 우리에게 원하시는 것이 무엇이라고 생각합니까? 우리의 수고와 봉사와 사역을 주님께서 받으십니다. 우리의 물질과 시간과 노력을 하나님의 나라를 위하여 드려야 합니다. 그러나 하나님은 그것으로 만족하시는 분이 아닙니다. 그렇게 작은 분이 아닙니다.

하나님은 더 큰 것을 우리에게 요구하십니다. 하나님은 이 세상의 그 어떤 것보다 값진 것을 우리에게 요구하십니다. 천지 만물을 지으신 하나님께서 천지 만물보다, 천하보다 귀한 것을 우리에게 요구하십니다. 그것이 무엇인지 알고 계십니까? 천하보다 귀한 것, 바로 한 영혼입니다. 곧 당신과 우리 자신입니다. 하나님은 우리의 그 무엇을 원하시는 것이 아니라 우리를, 필자를, 당신을 원하십니다.

바로 우리를 받으시려고, 하나님 앞으로 나아갈 자격도 없고 나아가려는 의지도 없이 죄 가운데 사망의 저주로 무너져버린 우리를 살리시려고, 거룩하게 하시려고, 당신의 아들을 십자가에 내어 우리 대신 죽게 하셨습니다. 그만큼 하나님은 당신을 원하십니다. 사랑하십니다.

코로나 19로 말미암아 닥친 가장 큰 위험은 바로 '예배의 위기'입니다. 이미 여러 위험과 혼란이 있었지만, 그래도 버틸수 있었던 것은 이 예배를 담고 있는 형식이 그나마 유지되었기 때문입니다. 그래도 교회에 와서 함께 모여 계속 예배를 드렸습니다. 그런데 이제는 그 '형식'마저도 무너지고 있습니다. 형식이나 어떤 활동만으로는 이 예배를 지킬 수 없다는 것이 드러나 버렸습니다. 그러나 예배는 형식이라는 그릇도 중요하지만, 형식 안에 담겨 있는 내용, 곧 예배의 본질이 더 중요합니다. 예배의 본질이 무엇입니까? 그 크신 하나님을 경험하는 것입니다.

하나님에 대한 오해는 하나님을 인격적으로 경험할 때에 깨어집니다. 말씀과 기도 가운데 하나님을 만날 때, 우리는 하나님을 인격적으로 경험할 수 있습니다. 그리고 하나님은 당신을 만나고 경험하는 그 은혜의 자리로 당신과 우리를 부르십니다. 그것이 바로 예배입니다.

우리는 우리에게 오시는 하나님을 만나고, 오셔서 우리를 부르시는 그 하나님께 반응하며, 그 하나님께로 나아가 그 하나님을 경험하는 예배를 드려야 합니다. 그리고 그 예배의 본질과 생명과 능력이 우리의 삶으로 확장되어야 합니다. 그 크신 하나님을 예배 중에, 우리 삶의 한가운데에서 만나고 경험하고 하나님과 동행해야 합니다. 이 예배가 회복될 때, 이 예배의 본질을 우리가 예배 중에 깊이 경험하고 누릴 때, 하나님에 대한 오해가 깨어지고, 비로소 교회가, 그리고 우리의 믿음과 삶이 회복될 것입니다.

하나님은 당신과 우리를 원하십니다. 구경하는 사람, 상관없는 사람, 하나님에 대한 오해 가운데 머무는 사람이 아니라, 하나님 앞에 나아와 성령과 진리로 예배를 드리고, 하나님의 말씀에 귀를 기울이며, 그 부르심에 응답하는, 하나님과 함께 입주하여 살기를 소원하는, 하나님을 즐거워하는, 하나님을 기뻐하는, 하나님과 함께하는 것을 무엇보다 소중히 여기는 바로 당신과 우리를 원하시고, 받으시고, 기뻐하십니다. 그렇게 우리를 바꾸어 가실 것입니다.

16 중심을 보시는 하나님
삼상 16:6-13

드디어 위대한 이스라엘의 왕, 하나님께서 기뻐하시는 왕, '다
윗'이 등장합니다. 그의 등장과 함께 '사울의 나라'에서 '하나
님의 나라'로 대전환이 시작됩니다. 그리고 이 위대한 하나님
나라의 이야기는 겉으로 봐서는 그저 먼지와 땀에 범벅이 되
어 살아가는, 평범하고 고단한 현실을 사는 별 볼 일 없는 한
아이의 이야기로 시작됩니다.

지치고 고단한 일상을 살아가는 별 볼 일 없는 평범한 사람
이 하나님 나라의 주인공으로 등장합니다. 만약 '사울' 같은 사
람들만 하나님 나라의 주인공이 된다고 생각해 보십시오. 어
떻습니까? 그러나 다행히도 하나님은 평범한 일상을 살아가
고 있는 평범한 사람들을 통해 당신의 나라를 이루어 가십니
다. 그래서 오늘의 이야기는 바로 필자와 당신의 이야기입니
다.

하나님께서 사울을 버리셨습니다(삼상 16:1). 이제 사무엘은 하나님께서 택하신 새로운 왕을 찾아 그의 머리에 기름을 붓고 그를 왕으로 세워야 합니다. 그 왕은 베들레헴에 사는 이새의 아들들 중 하나였습니다. 사무엘이 베들레헴에 도착했습니다. 사무엘의 등장은 단순한 이벤트가 아니었습니다. 온 베들레헴이 움직이는 큰 사건이었습니다. 사무엘이 오자 베들레헴의 장로들이 떨며 그를 영접합니다(삼상 16:4). 사무엘은 이스라엘의 위대한 신앙의 지도자로서 제사장이자 선지자였으며, 동시에 사회, 정치적으로도 여전히 막강한 영향력을 끼치고 있는 이스라엘의 지도자였습니다. 그러한 사무엘이 베들레헴에 왔고, 하나님께 제사를 드리며 이새와 그의 아들들을 동참하게 합니다. 이 제사는 하나님께서 택하신 왕을 찾는 일이기도 했습니다.

사무엘은 이새의 아들들을 하나씩 살피기 시작합니다. 첫째 엘리압이 사무엘의 눈에 띄었습니다. 사무엘이 보기에 그의 용모와 키가 왕이 되기에 부족하지 않았습니다(삼상 16:6). 바꾸어 말하면, 가장 '사울'스러웠습니다. 사무엘은 사울을 대신할 사람으로 사울과 가장 비슷한 사람을 찾고 있었습니다. 엘리압이 가지고 있는 모든 외적 조건은 사무엘이 보기에 왕이 될 만했습니다. 그러나 그것들은 단순히 사람의 기준과 관점에 따른 것일 뿐 하나님의 뜻과는 거리가 멀었습니다. 엘리압은 하나님께서 택하신 사람이 아니었습니다. 하나님은 전혀 새로운 기준으로, 전혀 새로운 사람을 찾으셨습니다. 하나님은 외모가 아니라 중심, 곧 '마음'을 보십니다(삼상 16:7).

둘째 아비나답, 셋째 삼마 역시 하나님께서 택하신 자가 아니었습니다. 그리고 나머지 넷까지 아들 일곱이 사무엘 앞을 지나갔지만, 그중 어느 누구도 하나님께서 택하신 자가 아니었습니다. 하나님은 분명히 이새의 아들들 중에 새로운 왕이 있다고 하셨지만, 그 아들들 중에는 하나님께서 택하신 자가 보이지 않았습니다.

그때 사무엘이 이새에게 묻습니다. "네 아들들이 다 여기 있느냐." 그제야 이새는 막내 이야기를 합니다. 그런데 그 막내는 이스라엘의 위대한 지도자가 온 가족을 초청한 매우 중요한 행사에 아버지와 형들이 다 참여하고 있는 그때에, 그 시간 그 장소에 끼지 못하고 들에서 양을 치고 있었습니다(삼상 16:11). 그 모습이 바로 다윗이 사는 현실이었습니다.

이새는 다윗을 가리켜 '막내'라고 말합니다. 여기서 '막내'라는 말에는 실제로 '막내 아들'이라는 의미도 있지만, '쓸모없는, 하찮은, 별 볼 일 없는 존재'라는 의미도 있습니다. 지금이야 '막내'가 귀엽고 사랑스러운 존재이지만, 그 당시 8형제 중 막내, 형제가 많은 집에서의 막내는 그런 존재가 아니었습니다.

그 당시 사람의 가치는 남자, 나이, 노동력으로 결정됐습니다. 당연히 이 세 가지를 갖춘 '남자 어른'만이 사람 대접을 받았습니다. 이새의 아들들 중 셋째까지만 이름이 기록되어 있습니다. 사무엘상 17장 3절에 따르면, 이 세 아들을 가리켜 장성한 아들이라고 하고 그들만 군대에 가서 전쟁을 합니다. 이새가 보기에, 장성한 세 아들만 사람 노릇을 하는 아들이었고 나머지는 기타 등등이었습니다.

당시에는 노동력이 미미하고 제대로 일을 할 수 없는, 특히 나이도 어리고 힘도 약한 막내는 보호와 사랑의 대상이 아니라 아직 사람 취급도 받지 못하는 볼품없고 쓸모없으며 무의미한, 돌보고 신경 써야 할 귀찮은 존재였습니다. 막내 다윗이 그런 존재였습니다. 그래서 그는 그 시간에도 양을 치고 있었습니다. 다른 형제들이 성결하게 자신을 가꿔 깔끔하고 격식을 차린 옷으로 사무엘 앞에 설 때에도 그는 들판에서 양을 돌봐야 했습니다.

양 치는 일은 전혀 낭만적이지 않습니다. 사무엘상 17장 34절을 보면, 다윗이 이겼기에 망정이지 사자와 곰의 공격도 받는 매우 위험한 일입니다. 자기 양 무리를 위하여 자기 목숨을 내놔야 하는 일입니다. 따뜻하고 안락한 집이 아니라 춥고 거친 들에서 자야 합니다. 예쁘고 깨끗한 비단옷이 아니라 흙먼지와 온갖 잡초와 벌레와 양털과 양의 배설물로 몸을 감싸야 합니다. 필자 같으면 제 아들을 양치기로 보내지 않습니다. 그래서 양 치는 일은 종이나 했지 도련님들이 하지 않았습니다. 다윗은 분명히 아들인데 아들 대접을 받지 못하는 그저 종과 같은 존재였습니다.

그 형제들 역시 다윗을 사랑하지 않았습니다. 다윗이 아버지의 심부름으로 전쟁터에 나간 형들을 찾아갑니다(삼상 17:17-18). 그런데 큰형 엘리압이 심부름 온 다윗을 비난하고 모욕하며 공격합니다(삼상 17:28). 가장 어리고 약한 막내를 위험한 전쟁터에 심부름 보낸 아버지도 이상하고 그 형들도 이상합니다. 아무도 다윗을 사랑하지 않습니다.

이것이 다윗의 현실이었습니다. 가장 친밀한 가족에게조차 사랑과 보호를 받지 못했습니다. 종과 같았고 미움을 받는 귀찮은 존재였습니다. 이런 다윗은 사람들이 보기에는, 외모를 봐서는, 무언가 위대한 일을 이루기에는, 그에게 무언가를 기대하기에는, 왕이 되기에는 너무 어리고 약하고 볼품없는 작은 존재였습니다. 왕이 될 만한 가능성이 보이지 않았습니다.

그런데 하나님은 다윗의 중심을 보셨습니다. 사람들이 보지 못하는 그의 마음을 보셨습니다. 다윗의 현실과 그 현실을 살아 내던 다윗의 중심을 보셨습니다. 하나님은 부모까지도 외면하고 관심을 가지지 않았던, 무관심 속에 감추어져 있던 그 아이 다윗 속에서 뿜어져 나오던 빛을 보셨고, 흙먼지와 양털 사이에 감추어져 있으나 하나님을 바라보던, 하나님을 향하여 시선을 고정하고 있던 그 아이의 눈을 보셨으며, 소외당하고 무시당하며 거칠고 위험한 환경 속에서도 하나님을 사랑함으로, 하나님과 함께함으로 그의 인생을 채우고 있던 아름다움을 보셨습니다.

다윗은 외로운 들판에서 하나님을 찬양하며 하나님과 함께했습니다. 곰과 사자가 공격해 올 때 하나님의 도우심을 부르짖음으로 하나님의 능력과 함께했습니다. 밤하늘의 별들을 바라보며 천지 만물을 지으신 하나님을 찬양하였고, 쉴 만한 물가와 푸른 초장으로 양 떼를 이끌며 자신의 영혼을 이끄시는 하나님 안에서 위로와 안식을 경험하였습니다. 시편이 그 증거입니다. 시편에 기록된 다윗의 고백과 찬양이 그의 중심을 보여 줍니다. 이것이 그의 중심이고, 그의 마음이며, 그 마음으로 살아간 그의 일상이었습니다.

그런데 하나님은 바로 그 일상에서 당신 나라의 위대한 역사를 시작하셨습니다. 그리고 그 피곤하고 내세울 것 없고 심지어 감당하기 버거운 일상을 살고 있으며 별 볼 일 없고 모자라 보이지만, 그 마음이 하나님과 함께하고 그 중심이 하나님 편에 서 있는 그 한 어린아이를 통하여 당신 나라의 위대한 역사를 시작하셨습니다.

하나님의 나라가 이렇게 시작됩니다. 우리 믿음의 역사가 이렇게 시작됩니다. 하나님의 나라는 작은 아이가 내놓은 오병이어와 같습니다. 아이가 마음을 다해 중심을 다해 주님 앞에 오병이어를 드렸을 때 수천 명이 먹고도 남았습니다(요 6:3-13). 하나님의 나라는 너무 작아 보이지도 않는 '겨자씨'와 같습니다(막 4:30-31). '겨자씨'만 보면 아무것도 보이지 않습니다. 무슨 가능성이, 무슨 비전이 겨자씨에 보이겠습니까? 불면 사라질 것 같고, 있으나 없으나 별 차이도 없고, 무게도 느껴지지 않을 만큼 작고 초라한 것이 겨자씨입니다. 그런데 바로 그 겨자씨가 자라나 나무가 되면 그 어떤 나무보다 위대하고 큰 나무가 됩니다.

하나님의 나라가 그렇습니다. 우리가 그렇습니다. 비록 겉으로 보기에는 아무것도 없는 것 같아도, 소망도 기대도 둘 수 없는 것 같아도, 하나님과 함께하는 마음과 하나님과 함께하는 일상이 자라나 열매를 맺어 하나님의 나라라는 위대한 역사를 이 땅 가운데 이룹니다. 이 소망이 우리에게 더욱 확실한 것은, 다윗보다 더 위대하신 분이 필자와 당신을 위하여, 우리를 위하여 다윗과 같은 삶을 사셨기 때문입니다. 바로 예수 그리스도이십니다. 하나님은 다윗을 통하여 우리의 왕이시며 목자이신 예수님을 우리에게 알려 주십니다.

예수님은 다윗의 고향인 베들레헴에서, 다윗보다 더 낮고 천한 자리에서 태어나심으로 우리에게 오셨습니다. 거룩하고 영광스러우신 하나님의 아들로 근본 하나님의 본체이지만 그 자리를 취할 것으로 여기시지 아니하고, 그 자리를 버리시고 비참하고 고통스러운 사람의 자리에 오심으로 사람과 같이 되셨습니다. 그렇게 종의 자리에까지 낮아지심으로 우리를 섬기셨습니다(빌 2:6-8). 왕궁이 아닌 거친 들에서, 배 위에서 피곤한 몸을 누이셨습니다. 비단옷과 왕관이 아닌 가시 면류관을 쓰시고 옷이 벗겨짐을 당하셨습니다. 당신의 양 떼인 우리를 구하시려고 당신의 목숨을 십자가에 내놓으셨습니다. 우리를 높이시려고 낮아지셨고, 우리에게 영광을 주시려고 수치를 당하셨으며, 우리를 강하게 하시려고 약해지셨고, 우리를 부하게 하시려고 가난해지셨으며, 우리를 살리시려고 죽으셨습니다.

하나님께서 낮고 약한 다윗을 통하여 당신의 나라를 이루셨듯이, 예수님께서 우리를 위하여 낮아지시고 고통당하심으로, 십자가를 지심으로 우리의 왕이 되셔서 우리를 구원하시며 영원한 하나님의 나라를 이루셨습니다. 우리의 영원하고 완전한 목자가 되셔서 우리를 생명으로 인도하십니다.

그래서 우리의 일상이 가치가 있습니다. 우리의 일상이 비록 피곤하고 고통스럽고 평범하다 해도, 심지어는 평범한 것조차 누리지 못할 만큼 무너졌다 해도, 나를 향한 모든 기대와 가능성을 나조차도 품지 못할 그때에도, 우리가 예수님을 바라보며 그분께 우리의 마음을 드릴 때에 우리의 중심을 보시는 주님은 우리를 통하여 하나님의 나라를 이루십니다.

예수 그리스도를 바라보십시오. 그분과 함께하십시오. 당신의 중심을, 당신의 마음을 주님께 드리십시오. 삶의 모든 현장에서 주님과 함께 걸어가십시오. 말씀을 통하여 주님의 뜻을 깨닫고, 기도로 주님의 능력을 경험하시며, 성령님의 인도로 주님과 함께 마음을 다하여 나아가십시오. 주님께서 당신을 통하여 하나님의 나라를 이루실 것입니다.

17 찬양하는 자, 다윗
삼상 16:13-23

사무엘은 다윗에게 기름을 부어 그를 왕으로 세웁니다. 그리고 성령님께서 다윗에게 크게 임하셨습니다. 물론 이것이 이전까지는 아니었는데, 기름 부음을 받은 순간 성령의 충만함을 받았다는 의미는 아닙니다. 성령님은 사람의 어떤 행위를 통해서 전달되시는 분이 아닙니다. 성령님은 하나님이시기에 인격적으로, 주권적으로, 스스로 움직이시며 그 뜻을 이루십니다. 다윗은 이전에도, 그리고 기름 부음을 받는 그 순간에도 성령으로 충만한 사람이었습니다.

'하나님의 영에게 크게 감동되었다'라는 말은 하나님께서 당신의 일을 시작하신다는 일종의 표시입니다. 하나님은 당신의 일을 이루실 때 당신의 사람을 사용하십니다. 그저 일을 맡기시고 알아서 하라고 버려두시지 않습니다. 하나님은 일을 맡기시고, 동시에 일을 감당할 만한 지혜와 능력도 주십니다.

바로 성령의 충만입니다. 성령님께서 가르치시고 지혜를 주시며 능력을 주셔서 그 모든 일을 감당하게 하십니다.

성경에 기록된 지도자들, 심지어 사울에게조차도 맡겨진 사명을 감당할 때에는 하나님의 영에 감동 되어 감당했습니다. 하나님의 일은 하나님의 능력으로 감당하는 것입니다. 그래서 그때나 지금이나 하나님의 일을 맡은 자들은 성령의 충만을 간절히 구해야 합니다.

다윗이 기름 부음을 받고 성령님께서 그의 심령에 충만히 임하심으로 하나님의 역사가 시작되었습니다. 그러나 사울에게는 그 반대의 일이 일어나고 있었습니다. 사울의 영혼은 심각하게 갈라지고 무너지고 있었습니다. "여호와의 영이 사울에게서 떠나고 여호와께서 부리시는 악령이 그를 번뇌하게" 했습니다(삼상 16:14).

여기서 '악령'이라는 표현 때문에 단순히 일종의 귀신 들림이나 정신병적인 모습으로 오해할 때가 있습니다. 물론 뒤에 가면 사울이 매우 신경질적이고 심지어는 귀신 들림과 같은 모습을 보이기도 합니다. 그러나 여기서 정말로 강조하는 것은 '여호와의 영이 사울에게서 떠났다'는 사실입니다. 성령님께서 다윗에게 임하신 사건과 비교해 보면 그 의미가 더욱 분명하게 나타납니다. 이제 하나님께서 사울을 통하여 당신의 일을 더 이상 이루시지 않는다는 의미입니다.

사울은 지금까지 하나님을 거부하고 하나님께 불순종했습니다. 이제 하나님께서 그를 실제로, 정말로 버리셨습니다. 그는 이제 하나님과 상관없는 사람이 되었습니다. 이제 성령 하나님께서 더 이상 사울에게 지혜와 능력을 주시지 않고 그를 인도하시지도 않습니다. 이것이 얼마나 무섭고 두려운 말인지 모릅니다.

성령 하나님의 인도하심을 받지 않으면 어떤 일이 벌어질까요? 내가 나의 주인이 되어 내가 나를 책임지고 끌고 가야 합니다. 그런데 내 영혼, 내 지식, 내 마음이 어떤 상태에 있습니까? 너무 약하고, 너무 악합니다. 늘 죄와 욕심에 굴복하며 악을 향하여 나아가는 죄악 된 본성이 우리를 지배합니다. 그러한 마음을 사탄이 매우 좋아합니다. 성령님을 거부한 우리의 마음은 사탄에게 너무나도 쉬운 공격 대상입니다. 그 결과 너무나 쉽게 사탄의 유혹과 공격에 무너져 버립니다.

이제 사울은 오직 자기 힘과 지식으로 살아야 합니다. 하나님과 상관없는 세상의 지식과 철학과 방법을 따라야 합니다. 하나님의 뜻과는 다른 목적을 이루기 위하여 나아가야 합니다. 오직 욕망과 죄가 다스리는 삶, 사탄과 세상의 지배 아래에 철저히 묶인 삶으로 나아갈 수밖에 없습니다. 거룩하신 성령님이 아닌 악하고 더러운 죄와 사탄의 세력이 이제부터 그를 이끌어 갑니다.

그 결과는 무엇입니까? 성령님께서 우리 안에 이루시는 성령의 열매(갈 5:22. 사랑, 희락, 화평, 오래 참음, 자비, 양선, 충성, 온유, 절제)와는 분명히 다른 모습이 나타납니다. 사무엘상 16장 14절에 매우 중요한 단어가 하나 나옵니다. 바로 '번뇌'입니다. 하나님을 떠나 성령님의 충만하심과 인도하심을 받지 못하는 인생은 한마디로 '번뇌'입니다. 사울의 삶은 어떤 기쁨도, 만족도, 위로도, 감사도 없이 오직 '번뇌'로만 가득 찹니다.

사실 이 '번뇌'라는 단어는 특별하지 않습니다. 이 번뇌라는 단어는 일반적이고 평범합니다. 살아가면서 고민과 염려, 슬픔과 두려움을 겪지 않는 사람이 어디에 있겠습니까? 우리 모두는 다 번뇌를 겪으며 살아갑니다. 번뇌하고 있는 사울은, 어쩌면 사람의 눈으로 보기에는, 왕의 직무를 감당하기 위하여 깊은 고뇌에 빠져 있는 훌륭한 왕의 모습이었을지도 모릅니다. 지금의 시각으로 보면 과도한 업무 탓에 심각한 스트레스를 받는 직장인의 모습이었을 것입니다. 리더십이 도전을 받아 고뇌하는 지도자나 정치인의 모습이며 전쟁과 현실의 위험 앞에 두려워하는 군인의 모습입니다.

사울은 여전히 왕이었습니다. 전쟁에서도 승리했고 인기도

높았습니다. 뛰어난 외모는 어디에 내놔도 모자라지 않았습니다. 그는 누가 뭐래도 이스라엘의 왕이었고, 왕다웠고, 그 누구보다 왕에 어울렸습니다.

사실, 그가 실패한 것은 단 하나밖에 없습니다. 바로 하나님과의 관계입니다. 하나님의 일을 감당하여 하나님께 영광을 올려 드리고, 하나님의 뜻을 이루며 하나님을 드러내라고 왕으로 부르셨는데, 그는 오히려 하나님을 떠나 버렸습니다. 하나님을 잃어버린 빈자리에 아무 힘도 능력도 되지 않고 오히려 죄와 고통을 더할 뿐인 욕망, 죄, 사탄, 그리고 세상이 들어왔습니다. 힘겨운 번뇌를 약하고 모자란 자신의 지혜와 능력으로 감당해야 했습니다. 이러한 상황에서 그 영혼이 어떻게 '번뇌'하지 않을 수 있겠습니까? 그 영혼이 어떻게 평안과 소망을 품을 수 있으며, 그 마음에 어떻게 기쁨이 있을 수 있겠습니까?

이것이 하나님을 떠나서 성령의 충만함을 잃어버린 사울의 모습이었습니다. 혹시 오늘을 살아가는 우리의 모습은 아닙니까? 혹시 우리도 사울처럼 살아가고 있지는 않습니까? 하나님을 잃어버린 채로 살아가고 있지 않습니까? 외적으로는 그럴듯한 모습을 유지하며 잘 사는 듯 보이지만, 내적으로는, 영적으로는 하나님을 떠나 극심한 번뇌에 사로잡혀 길을 잃고 방황하고 있지는 않습니까? 마치 맹인이 맹인을 인도하듯 내가 나를 이끌며, 오히려 고통과 슬픔과 번뇌를 더하고 있지는 않습니까? 겉으로는 성공했지만, 속으로는 무너져 버린 그 사울의 모습이 오늘 당신의 모습은 아닙니까?

정확히 그 반대의 자리에 다윗이 있습니다. 그는 위대한 지도자 사무엘에게 기름 부음을 받았습니다. 심지어 성령님께서 충만하게 그에게 임하셔서 하나님의 일이 그를 통하여 시작되었다는 영적인 증거도 받았습니다. 그러나 다윗은 겉으로 보기에 그저 왕의 칼을 들고 왕의 기분을 위해 노래하는 종일 뿐이었습니다. 그의 삶에 어떤 획기적인 변화도 일어나지 않았습니다. 갑자기 그가 왕으로 등극한 것도 아닙니다. 그렇게 할 수도 없었습니다. 만약 그랬다면 그는 바로 사형감입니다. 심지어 특별한 영적 은사가 나타난 것도 아닙니다. 사울마저도 처음에 왕이 될 때에는 예언을 했습니다. 그런데 다윗에게는 그런 신령하고 신비한 영적 은사가 있지도 않습니다. 다윗의 인생 전체를 볼 때, 기적이 한 번도 일어나지 않았습니다.

그러나 이번 본문에는 그의 인생에서 거의 유일하게 일어난, 그러나 그 어떤 기적보다 놀랍고 강력한 성령님의 역사가 기록되어 있습니다. 왕이 되어서가 아닙니다. 높은 자리에 올라 권력을 가져서도 아닙니다. 그의 중심이 성령으로 충만했기 때문입니다. 바로 사울에게서 '악령이 떠나간 것'입니다. 비록 일시적이었어도 다윗의 성령 충만함 덕분에 사울을 괴롭히던 악령이 떠나가고, 사울의 영혼이 잠시 평안을 누렸습니다. 그렇다면 다윗의 영혼은 어떠했겠습니까?

악한 죄의 세력이, 사탄과 세상의 영향력이, 믿는 자를 넘어뜨리고 죄로 이끌며 하나님으로부터 멀어지게 하는 온갖 악한 유혹과 공격이 멈췄습니다. 떠나갔습니다. 이것보다 더 크고 놀라운 성령님의 역사가 있겠습니까? 죄와 사탄의 세력을 물리치고, 죽음의 그늘이 벗겨지며, 하나님의 영광의 임재와 생명의 역사와 구원의 빛이 비취는 것보다 더 놀랍고 강력한 성령님의 역사가 있겠습니까?

끊어졌던 하나님과의 관계가 회복되고, 중단되었던 하나님의 역사가 다시 시작되는 것이야말로 놀라운 성령님의 역사이며 은혜입니다. 사울은 끊는 자였지만, 다윗은 회복시키는 자였습니다. 그 놀라운 성령님의 역사가 다윗을 통하여 일어난 것입니다. 다윗이라고 왜 두려움이 없고 염려가 없으며 번뇌가 없겠습니까? 어쩌면 다윗은 우리보다 더 크고 실제적인 번뇌를 겪어야 했을 것입니다. 어린 나이에 사자와 곰에 맞서야 하는 양치기라는, 자기 힘으로 감당하기 버거운 현실의 짐, 노동의 짐을 져야 했습니다. 부모 형제의 사랑과 돌봄도 받지 못하였고, 어느 누구도 그에게 기대와 소망을 품지 않는 무거운 마음의 짐도 져야 했습니다. 다윗이야말로 '번뇌'로 가득한 삶을 살았습니다.

그러나 그 '번뇌'가 그를 억누르지 못했습니다. 그 '번뇌'가 그를 지배하지 못했습니다. '번뇌'가 그에게서 성령을 빼앗아 가지 못했습니다. 오히려 그는 성령으로 더욱 충만했습니다. 두렵고 힘들며 번뇌가 가득한 그의 일상을 자신의 지식과 능력으로 버텨 낸 것이 아니라, 사자와 곰도 쓰러뜨리신 하나님의 능력을, 쉴 만한 물가와 푸른 초장으로 인도하시는 하나님의 사랑을, 그리고 춥고 외로운 밤에 그의 영혼을 끌어안으시며 위로와 소망과 기쁨을 주시는 하나님을 그는 붙들었고 기억하였으며 그분 안에 있었습니다.

그래서 그는 '찬양하는 사람'이었습니다. 삶의 모든 순간에 삶의 모든 현장에서 하나님을 찬양했습니다. 그의 찬양은 단순한 노래가 아니었습니다. 성령님께서 함께하신다는 사실의 증거였습니다. 하나님을 사랑한다는 사랑의 고백이었습니다. 하나님을 의지한다는 신뢰의 고백이었습니다. 모든 번뇌를 물리치는 능력이었고, 하나님과 함께 걸어가는 일상의 길이었습니다.

번뇌 속에서 오늘을 살아가고 있습니까? 찬양하십시오. 주님의 성령을 의지하십시오. 우리에게는 이 약속이 너무나도 확실하게 주어졌습니다. 우리는 다윗보다 더 확실하게, 더 강력하게 성령의 충만을 받을 수 있습니다. 다윗보다 더 크신 분, 다윗이 찬양하고 영광을 돌려 드린 그분, 바로 예수님께서 우리에게 오셨기 때문이며, 하나님께서 예수님을 믿는 자에게 성령을 주시겠다고 약속하셨기 때문입니다.

이 말씀을 하시고 그들을 향하사 숨을 내쉬며 이르시되 성령을
받으라 _요 20:22

너희 하늘 아버지께서 구하는 자에게 성령을 주시지 않겠느냐 하
시니라 _눅 11:13

하나님께서 사람을 지으시고 그 코에 생기를 불어넣으시며 사람을 생령이 되게 하신 것처럼, 주님께서 우리에게도 성령을 약속하셨습니다. 믿고 간구하면, 주님께서 우리에게 성령을 물 붓듯이 부어 주실 것입니다.

성령의 충만함으로 살아가십시오. 성령의 충만함으로 하나님의 일을 오늘 우리의 삶 가운데 시작하십시오. 번뇌 가운데 사탄의 지배를 받지 마시고, 번뇌 가운데 성령님의 능력으로

번뇌를 이겨 내십시오. 영광과 능력의 찬란한 빛을 누리십시오. 찬양을 잃어버리지 마십시오, 전쟁터에서도, 황량한 벌판에서도, 어두운 밤에도, 뜨거운 낮에도, 곰과 사자 앞에서도, 골리앗 앞에서도 성령님의 능력으로 나아갔던 바로 그 다윗의 찬양이 당신의 찬양이 되기를 바랍니다.

18 전쟁은 하나님께 속한 것이니 [1]

삼상 17:1-11, 45-49

'다윗과 골리앗'의 이야기는 교회에 다니지 않는 분들도 많이 알 정도로 매우 유명합니다. 작고 약한 소년이 거만하고 강력한 거인을 자신만의 무기로 쓰러뜨린 이 이야기는 여러 곳에서 많은 사람에게 긍정적인 영향을 끼쳤습니다.

사실 다윗은 '사울과 골리앗'의 전쟁 중에 끼어든 것입니다. 그래서 다윗과 골리앗의 이야기는 사울과 골리앗, 이스라엘과 블레셋의 이야기에서 시작하여 다윗과 사울, 다윗과 골리앗, 이스라엘과 다윗, 블레셋과 다윗의 이야기로 확장됩니다. 그런데 또 이 이야기는 그들만의 이야기로 끝나지 않습니다. 사울, 다윗, 골리앗 모두가 공통으로 언급하고 관계를 맺는 대상이 있습니다. 바로 하나님이십니다. 모든 이야기의 중심에 하나님께서 계십니다.

하나님은 본문에 등장하는 모든 사람과 다양한 관계를 맺으십니다. 사울과 이스라엘은 하나님과 관계를 맺고 있습니다. 그러나 그들에게서는 하나님을 향한 진실한 믿음을 발견할 수 없었고, 오히려 종교적 형식만 발견할 수 있을 뿐입니다. 반면에 다윗은 실제로 하나님을 믿으며 그 능력을 경험하는 살아 있는 신자입니다. 골리앗과 블레셋은 하나님을 향하여 저항하고 대적하며 하나님의 백성들을 공격하는 세상입니다. 이 세 가지의 모습은 오늘 우리 자신과 우리 주변 사람들의 모습이기도 합니다. 이 중 앞의 두 모습은 교회 안에, 그리고 세 번째 모습은 교회 밖에 있습니다.

교회 안에는 그저 형식만 남은 아무 믿음의 능력도 은혜도 경험하지 못하는 모습, 곧 '종교적인 신앙생활'이거나 하나님과 함께하며 참된 믿음을 소유하고 그 은혜 안에 거하는 '복음 안에서의 신앙생활' 둘 중 하나가 있을 뿐입니다. 당신의 위치는 어디쯤입니까? 하나님과 어떤 관계를 맺고 있습니까?

하나님과의 관계는 내 삶의 중심에 누가 있는지를 결정합니다. 그리고 삶의 중심에 누가, 혹은 무엇이 있느냐에 따라서 삶의 모습은 완전히 달라집니다. 어떤 사람(다윗)은 하나님을 자기 삶의 중심에 모시고 그 은혜의 빛을 따라 세상을 바라보고 해석하며 살아가지만, 어떤 사람(사울, 이스라엘 군대)은 자기 삶의 중심에 골리앗이나 세상을 두기도 하고 어떤 경우에는 자기 자신을 두기도 합니다. 당신 삶의 중심에는 누가 자리하고 있습니까? 결국 다윗과 골리앗의 이야기는 오늘을 사는 우리의 삶에 관한 이야기입니다. 우리가 하나님과 어떻게 관계를 맺고 있는지, 우리의 중심에 누가 있는지, 우리는 어떤 삶을 살아가고 있는지, 그리고 그 삶의 열매가 무엇인지를 보여 줍니다.

블레셋과 이스라엘이 전쟁을 합니다. 그런데 사무엘상 17장에 기록된 전쟁은 그 양상이 이전과는 많이 다릅니다. 바로 '골리앗'이라는 거인 때문이었습니다. 그는 '싸움을 돋우는 자'였습니다(삼상 17:4). 이는 그저 사람들의 사기를 북돋아 주고 응원하는 사람이라는 의미가 아닙니다. 오히려 '군사의 지도자, 모든 군사의 대표'를 뜻합니다. 모든 군사의 맨 앞에서 가장 먼저 적군을 대하고 자기 군대의 위용과 힘을 과시합니다. 모두를 대표하니 가장 뛰어난 자이고, 적군 앞에 홀로 서야 하니 가장 용기 있는 자이며, 가장 먼저 죽을 수도 있으니 가장 헌신된 자입니다. 모두의 지지와 응원을 한 몸에 받으며 자기 나라와 군대와 전우를 위하여 앞장서야 하는 위대한 인물입니다. 블레셋 사람들에게 골리앗은 대장이었고, 왕이었으며, 신의 대리자였을 것입니다.

골리앗은 '가드 사람'입니다(삼상 17:4). 가드는 이스라엘에게

점령당했던 도시였습니다(삼상 7:14). 그런데 지금 그 도시 출신이 이스라엘을 벌벌 떨게 합니다. 블레셋이 이스라엘을 몰아냈으며 그 힘을 다시 회복했음을 강하게 보여 줍니다. 그의 키는 여섯 규빗 하고도 한 뼘입니다(삼상 17:4). 최소 2m 중반에서 최대 3m에 이르는 키입니다. 모든 블레셋 사람보다 컸습니다. 사울은 비교도 안 됩니다. 그의 갑옷과 무기들도 심상치 않습니다(삼상 17:5-7). 그 종류와 무게가 어마어마했습니다. 무엇보다 그 모든 것이 이스라엘에서는 보기 힘든 철기였습니다(삼상 13:22). 곧 단순한 무기가 아니라 그 당시 가장 앞선 과학 기술입니다. 무엇보다 그의 말들이 대단합니다. 그는 대단한 선동가였습니다. 고함만 지르는 허세가 아니었습니다. 그는 이스라엘의 군대를 가리켜 "너희는 사울의 신복이 아니냐"(삼상 17:8)라는 말로 이스라엘 군대와 사울을 조롱합니다. 게다가 그는 이스라엘의 군대를 모욕함으로 하나님을 모욕합니다. 골리앗은 말 그대로 대장이었습니다. 블레셋의 힘, 종교, 지식, 과학, 기술, 전쟁, 군사 등 블레셋의 모든 것이 골리앗이라는 한 사람에게 집약되어 있었습니다. 그가 곧 블레셋이었습니다.

그가 나서자, 싸움을 하지 않고도 승기가 블레셋 쪽으로 기울었습니다. 골리앗의 영향력은 블레셋 군대의 힘을 북돋우는 것이 전부가 아니었습니다. 오히려 골리앗의 영향력은 블레셋보다 이스라엘에게 더 강하게 미쳤습니다. 사울과 이스라엘 군대는 숨도 크게 못 쉬며 두려워 떨고 있었고(삼상 17:11), 전쟁은 고사하고 겁먹고 도망가느라 바빴습니다(삼상 17:24). 이스라엘과 블레셋이 서로 마주 보며 진을 치고 있던 그 장소와 그 시간을, 무엇보다 블레셋은 물론이고 이스라엘 사람들의 마음까지도 골리앗은 완벽하게 장악해서 지배했습니다. 그 순간은 골리앗이 모두의 왕이었습니다.

유진 피터슨은 "골리앗이 북극성이 되어 모든 것의 위치를 정해 주고 있다"라고 본문을 설명했습니다.[8] 먼바다를 항해하는 배들이 북극성을 보며 방향을 정하고 자신들의 위치를 가늠했듯이, 골리앗이 그 순간 모든 것의 기준이 되고 중심이 되며, 왕이 되고 신이 되어 모든 것을 규정하고, 모든 것을 다스리며, 모든 것에 영향을 끼치고 있었습니다. 블레셋이야 원래 그렇다 치더라도, 이스라엘마저도 그랬다는 사실을 우리는 눈여겨봐야 합니다.

이스라엘은 하나님의 백성이며 하나님의 자녀입니다. 그들의 왕은 하나님이십니다. 그들의 인도자도 하나님이십니다.

---

8 유진 피터슨, 『사무엘서 강해』, 박성혁 역(서울: 아바서원, 2016), 163.

그들의 자리는 하나님께서 정해 주십니다. 그들의 미래는 하나님의 손에 달려 있습니다. 그들의 생명과 승리와 영광은 하나님께 있습니다. 그런데 이스라엘은 처음에는 겉보기 좋은 사울에게, 그리고 이제는 거대하고 강력한 골리앗에게 마음을 빼앗깁니다. 그들의 왕이신 하나님을 마음에서 밀어내 버렸습니다.

사람은 보통 자신이 가장 사랑하는 것을 가장 두려워하고 섬깁니다. 그래서 죄가 우리 안에 들어오기 전에는 하나님을 가장 사랑하였고, 오직 하나님만을 두려워하며 섬겼습니다. 이는 단순히 공포가 아니라 그의 뜻을 이루고자 하는 열심이며, 더욱 깊은 관계를 이루고자 하는 소망입니다. 그런데 죄가 들어온 이후 우리는 하나님이 아닌 다른 것을 더 사랑하고 두려워하며 섬깁니다. 우리가 돈을 사랑하고 의지하면 돈을 두려워합니다. 권력을 사랑하고 의지하면 권력을 두려워합니다. 건강을 사랑하면 건강을 잃을까 봐 두려워합니다.

이스라엘 사람들이 왜 골리앗을 두려워합니까? 골리앗이 가진 힘, 기술, 돈을 사랑하고 의지하고 믿기 때문입니다. 이스라엘이 사랑해야 할 대상은, 이스라엘이 두려워하고 섬겨야 할 대상은 오직 하나님 한 분뿐입니다. 그런데 그들은 그 하나님을 버렸습니다. 이것이 이스라엘의 실패였고 패배였습니다. 그들은 칼과 창으로 하는 전쟁에 진 것이 아니라 믿음의 싸움에서 진 것입니다. 그들은 자신들의 영토에서 골리앗과 블레셋을 밀어내기 위하여 싸울 것이 아니라 그들의 마음에서 골리앗을 밀어내기 위해서, 하나님께 다시 마음을 돌려 드리기 위해서, 하나님께서 다시 그들의 왕이 되시기를 위해서, 하나님께서 그들을 통치하시기를 위해서 싸워야 했습니다. 우리도 이 믿음의 싸움을 싸워야 합니다. 오늘을 살아가는 우리의 현실에서 우리도 이 공격을 받고, 이 도전을 받습니다. 우리도 이 믿음의 싸움을 싸워 나가야 합니다.

그때에, 그 전쟁터 한가운데에 다윗이 나타났습니다. 그러고는 한다는 소리가 '하나님의 이름으로 골리앗을 물리치겠다'입니다(삼상 17:45, 47). 다윗이 꿈같은 소리를 합니다. 가장 비현실적인 소리를 합니다. 이스라엘의 왕과 훈련된 군사들마저도 포기하고 숨죽이고 있는 현실입니다. 그들이라고 생각이 없겠습니까? 나름대로 상황과 형편을 따져서 잘 판단하지 않았겠습니까?

그런데 양이나 치고 심부름이나 하던 어린 녀석이 형들에게도 무시당하고, 아버지로부터 종 취급받는 어린 녀석이 갑자기 전쟁터에 와서 세상 물정 모르는 소리를 합니다. 볼품없는 아이가 감히 저 거대하고 강력한 골리앗에 맞서 싸우겠다고,

심지어 그를 쓰러뜨리겠다고 선포합니다. 너무 이상적이고 허황 되며 환상에 사로잡힌 것 같은 소리를 합니다.

그러나 그때 그곳에 있던 그 누구보다 다윗은 가장 현실적이었습니다. 그의 중심에 살아 계신 하나님께서 실제로 계시기 때문입니다. 자신의 눈으로, 골리앗의 눈으로, 정치와 군사와 전쟁과 무기의 눈으로, 사람의 눈으로 현실을 바라보는 것이 아니라 하나님의 눈으로 현실을 바라봤기 때문입니다. 그리고 함께하시는 하나님을 믿는 믿음으로 그 현실을 살아 냈습니다. 그의 믿음은 실제였습니다. 말이 아니라, 개념이 아니라, 장식이 아니라 현실을 살아가는 실제였습니다. 그래서 그는 그 자리에 있던 그 누구보다 현실적이었습니다. 그리고 그는 그 믿음의 현실을 살았습니다.

골리앗을 중심에 둔 사람들은 골리앗을 경배함으로 즐거워하고 두려워함으로 떨었습니다. 그래서 블레셋도, 이스라엘도 다윗을 경멸했습니다. 하나님을 중심에 둔 다윗은 그 믿음으로 현실을 뚫고 지나가며 골리앗을 물리쳤습니다. 블레셋 군대와 많은 이스라엘 군사들과 사울은 가짜 현실을 보고 두려워하며 섬겼지만, 다윗은 진짜 현실이신 하나님을 보고 믿었으며 그 하나님의 능력으로 현실을 살아 낸 것입니다.

살아 계신 하나님보다 더 현실적인 존재가 있습니까? 살아 계신 하나님의 능력과 지혜보다 더 강력한 현실의 힘이 있습니까? 누가 당신의 중심에 있습니까? 하나님을 중심에 두시고 믿음의 현실을 살아가십시오. 우리를 속이고 넘어뜨리고 좌절하게 하는 세상의 현실에 넘어가지 마십시오. 그 현실 위에 계시는 하나님, 그 모든 현실의 조성자이시며 창조주이신 그 하나님이 우리의 아버지이십니다. 당신의 아들을 죽기까지 내어 주신 그 사랑이 우리의 오늘을 붙들고 있습니다. 그렇기에 우리는 우리 눈앞의 골리앗을 물리칠 수 있습니다. 골리앗의 진을 뚫고 지나갈 수 있습니다.

19 전쟁은 하나님께 속한 것이니 [2]

삼상 17:31-40

싸움을 돋우는 자 골리앗이 모든 상황을 지배했습니다. 블레
셋은 물론이고, 이스라엘 군대와 심지어 사울왕마저도 완벽하
게 골리앗의 영향력 아래에 놓였습니다. 골리앗의 위세에 눌
린 이스라엘은 영적 무기력과 패배감에 사로잡혀 무려 40일을
보내야 했습니다(삼상 17:16).

그 40일이 더욱 비참하고 고통스러웠던 것은 그 순간 아무
도 하나님을 향하여 시선을 돌리지 않았기 때문입니다. 그들
은 하나님을 잊었습니다. 하나님을 잊은 이스라엘은 자신의
정체성마저도 잃어버렸습니다. 하나님을 잊으면 자신이 누구
인지도 잊어버립니다.

이스라엘은 하나님의 군대입니다. 그러나 그 자리에 있던
군사들 중 아무도 자신들의 정체성을 기억하지 못했습니다.
하나님의 군대라는 정체성을 잃어버리자 이스라엘 사람들의

눈에는 골리앗의 거대함만 보이고, 귀에는 골리앗의 호령 소리만 들렸습니다. 그들의 눈에 하나님은 보이지 않고, 그들의 귀에 하나님의 음성도 들리지 않았습니다.

바로 그때, 다윗이 등장했습니다. 다윗은 이스라엘 군대와 정말 많이 달랐습니다. 우리는 바로 이 차이점에 주목해야 합니다. 어떻게 어린 목동에 불과한 다윗이 이스라엘 군대와는 달리 그렇게 담대하게 앞으로 나아가 골리앗을 물리칠 수 있었는지, 이 둘 사이의 차이가 무엇인지를 우리는 알아야 합니다.

가장 크고 본질적인 차이점은 '관점'입니다. 이스라엘 군대와 다윗은 동일한 대상을 바라봤지만, 그 대상을 이해한 관점은 완전히 달랐습니다. 이스라엘 군대는 여전히 사람의 외모만 보고 있습니다. 사람의 관점으로 골리앗을 보니 그들의 눈에는 오직 골리앗의 힘과 무기만 보였고, 그들의 귀에는 골리앗의 고함 소리만 들렸습니다. 그들의 눈에 골리앗은 도저히 이길 수 없는 거대한 존재였습니다. 그런데 다윗은 외모가 아닌 사람의 중심을 봤습니다. 바꾸어 말하면, 중심을 보시는 하나님의 관점으로, 하나님의 방식으로 모든 상황을 바라보고 이해하고 해석하고 반응했습니다.

거대한 골리앗이 다윗 앞에 섰습니다. 외모만 보면 온 땅을 호령할 거대한 용사요 장군입니다. 그러나 골리앗의 중심에는 하나님을 경외함이 아닌 하나님을 향한 신성 모독과 더러운 죄악만이 가득했습니다. 다윗은 그것을 봤습니다. 사람 앞의 자신과 골리앗이 아닌 하나님 앞의 자신과 골리앗을 본 것입니다.

바로 이 관점의 차이에서 모든 것이 시작합니다. 골리앗은 사람의 관점으로는 두려움의 대상이지만, 하나님의 관점으로는 심판받아 멸망할 하나님의 원수였습니다. 사람 앞의 다윗은 여전히 작고 연약한 아이이지만, 하나님 앞의 다윗은 강력한 하나님의 군대요 하나님의 용사였습니다. 그래서 오직 다윗만이 정확하게 현실을 이해하고 합당하게 움직입니다. 다윗은 담대하게 앞으로 나아가 골리앗을 쓰러뜨릴 수 있었습니다.

우리는 저마다 세상을 바라보는 관점을 가지고 있습니다. 그리고 이 차이가 인생의 모습과 열매의 차이를 결정합니다. 그래서 우리는 반드시 바르고 정확한 관점을 가져야 합니다. 곧 진리로, 성경으로 세상을 바라봐야 합니다. 특히나 요즘처럼 혼란한 때에, 우리의 믿음을 무너뜨리고 바른 진리를 왜곡하는 이 시대에 우리에게는 더더욱 성경적 관점이 필요합니다. 성경을 통하여 이 세상을 볼 수 있어야 합니다. 그리고 이를 위하여 우리는 기도하고 말씀을 자세히 살펴야 합니다.

이러한 관점의 차이는 갑작스럽게 나타난 것이 아닙니다. 다윗이 어느 날 갑자기 하나님의 관점을 가진 것이 아닙니다. 이 관점의 차이는 그들이 살아간 '일상의 차이'에서 왔습니다. 하나님께 익숙한 일상과 하나님이 낯선 일상이 이러한 관점의 차이, 삶의 차이를 가져옵니다.

　　다윗이 전쟁터에서 보여 준 모습은 매우 특별한 일이지만, 한편으로는 전혀 특별하지 않은 일이기도 합니다. 하나님이 낯설고 하나님을 잘 모르는 자들에게는 매우 특별하고 기이한 일이 일어났습니다. 다윗이 골리앗을 무너뜨린 사건은 사람의 이성과 논리로는 이해할 수 없는 너무나 크고 놀라운 기적이나 영화 같은 일일 것입니다. 그러나 하나님을 믿는 자에게는, 하나님을 잘 아는 자에게는, 그리고 하나님과 늘 함께한 다윗에게는 전혀 특별하지 않은 일이었습니다. 이 사실이 너무나도 중요합니다. 다윗은 하나님을 믿는 믿음으로 원수를 물리치는 일을, 하나님께서 맡기신 사명을 감당할 때 베푸시는 하나님의 도움을, 하나님의 영광을 위하여 나아갈 때 하나님께서 행하시는 당신의 능력의 역사를 이미 여러 번 경험했었기 때문입니다.

　　사울은 골리앗에게로 나아가는 다윗을 바라보며 걱정할 수밖에 없었습니다(삼상 17:33). 그의 관점으로는 그저 어린 소년이 거대한 용사에게로 나아가는 것에 불과했기 때문입니다. 이길 수 없는 싸움이었고 패배가 확실했습니다. 그러한 다윗에게 사울은 자신의 갑옷을 입히려고 합니다. 그러나 다윗은 사울의 갑옷과 무기를 벗습니다. 대신에 물맷돌을 선택합니다. 왜 물맷돌일까요? 그가 물맷돌을 던지는 일에 특별한 기술이 있어서일까요? 다윗이 지금 자신의 물맷돌 실력과 물맷돌의 무게와 단단함을 의지하는 것일까요?

아닙니다. 그렇지 않습니다. 다윗은 거추장스러운 갑옷, 모든 상황을 특별하게 만드는 갑옷과 무기가 아닌 자신에게 익숙한 일상의 믿음을 선택했습니다. 자신의 일상을 붙잡아 주시는 하나님, 자신과 늘 함께하시는 하나님, 들판에서 함께하시고 곰과 사자를 물리치게 하시며 춥고 외롭고 거칠고 힘든 일상 가운데서도 함께하신 그 하나님을 믿고 의지함으로 하나님과 함께 나아간 것입니다.

물맷돌은 바로 그 믿음의 증거이자 표시입니다. 다윗은 골리앗을 심판하시는 능력의 하나님을 보았고, 그의 관점에서 골리앗은 그저 하나님의 심판을 받을 또 하나의 곰과 사자에 불과했습니다. 그래서 다윗은 늘 그렇듯이 자신과 함께하시는 하나님을 바라보며, 늘 그랬듯이 그 하나님과 함께 앞으로 나아간 것입니다. 그에게는 그 하나님이 '익숙'했습니다. 그에게는 그 하나님의 능력이 '익숙'했습니다. 그에게는 하나님이 '일상'이었습니다.

우리는 골리앗을 죽인 다윗에게 열광하며 많은 관심을 가지고, 우리 자신과 우리의 자녀들이 그렇게 자라기를 기대하고 바랍니다. 그러나 하나님과 함께 들판에서 양을 치던 다윗의 일상에는 별로 마음을 두지 않습니다. 우리는 요셉의 성공과 권세에 관심을 가집니다. 그러나 깊은 웅덩이와 감옥에서도, 고통스럽고 억울한 현실에서도 하나님과 함께했던 요셉의 일상은 건너뛰려고 합니다. 우리는 다니엘의 놀라운 능력과 성공에는 관심을 많이 가집니다. 그러나 그의 진짜 능력은 포로로 끌려간 그 상황에도 매일매일 하나님께 기도하며 나아갔던 그의 경건한 일상이었습니다.

우리는 우리 자신과 우리 자녀들이 다니엘처럼, 요셉처럼, 다윗처럼 위대한 인물이 되어 놀라운 기적을 행하고, 이 세상을 움직이는 특별한 일을 행하기를 바랍니다. 그러나 우리는 다윗이, 요셉이, 다니엘이 주님과 함께 걷고, 주님과 함께 대화하며, 주님과 함께 살아간 그들의 믿음의 일상을 주목해야 합니다. 그들이 처했던 거칠고 힘들고 슬프고 비참하고 낮아지며 고통 가운데 있었던 그들의 일상과 그 일상에서도 끝까지 주님과 함께했던 그 믿음의 모습을 주목해야 합니다. 왜냐하면 하나님과 함께한 일상이 그들 신앙의 본 모습이기 때문입니다. 그 일상이 그들 믿음의 힘이었고 능력이었으며 영광이었습니다.

전쟁 영웅 다윗은 갑자기 나타나지 않았습니다. 이미 그는 믿음의 일상을 살아갔던 들판에서 하나님과 함께하고 있었습니다. 그의 왕의 보좌는 하나님과 함께 숨 쉬고 하나님과 함께하며 살아간 그의 일상에서 이미 시작되고 있었습니다.

코로나 19가 닥치면서 여러 가지 일이 일어났습니다. 그중 가장 크게 제게 다가온 것은 '일상의 신앙'이라는 말이었습니다. 교회에 모이지 못하게 되었습니다. 자연스럽게 우리 신앙생활의 중심도 가정으로 옮겨졌습니다. 주일임에도 교회보다 집에서 보내는 시간이 많아졌습니다. 자녀의 신앙 교육, 개인의 경건, 예배의 참여 등 모든 것이 가정에서 이루어집니다. 그런데 그것이 원래 교회의 모습이었습니다. 가정, 직장, 학교라는 일상 속에서 이루어지는 신앙, 그것이 우리 신앙의 본 모습입니다.

당신에게 '신앙'은 일상입니까? 아니면 특별한 날 한 번 치르고 마는 이벤트입니까? 우리의 믿음은 이벤트도 아니고 특별한 일도 아닙니다. 깊숙이 숨겨 놨다가 전쟁터에서나 한 번 꺼내 입는 장식품밖에 안 되면서 쓸모없이 무겁기만한 사울의 갑옷이 아닙니다. 우리의 믿음은 하나님과 함께하여 원수를 물리치는 강력한 무기입니다. 늘 함께하며 언제 어디서나 몸에 지니고 다닐 수 있는 물맷돌이 우리 믿음의 모습입니다.

다윗이 만약 평소에 들판에서 곰과 사자를 물리치지 못했다면, 그가 그의 일상 가운데서 하나님을 경험하지 못하고 하나님과 함께하지 못했다면, 그는 결코 골리앗을 물리칠 수 없었을 것입니다. 우리의 믿음도 같습니다. 절대로 갑자기 믿음이 강해지지 않습니다. 갑자기 성령의 충만을 경험하는 것도 아닙니다. 고난과 핍박이 닥치면 그때서야 강해지는 믿음은 없습니다. 평소의 믿음이, 평소의 성령 충만이 그러한 때에 나타나는 것일 뿐입니다. 평소에 하나님의 말씀에 귀를 닫고 있는데, 갑자기 어디 간다고 하나님의 음성이 들리지 않습니다. 평소에 하나님의 인도를 따르지 않는데, 갑자기 하나님께서 보여 주시는 길이 나타나지 않습니다. 단기 속성, 벼락치기와 같은 그런 것이 신앙에는 없습니다. 일상이 신앙이고 신앙이 일상입니다. 평소의 말씀이 우리에게 주시는 하나님의 음성이며, 평소에 주님 앞에 무릎 꿇는 기도가 하나님의 능력입니다.

그저 일주일에 하루 이루어지는 활동으로서의 신앙생활, 교회 밖에서는 아무 힘도 발휘하지 못하는 신앙생활, 일주일 중 6일은 꼭꼭 숨겨 놨다가 일주일에 하루 끄집어내는 신앙생활이 무슨 의미가 있고, 무슨 믿음의 능력을 발휘할 수 있겠습니까?

그런데 우리는 많은 경우 그런 신앙생활을 좋아합니다. 필요할 때, 중요할 때만 짠 하고 나타나서 강력한 힘을 발휘하는 그런 하나님을 좋아합니다. 그러나 그것은 하나님과 동행하는 삶이 아닙니다. 하나님과 함께하는 삶은 나의 일상을 하나님께 드리는 것입니다. 그분의 말씀을 듣고 깨달아 순종하는 것, 삶 가운데 그분을 알고 그분을 경험하며 그분과 함께 일상을 사는 것, 그것이 바로 하나님과 동행하는 삶이며 신앙입니다.

당신의 일상을 하나님과 함께하십시오. 하나님의 능력이 당신의 일상이 되게 하십시오. 당신의 일상에서 하나님과의 친밀함을 유지하십시오. 하나님의 말씀을 가까이하시고, 기도 가운데 하나님께로 자주 가까이 나아오십시오. 우리의 일상이 하나님의 은혜 안에 있을 때, 하나님의 은혜의 역사가 우리의 삶 속에서 강력하게 드러날 것입니다.

우리의 일상을 훈련해야 합니다. 우리의 영성은 일상의 영성이어야 합니다. 이것이 무엇을 의미하는지 아십니까? 우리의 삶이 복음으로 총체적인 변화를 경험하는 것입니다. 복음과 삶이 따로따로 존재하는 것이 아니라 복음으로 사는 것이고, 복음 안에 내가 거하는 것입니다. 내가 사는 모든 영역, 즉 사회, 정치, 경제, 문화, 교육, 직장, 가정, 학교 등 모든 곳이, 모든 것이, 모든 만남이, 모든 활동이 하나님의 말씀과 예수 그리스도의 복음으로 완전히 새롭게 재편되는 것입니다.

쉬운 일은 아닙니다. 그러나 다윗 앞의 골리앗과 같습니다. 하나님의 은혜 안에서는 쉬운 일입니다. 우리 힘으로는 어렵지만, 하나님의 은혜는 얼마든지 우리의 삶을 풍요롭게 하고, 강력하게 하며, 다윗과 같은 능력의 역사를 일으킬 것입니다. 이를 위해 우리는 우리의 영성을 훈련해야 합니다. 우리는 할 수 있습니다. 그리고 할 것입니다. 그것이 우리가 사는 길이기 때문입니다.

20 다윗을 사랑하는 요나단

삼상 18:1-5

사무엘상 18장에는 다윗을 대하는 매우 상반된 두 모습이 기록되어 있습니다. 하나는 다윗을 향한 요나단의 극진한 사랑입니다. 다른 하나는 다윗을 향한 사울의 증오와 미움입니다. 한 사람을 가운데에 두고 두 사람이, 그것도 같은 시대를 살며 같은 일을 경험한 아버지와 아들이 너무나 상반된 반응을 보이고 있습니다. 이는 단순히 다윗과 요나단 사이의 우정, 혹은 다윗과 사울 사이의 갈등을 기록하는 데에 목적이 있지 않습니다. 이를 통해 우리는 하나님을 향한 우리의 사랑을, 그리스도 예수를 향한 우리 사랑의 모습을 돌아볼 수 있을 것입니다. 예수님께서 베드로에게 질문하셨듯이 "네가 나를 사랑하느냐?"라고 우리에게 물으실 때, 주님을 향한 우리 사랑의 모습을 살펴볼 수 있을 것입니다.

다윗이 골리앗을 죽이자 두려워 떨던 이스라엘이 블레셋을 크게 물리칩니다. 블레셋 앞에서 두려워 떨며 아무것도 하지 못한 채로 큰 위기 앞에 있던 이스라엘이 모든 어려움을 타개하고 극적인 역전을 경험합니다. 블레셋을 물리치는 것은 하나님께서 이스라엘의 왕에게 명령하신 사명이며, 동시에 이스라엘 백성들이 왕에게 거는 기대였습니다. 작게는 이스라엘이라는 나라의 왕의 의무이며, 크게는 하나님께서 이 땅 가운데 당신의 나라를 이루시기 위하여 명하신 거룩한 사명입니다. 바로 이 일을 다윗이 감당한 것입니다. 곧 왕의 일입니다. 다윗은 하나님께서 세우신, 그리고 하나님 백성들의 왕이 해야 할 일을 이루었습니다. 이로 말미암아 온 이스라엘 사람들이 다윗을 사랑했습니다(삼상 18:5, 16).

그중 다윗을 향한 요나단의 사랑은 매우 특별했습니다. "요나단의 마음이 다윗의 마음과 하나가 되어"(삼상 18:1). 여기서 '하나가 되다'라는 말은 '둘을 매다, 묶다'라는 의미입니다. 영어 성경에는 '뜨개질하다'로 번역되어 있습니다. 실과 실을 엮어 하나의 옷이 되듯이, 서로에게 없어서는 안 되는, 함께 있을 때 의미가 있고 떨어지면 둘 다 무의미해지는 그런 관계였습니다. 특별히 목적, 이익, 계획과 같은 것이 아니라 마음이 하나가 되었습니다. 이는 그들의 우정이 영적인 일, 곧 하나님께서 행하신 것이었음을 의미합니다.

바울은 다음과 같이 말합니다. "평안의 매는 줄로 성령이 하나 되게 하신 것을 힘써 지키라"(엡 4:3). 성도의 하나 됨은 성령님의 역사입니다. 다윗과 요나단의 마음이 하나가 된 것은 성령님께서 그들의 마음 가운데 일하신 결과로 성령의 열매였습니다. 요나단은 다윗을 자기 생명과 같이 사랑하여 그에게 자기의 겉옷과 군복과 칼과 활과 띠를 줍니다(삼상 18:4). 여기서 '겉옷'은 단순한 외투가 아니라 왕의 예복을 의미합니다. 곧 요나단의 신분을 드러내는 옷이었습니다. 겉옷만이 아니라 그가 다윗에게 준 모든 무기가 다 그렇습니다.

요나단은 왕자입니다. 사울의 장자입니다. 왕위 계승 서열 1번입니다. 그는 전쟁 영웅입니다. 블레셋과의 전쟁에서 늘 선두에 있었고, 왕의 역할을 왕보다 더 잘 감당하는 사람이었습니다. 그는 왕에 가장 가까운 사람이었습니다. 반면에 다윗은 골리앗을 무너뜨린 큰 공을 세웠지만, 여전히 무명의 소년에 불과합니다. 이미 살펴봤듯이 아버지와 형들에게도 종 취급을 받는 존재였고, 사무엘상 18장 23절에서 다윗이 고백하는 것과 같이 요나단에 비하면 "가난하고 천한 사람"이었습니다. 그런데 지금, 요나단은 왕자라는 자신의 상징을 벗어서 다윗에게 줍니다. 요나단은 이 모든 것을 다윗에게 주면서 이렇게 말하고 있는 것입니다. "이제, 왕위 계승 서열 1번은 내가 아니라 다윗이다! 나는 왕이 될 권리를 포기한다. 앞으로 나의 왕은, 이스라엘의 왕은 나도 아니고, 아버지 사울도 아니고, 다윗이다!"

다윗을 향한 요나단의 사랑은 단순한 우정도, 정치적인 타협도 아닌, 왕자의 권세와 왕이 될 자격을 포기하고 다윗에게 이 모든 것을 이양하는 것입니다. 다윗을 향한 요나단의 사랑은 이처럼 매우 특별했습니다. 요나단은 다윗을 '마음'과 '생명'을 다하여 사랑했고, 다윗을 사랑함으로 다윗과 '언약'을 맺었습니다(삼상 18:1, 3). 이러한 사랑을 신명기에서 볼 수 있습니다. 마음과 생명을 다하는 사랑은 모세가 이스라엘에게 명령한 하나님을 향한 사랑의 자세이며(신 6:5), '언약'은 이스라엘을 향한 하나님의 사랑의 증거이자 열매입니다.

요나단은 지금 하나님을 사랑하듯 다윗을 사랑하고 있습니다. 물론 요나단이 다윗을 하나님으로 여긴다는 의미는 아닙니다. 요나단은 하나님께서 다윗에게 행하신 일과 다윗을 통하여 이루신 일을 보았습니다. 다윗이 하나님의 이름으로 나아가 하나님의 능력으로 골리앗을 쓰러뜨린 것을 보았습니다. 다윗이 하나님의 이름으로 하나님께서 세우신 왕의 사명을 감당하는 것도 직접 보고 들었습니다. 무엇보다 하나님께서 사울을 떠나 다윗과 함께 계신 것(삼상 18:12)을, 하나님께서 다윗을 왕으로 택하셨다는 사실을 요나단은 알 수 있었습니다.

요나단은 하나님의 음성에 민감하고, 하나님의 뜻에 밝은 사람이었습니다. 그는 하나님의 뜻에 순종하기를 주저하지 않는 사람이었습니다. 이런 사람을 가리켜 '성령으로 충만한 사람'이라고 말합니다. 그는 성령으로 충만하기에 하나님께서 다윗을 왕으로 택하셨다는 하나님의 뜻이 명확하게 드러나자, 한순간의 주저함도 없이 기꺼이 자신의 모든 권리와 자격과 왕좌를 포기하고 전적으로 순종하여 행합니다. 다윗을 왕으로 인정합니다.

요나단은 인간 다윗을 섬기는 것이 아닙니다. 요나단은 왕이신 하나님의 뜻에 순종함으로 하나님을 섬기는 것입니다. 요나단은 그저 한 인간 다윗을 사랑한 것이 아닙니다. 요나단은 하나님을 사랑하기에 하나님의 뜻에 합한 다윗을 사랑하는 것입니다. 성령으로 충만한 요나단이 하나님을 깊이 사랑하여 하나님의 뜻에 순종하는 것입니다.

하나님을 사랑한다는 것은 이와 같습니다. 단순한 연애 감정이나 이내 사라져 버리는 순간적인 느낌이 아닙니다. 요나단이 보여 준 사랑의 모습과 같습니다. 하나님이 나의 왕이 되시는 것입니다. 그분에게 나의 주권을 맡겨 드리는 것입니다. 그분의 다스림과 통치에 순종하는 것입니다. 하나님을 사랑함으로 하나님의 뜻을 기뻐하며 하나님을 섬기고 하나님의 사람들을 함께 사랑하고 섬기는 것입니다.

그러나 사울은 자신에게 다윗이 필요하고 유용할 때는 그를 사랑하고 아꼈지만, 자신에게 해가 된다고 생각하자 그를 미워하고 두려워하며, 심지어 가차 없이 죽이려고까지 했습니다. 다윗이 위대한 일을 행하자 모든 사람이 그를 사랑했습니다. 그런데 그때 사울의 귀에 길거리에서 부르는 여인들의 노랫소리가 들렸습니다. "사울이 죽인 자는 천천이요 다윗은 만만이로다"(삼상 18:7). 사울의 마음에 이 노래가 심겼고 박혔습니다. 그 후 사울이 매우 불쾌해하고 화를 내며 다윗을 노려보기 시작합니다(삼상 18:8). 이는 단순한 시기, 질투가 아닙니다. 사울의 귀에 레위인들이 성전에서 부르는 아름답고 영광스러운 찬양이 들린 것이 아니라, 세상에서 부르는 사람들의 허탄한 노래가 들렸습니다. 그의 귀에는 사람들의 말만 들렸고, 그의 마음에는 사람들의 평가만이 남았습니다.

사무엘상 18장 10절에서는 매우 특이한 모습을 볼 수 있습니다. 악령이 사울에게 강하게 내립니다. 그러자 사울은 집안에서 정신없이 떠들었습니다. 이것이 어떤 모습인지는 정확히 알 수 없습니다. 그러나 한 가지는 분명합니다. 우리도 마찬가지인데, 내가 너무 많이 말하면 들을 수 없다는 것입니다. 들으려면 입을 다물어야 합니다. 사울은 정신없이 떠들었고, 다윗이 수금을 타며 부르는 찬양은 듣지 못했습니다. 아니, 들을 수 없었습니다.

사울의 모습을 보십시오. 사울의 귀에는 오직 두 가지 소리밖에 들리지 않았습니다. 거리에서 사람들이 떠드는 허탄한 소리와 악령에 사로잡힌 자신이 떠드는 소리뿐입니다. 하나님의 음성이, 하나님께 올려 드리는 찬양이 그의 귀에, 그의 마음에 들리지 않았습니다.

세상과 사람의 말에 마음을 뺏기면, 내 말과 생각으로만 내 마음을 가득 채우면, 결코 하나님의 음성을 들을 수 없습니다. 콩 심은 데 콩 나고, 팥 심은 데 팥 납니다. 마음에 하나님의 말씀이 심기면, 하나님께서 기뻐하시는 성령의 열매를 맺습니다. 그러나 세상의 소리가 심기면, 악한 영의 허탄한 열매를 맺을 수밖에 없습니다. 그것이 무엇입니까? 미움, 시기, 두려움, 분노입니다.

요나단은 하나님을 사랑하여 하나님의 음성에 민감했고, 하나님의 말씀을 깨달아 순종하기를 기뻐했습니다. 그래서 왕이신 하나님께서 세우신 다윗을 왕으로 인정하고 사랑합니다. 그러나 하나님과의 관계가 끊어져 하나님의 음성에 귀를 막은 사울은 여전히 자신이 자신의 왕입니다. 하나님의 뜻이 아닌 자신의 자리를 지키는 일에 모든 것을 겁니다. 그는 여전히 오직 자기 자신만을 사랑하고 있습니다. 이는 빗나간 사랑입니다. 참된 사랑이 아닙니다. 가장 비참하고 고통스러운 사랑입니다. 사울은 다윗을 미워한 것이 아닙니다. 사울은 하나님을 미워한 것입니다. 하나님을 사랑하는 사람은 하나님의 사람도 사랑합니다. 그러나 하나님을 사랑하지 않는 사람은 하나님의 사람들을 사랑할 수 없습니다. 그래서 우리에게 시급한 것은 하나님을 사랑하는 것입니다. 주님을 사랑하는 것입니다. 그래야 믿음의 지체를, 이웃을 참으로 사랑할 수 있습니다.

당신은 누구를 사랑합니까? 당신이 가장 사랑하는 사람은 누구이며 무엇을 가장 사랑합니까? 하나님의 아들이시자 하나님이신 주님은 베드로에게 물으셨습니다. "너는 나를 사랑하느냐"(요 21:15). 그리고 오늘 우리에게도 동일하게 질문하십니다. 주님을 사랑하는 것은 요나단이 그러했던 것과 같이 나의 왕이 바뀌는 것입니다. 나의 주권을 포기하는 것입니다. 그분의 음성이 나의 마음에 들리는 것이며, 그분의 말씀이 나의 마음에 심기어 열매를 맺는 것입니다.

나의 계명을 지키는 자라야 나를 사랑하는 자니 나를 사랑하는 자는 내 아버지께 사랑을 받을 것이요 나도 그를 사랑하여 그에

게 나를 나타나리라 ··· 예수께서 대답하여 이르시되 사람이 나를
사랑하면 내 말을 지키리니 내 아버지께서 그를 사랑하실 것이요
우리가 그에게 가서 거처를 그와 함께하리라 나를 사랑하지 아니
하는 자는 내 말을 지키지 아니하나니 너희가 듣는 말은 내 말이
아니요 나를 보내신 아버지의 말씀이니라 _요 14:21-24

하나님을 사랑합니까? 그렇다면 주님의 말씀에 귀를 기울이
십시오. 내 목소리, 세상의 목소리에 마음을 빼앗기지 말고 하
나님의 말씀을 마음에 심어 말씀의 열매를 맺으십시오. 예수
님을 사랑합니까? 예수님과 함께하십시오. 예수님의 제자가
되어 예수님께서 인도하시는 믿음의 길을 걸어가십시오.

　이 사랑이 우리에게 가능합니다. 우리도 요나단처럼 하나
님을 사랑할 수 있습니다. 주님께서 먼저 우리를 사랑해 주셨
고, 먼저 우리를 당신의 친구 삼아 주셨기 때문입니다.

사람이 친구를 위하여 자기 목숨을 버리면 이보다 더 큰 사랑이
없나니 너희는 내가 명하는 대로 행하면 곧 나의 친구라 이제부
터는 너희를 종이라 하지 아니하리니 종은 주인이 하는 것을 알
지 못함이라 너희를 친구라 하였노니 내가 내 아버지께 들은 것
을 다 너희에게 알게 하였음이라 _요 15:13-15

당신의 목숨을 버리는 가장 큰 사랑으로 우리를 사랑하시고, 그 사랑으로 우리를 친구로 불러 주셨습니다. 예수님께서 먼저 당신의 생명과 마음을 다하여 사랑하셨습니다. 왕자인 요나단이 아무것도 아닌 소년 다윗을 사랑했듯이, 하나님의 아들께서 죄인인 우리를 당신의 목숨을 바쳐 먼저 사랑하셨습니다.

이제 우리도 주님을 사랑합시다. 요나단이 자기 왕권을 포기하고 다윗을 왕으로 사랑하고 섬겼듯이, 주님을 우리의 왕으로 섬기며 사랑합시다. 그분과 가까이하며 그분과 함께합시다. 그분의 음성에 귀를 기울이고 그분의 말씀을 마음에 심으며 믿음의 열매를 맺읍시다. 그것이 참된 복입니다.

21 다윗이 도피하여 라마로 가서
삼상 19:18–24

골리앗을 쓰러뜨린 다윗은 온 이스라엘 사람들에게 큰 사랑과 인정을 받았습니다. 그중 사울의 아들인 요나단 왕자의 사랑은 매우 특별했습니다. 그러나 이내 다윗에게 길고 고통스러운 두려움과 위험의 시간이 시작되었습니다. 사울이 다윗을 죽이려 했습니다. 하나님에게서 멀어지고 악한 영에 사로잡힌 사울은 하나님과 함께하는 다윗을 두려워했습니다. 그 두려움은 극도의 미움과 살의가 되었고, 그는 자신이 가진 모든 공권력을 동원하여 다윗을 죽이려 했습니다. 이는 당연한 귀결이기도 합니다.

사무엘상 18–20장에는 다윗을 죽이려는 사울의 시도들이 기록되어 있습니다. 사울은 자신을 섬기던 다윗을 창을 던져 죽이려 했습니다(삼상 18:11). 사위로 삼겠다는 말로 터무니없는 일을 요구하여 다윗을 전사의 위험에 빠뜨리기도 했습니다(삼상 18:17, 21, 25). 자신의 모든 권력을 동원하여 다윗을 죽이려 했고(삼상 19:1), 사위가 된 다윗을 암살하려 합니다(삼상 19:11). 라마로 피한 다윗을 쫓아가기도 했습니다(삼상 19:20).

이 과정에서 사울은 자신에게 가장 귀하고 사랑스러운 딸을 이용하기도 하고, 다윗을 변호하는 아들 요나단을 죽이려고까지 합니다(삼상 20:32, 33). 광기에 가까운 사울의 살의와 증오는 자기 자신은 물론이고 자신의 아들과 딸, 모든 신하와 백성까지 위협과 고통에 빠뜨렸습니다. 악한 분노와 미움은 결코 선을 이루지 못합니다. 모두를 고통스럽게 하고 파괴하는 마귀의 일일 뿐입니다.

다윗을 향한 이러한 사울의 광기 어린 악의의 한가운데 본문이 있습니다. 이 본문은 이처럼 말도 안 되는 상황 속에서 하나님께서 무엇을 뜻하시는지를 우리에게 알려 줍니다. 그리고 다윗과 비슷한 형편에 처해 있는, 그러한 삶을 살아가고 있는 신자에게 주시는 하나님의 위로가 무엇인지 알게 합니다.

사울이 다윗을 죽이려는 그 모든 순간에도, 다윗은 여전히 충성을 다하고 있었습니다. 다윗이 한 일은 모든 것이 사울에게, 그리고 모든 이스라엘 백성에게도 선한 일이었습니다(삼상 19:4-5). 다윗은 이스라엘 백성들을 위하여 자기 목숨을 걸고 블레셋과 전쟁을 치렀고, 이미 사울에게 살해당할 위험을 겪

없음에도 불구하고 사울의 영혼을 위하여 그 옆에서 노래하기를 멈추지 않았습니다(삼상 19:9).

다윗은 잘하고 있었습니다. 하나님께서 그와 함께하셨고, 하나님께서 함께하시니 그는 지혜로웠으며, 성령님께서 주시는 용기와 지혜와 능력으로 자신에게 맡겨진 일들을 최선을 다하여 잘 감당했습니다. 그를 통하여 사울과 온 이스라엘 백성이 유익을 누렸고, 하나님께서 영광을 받으셨습니다.

그러면 그가 받아야 할 것은 상이 아닙니까? 더욱 칭찬을 받고, 인기를 얻으며, 사람들의 인정을 받고, 높아져야 하는 것이 아닐까요? 사울왕이 질투에 눈이 멀어 다윗을 미워한다 해도 하나님은 다윗을 위하여 모든 상황을 풀어 주셔야 하지 않습니까? 그러나 다윗에게 사울의 위협은 잠시 지나가는 것도, 감당하기 쉬운 가벼운 것도 아니었습니다. 다윗은 온 나라가 자신을 죽이려 하는 거대한 공격과 위협 앞에 두려워 떨 수밖에 없는 약한 소년이었습니다. 이 얼마나 억울하고 안타까운 일입니까!

다윗은 사울의 공격을 피해 사무엘이 있던 라마 나욧으로 도망갑니다(삼상 19:18). 여기에는 매우 중요한 의미가 있습니다. 사무엘은 하나님의 선지자이며, 라마 나욧은 선지자 무리, 곧 선지자 학생들이 머물던 곳이었습니다(삼상 19:20). 지금으로 치자면 신학교와 비슷한 곳입니다. 사무엘이 하나님의 말씀을 선포하였고, 그 말씀을 배우는 선지자 학생들이 있었습니다. 그래서 그곳에서는 '예언', 곧 하나님의 말씀을 전하고 선포하는 일들이 가득했습니다.

하나님의 말씀이 충만한 곳에 하나님께서 임재하십니다. 하나님께서 임재하시는 곳에 성령의 역사가 일어납니다. 라마 나욧은 하나님께서 임재하시고 하나님의 말씀이 충만하며 성령님께서 역사하시는 곳이었습니다. '성전'과 비슷한 곳이었습니다.

다윗이 사울을 피하며 기록한 시편 7편 1절에서 다윗은 다음과 같이 고백합니다. "내 하나님이여 내가 주께 피하오니!" 다윗은 견고한 요새로, 강력한 사람에게로 피한 것이 아닙니다. 하나님의 사람이 있고, 하나님의 말씀이 있으며, 하나님께서 일하시는 곳으로 피한 것입니다.

그리고 그곳에서 매우 의미 있는 일들이 벌어집니다. 사울은 다윗을 잡으려고 라마 나욧으로 전령들을 보냅니다. 첫 번째 전령들이 그곳에 도착하자 하나님의 영이 그들에게 임하고, 그들이 예언, 곧 하나님의 뜻과 말씀을 말하기 시작합니다(삼상 19:20). 두 번째 전령 그룹, 세 번째 전령 그룹에게서도 똑같은 일이 벌어집니다(삼상 19:21). 그러자 일어나야 했던 일 하나가 일어나지 않았습니다. 그들에게 주어진 명령, 곧 다윗을 잡아 오라는 사울의 명령이 무산되었습니다. 세 번이나 전령들이 실패하자 이제 사울이 직접 라마 나욧으로 갑니다. 그런데 사울은 라마 나욧에 도착하기도 전에 하나님의 영에 사로잡힙니다. 사울 역시 자신의 입술을 통하여 예언, 곧 하나님의 뜻을 말하기 시작했습니다(삼상 19:23). 그리고 그는 옷을 벗었습니다(삼상 19:24).

요나단이 자신의 옷을 벗어 다윗에게 줌으로 자신의 왕권을 포기했습니다. 비슷한 일이 사울에게 일어난 것입니다. 성령님의 역사로 하나님의 말씀과 하나님의 뜻이 선포되자, 사울이 자신의 옷을 벗었습니다. 이는 나체가 됐다는 말이 아니라 왕의 옷, 왕의 신분을 상징하는 옷을 벗었다는 말입니다. 사울을 향한 성령님의 역사는, 사울을 향한 하나님의 뜻은 사울의 왕권이 멈추는 것이었습니다.

그리고 그는 벗은 몸으로 사무엘 앞에 누웠습니다. 누워 있는 사람은 움직이지 못합니다. 계획과 목적을 실현하려면 일어나 움직여야 합니다. 그런데 사울은 누워서 움직이지 못한 채로 가만히 있을 뿐입니다. 사울에게 임하신 성령님의 역사는, 사울을 향한 하나님의 뜻은 사울의 계획이 무산되고 사울의 모든 행동이 중단되는 것이었습니다. 하나님의 뜻은 사울의 왕권을 중단시키고 다윗을 새 왕으로 세우는 것이었습니다. 하나님의 일하심은 사울의 계획과 의도를 중단시키시고, 하나님의 사람 다윗을 통하여 하나님의 뜻을 이루시고 하나님의 나라를 세우시는 것이었습니다.

사울이 다윗을 죽이려는, 그래서 자기 왕권을 계속 유지하려는 자기 목적을 이루기 위하여 기세등등하게 걸어간 길은 결국 사울의 뜻이 아닌 하나님의 뜻을 드러내고, 사울의 목적이 아닌 하나님의 목적을 이루는 길이 되고 말았습니다. 하나님은 앞으로 나아가게도 하시고 멈추게도 하십니다. 하나님은 높이 세우시기도 무너뜨리시기도 하십니다. 하나님은 성령과 말씀으로 당신의 사람을 지키셨고, 성령과 말씀으로 당신의 원수를 멈추게 하신 것입니다. 사울은 다윗을 막으려 했지만, 오히려 하나님은 사울을 막으시고 다윗을 일으키셨습니다. 하나님은 당신의 뜻을 이루셨습니다. 하나님께서 성령과 말씀으로 당신의 뜻을 이루셨습니다. 마침내 완전히 이루십니다.

다윗은 여전히 약하고, 억울하고, 고통스러운 도망자입니다. 왕이 모든 권력을 동원하여 그를 죽이려고 합니다. 앞으로도 상당 기간 고통과 슬픔의 시간을 보내야 합니다. 더 큰 고통과 수치가 그를 기다리고 있습니다. 그러나 그 시간은, 그리고 그 길은 '터널'과 같습니다. 반드시 그 길의 끝에 하나님의 영광의 빛이 다윗을 기다리고 있고, 그때에 그 영광의 빛이 다윗을 감쌀 것입니다.

사울은 왕입니다. 여전히 그는 위협적이고 권력을 가지고 있습니다. 그는 자신의 목적과 뜻을 이루기 위해서라면 모든 것을 동원할 수 있는 악한 왕, 악한 권력입니다. 하나님의 사람을 죽이기 위하여 얼마든지 세상을 사용하는 세상의 힘입니다. 그러나 그의 길은 '동굴'과 같습니다. 그 끝에는 영광의 빛이 아니라 심판의 어둠이 있을 뿐입니다. 하나님께서 그 힘을 무너뜨리십니다. 성령님께서 역사하시고 하나님의 말씀이 드러나자, 그의 모든 계획은 힘을 잃어버립니다.

당신은 어느 길로 가고 있습니까? 어느 길로 가기를 원합니까? 하나님의 원수는 동굴로 갑니다. 지금은 환하지만, 지금은 힘이 있는 것 같지만, 결국 그 마지막은 절망과 심판일 뿐입니다. 그러나 하나님의 자녀는 잠시 어둡지만, 앞이 보이지 않을 정도로 캄캄하지만, 하나님의 은혜와 영광의 빛이 기다리는 터널을 지나가는 자들입니다. 믿음으로 견고히 하나님의 말씀의 인도를 따라 성령님을 의지함으로 나아가는 자들입니다.

우리의 현실이 참으로 답답하고 어렵습니다. 어둡습니다. 막막하고 슬픕니다. 억울하고 화가 납니다. 우리 육체의 건강을 걱정해야 합니다. 감염의 소식이 하루에도 몇 번씩 우리의 핸드폰을 울리고, 감염의 위험으로부터 결코 자유롭지 않습니다. 그뿐만이 아닙니다. 우리는 주님의 교회를 미워하고 비난하며 공격하는 세상의 위력을 경험하고 있습니다. 여러 교회의 안타까운 모습들이 드러나면서 교회가 교회를, 성도가 성도를 서로 비난하고 정죄합니다. 그 모습에 더욱 마음이 아픕니다. 무엇보다 함께 예배하지 못하는 이 현실이 너무나도 고통스럽고 슬픕니다.

이웃을 섬기고, 지역 사회와 교회의 공동의 유익과 선을 위하여 영상으로 예배합니다. 하지만 동시에 코로나 19와 세상이 교회와 신자를 억누르는 듯하여, 그래서 교회의 영적 사역이 멈춘 것 같고 우리의 믿음이 약해질 것 같아 염려와 근심이 더욱 커집니다. 마치 더 깊은 동굴 속으로, 수렁 속으로 들어가는 것 같습니다. 억울하고 화나는 일이 얼마나 많은지 모릅니다.

그런데 바로 그 순간, 다윗은 사울에게 맞서 싸우는 것이 아니라 하나님께로 피했습니다. 자기의 젊음, 능력, 인기를 가지고 사울에게 맞서지 않았습니다. 하나님께서 당신의 뜻을 이루시기를 간구하며 하나님 앞으로 나아갔습니다. 하나님께로 숨었습니다. 한두 번이 아니라 그는 평생 동안 그러했습니다.

이때에 우리도 다윗과 같이 승리하시는 하나님께로, 마침

내 그 뜻을 이루시는 하나님께로 피해야 합니다. 비겁해서가 아닙니다. 인내심이 많아서도 아닙니다. 하나님께서 승리하시기 때문입니다. 하나님께서 마침내 당신의 뜻을 이루시며 당신의 사람을 세우시기 때문입니다.

우리도 함께 라마 나욧으로 피해야 합니다. 우리의 영혼이 하나님의 말씀이 충만한 곳으로 숨어야 합니다. 강력하게 역사하시는 성령님께 우리 자신을 의탁해야 합니다. 하나님의 말씀이 온전히 선포되고 성령님께서 강력하게 임하실 때, 하나님의 말씀으로 우리의 마음이 가득 채워지고 성령님께서 우리의 심령에 충만히 임하셔서 우리의 생각과 판단과 의지를 붙잡으실 때, 바로 그때 우리는 하나님의 역사를 볼 것입니다. 하나님의 거룩하고 선하신 뜻이 이루어지며, 사람의 악하고 거짓되며 부정한 계획이 무너지는 일을 볼 수 있을 것입니다.

지금이 바로 그 은혜의 때입니다. 지금이 바로 우리가 라마 나욧으로 피할 때이며, 그 은혜를 경험할 때입니다.

22 떡과 칼

삼상 21:1-9

자신을 죽이려는 사울의 광기 앞에서 다윗이 할 수 있는 일이
란 도망가는 것밖에는 없었습니다. 다윗을 죽이려는 사울의
광기 어린 분노와 집착은 다윗이 감당할 수 있는 선을 넘어섰
습니다. 사울은 다윗을 죽이기 위해 사랑하는 딸의 마음을 이
용하고, 다윗을 변호하는 자신의 아들 요나단마저 죽이려고
했습니다.

다윗은 놉 땅으로 도망갑니다. 놉 땅에는 성전이 지어지기
전, 하나님의 언약궤를 두고 제사를 드리던 성막이 있었습니
다. 몸과 마음이 지치고 상한 다윗은 제사장 아히멜렉에게 떡
을 달라고 합니다(삼상 21:3). 마침 제사장에게는 거룩한 떡 외
에 없었습니다. 이 떡은 진설병이라고 하는데, 레위기 24장
5-8절에 규정되어 있습니다. 성전 안에 열두 개를 두었고,
안식일에 새로 바꾸며, 이전 떡은 제사장들이 먹었습니다(레

24:9). 제사장이 그 떡을 다윗과 다윗을 따르는 자들에게 줍니다. 율법을 위반한 것 같습니다. 그러나 다윗과 제사장 아히멜렉은 율법을 위반한 것이 아닙니다.

본문은 본문 자체로도 매우 중요하지만, 예수님께서 마가복음 2장(마 12장, 눅 6장)에서 이 사건을 인용하심으로 그 의미가 더욱 분명해지고 특별해집니다. 예수님께서 안식일에 제자들과 함께 밀밭 사이를 지나가셨습니다. 마침 배가 고팠던 제자들이 이삭을 잘라 먹었습니다. 이를 본 바리새인들이 어떻게 안식일 율법을 위반할 수 있느냐며 예수님을 비난합니다. 그러자 예수님은 본문 속 다윗 사건을 말씀하시면서 안식일의 참된 의미와 더불어 당신께서 안식일의 주인이심을 알려 주십니다(막 2:23-28).

다윗이 성막이 있는 거룩한 땅으로 피하여 성막의 떡을 먹었고, 예수님께서 안식일 논쟁을 통하여 안식일의 참된 의미를 밝혀 주셨습니다. 이 두 사건 사이에 무려 1,000년의 시간 차가 있지만, 예수님께서 이 사건을 말씀하심으로 연결됩니다. 이 두 사건을 하나로 묶는 것은 바로 예수님 자신이십니다. 왜냐하면 예수님께서 바로 참되고 영원한 성막, 곧 성전이시며, 예수님께서 말씀하신 바와 같이 당신께서 바로 안식일의 참된 주인이시기 때문입니다.

그리고 이 두 사건은 예수님께서 밀밭을 지나신 후 2,000여 년이 지난 지금, 바로 우리에게도 직접적인 영향과 의미를 줍니다. 왜냐하면 참된 성전이시며 안식일의 주인이신 예수님께서 지금 우리의 주님이시요 구원자시요 왕이시기 때문입니다.

이 두 사건은 주님께서 우리에게 베풀어 주시는 은혜의 본질과 성격을 알려 줍니다. 성전의 진정한 의미가 무엇인지를, 참된 성전이시며 동시에 성전보다 크신 예수님께서(마 12:6) 안식일의 참된 의미와 교훈과 성격을, 역시 안식일의 주인이신(마 12:8) 예수님께서 우리 모두에게 알려 주십니다. 이 두 이야기는 결국 우리를 향하신 주님의 은혜와 사랑이 어떠한지를 우리에게 알려 주시는 하나의 이야기입니다.

바리새인들은 '율법을 위반했다'라고 예수님을 여러 번 비난했습니다. 그러나 예수님은 율법을 위반하시지 않았습니다. 오히려 이 비난은 바리새인들이 율법주의와 형식주의에 빠져 이해하지도 깨닫지도 못하였던 율법의 참된 의미와 하나님의 은혜를 밝히 드러내는 역할을 하고 있습니다. 마찬가지입니다. 아히멜렉과 다윗은 율법을 어긴 것이 아닙니다. 오히려 사람들이 율법의 조항과 형식에 얽매여 깨닫지 못하고 보지 못하는 성전과 진설병의 참된 의미와 본질을 드러내고 있습니다.

떡의 본질은 무엇일까요? 당신은 떡을 떡이라고 부를 수 있는 떡의 참된 의미와 본질과 목적을 무엇이라고 생각하나요? 먹는 것입니다. 사람이 먹고 배불러 힘을 내게 함으로 일을 할 수 있도록 하는 것, 그것이 떡과 빵과 밥의 본질입니다. 식당에 가면 메뉴판에 다양한 음식 사진들이 있습니다. 혹은 음식 모형들이 놓여 있습니다. 음식보다 더 음식 같고 더 맛있어 보여도, 사진과 모형은 결코 음식이 아닙니다. 먹을 수 없기 때문입니다. 먹을 수 없고, 그것으로는 힘을 낼 수도, 생명을 유지할 수도 없기에 음식이 될 수 없습니다. 대신 투박한 그릇에 아무렇게나 담아도 사람이 먹고 배부르고 다시 힘을 내어 움직일 수 있게 한다면, 그것이 진짜 음식이고 밥입니다.

하나님께서 왜 성전에 떡을 두셨을까요? 성전의 떡은 보기 좋으라고 둔 장식품도, 율법주의를 주장하고 형식을 과시하기 위한 도구도 아니었습니다. 떡은 먹는 것입니다. 먹고 사는 양식입니다. 열두 개의 떡은 이스라엘의 열두 지파, 곧 모든 이스라엘 백성의 영혼과 육체의 생명을 위하여 육체에 떡을, 영혼에 말씀을 먹이시는 하나님의 은혜의 표이며 증거이자 실제였습니다. 더하여 이스라엘 백성들이 하나님께 감사드려야 할 분명한 이유였습니다.

다윗은 지금 매우 배가 고픕니다. 도망자입니다. 죄짓지 않았는데 죄인이 되어 버렸습니다. 억울하고 분합니다. 가족도 친구도 잃어버렸습니다. 심지어 제사장 앞에서까지 거짓말로 자신의 목숨을 보호해야 하는 구차한 형편입니다. 상황은 앞으로 더 안 좋아질 것입니다. 이방인들 앞에서 살려고 미친 척을 해야 합니다(삼상 21:13). 그의 육체만 지치고 힘들었을 뿐만 아니라 그의 영혼은 갈급하고 그의 마음은 탈진했습니다. 그래서 하나님은 당신의 떡으로 다윗을 먹이셨습니다.

지치고 굶주린 자가 와서 떡을 먹고 기운을 차리고 새 힘을 내어 다시 앞으로 나아가는 것, 고통스럽고 절망적인 현실 속에서 넘어지고 상한 육체와 영혼이 하나님께서 주시는 양식으로 다시 힘을 내어 그 현실 속으로 다시 나아가는 것, 그것이 바로 성전의 본질입니다. 하나님께서 성전을 통하여 베푸시는 은혜입니다.

다윗은 단순히 떡을 먹은 것이 아닙니다. 떡 하나 먹었다고 얼마나 힘이 나겠습니까? 곧 소화되고 곧 다시 배고프고 힘 빠질 것입니다. 다윗은 떡을 먹은 것이 아니라 하나님의 은혜를 먹은 것입니다. 떡으로 회복된 것이 아니라 하나님의 은혜로 회복된 것입니다.

떡을 먹은 다윗은 이제 아히멜렉에게 무기를 청합니다(삼상 21:8). 아무리 멋진 칼도, 강한 무기도 그저 장식품일 때는 무기가 아닙니다. 아히멜렉에게는 보자기에 쌓인 칼이 하나 있었습니다. 그 칼은 다윗이 죽인 골리앗의 칼이었습니다(삼상 21:9). 아히멜렉은 그 칼을 다윗에게 줍니다.

그러나 단순히 칼 하나 들었다고 해서 무슨 큰 힘을 가질 수 있겠습니까? 칼 하나로 어떻게 왕과 그 군대를 이길 수 있겠습니까? 다윗이 먹은 떡이 단순한 떡이 아니었듯이 이 칼 역시 그냥 칼이 아닙니다. 다윗이 골리앗을 물리친 그 힘은 다윗의 힘이 아니라 하나님의 능력의 역사였습니다. 골리앗의 칼은 바로 하나님의 능력의 증거입니다. 하나님을 의지하고 신뢰함으로 담대하게 골리앗 앞으로 나아갔던 다윗의 믿음의 증거입니다. 다윗은 지금 골리앗의 칼을 든 것이 아니라 '믿음의 검'을 든 것입니다. 하나님의 능력을 붙잡은 것입니다.

텔레비전 광고 중에 필자는 나** 광고가 정말 재밌습니다. 분명히 나**의 광고인데, 광고에는 브랜드도, 운동화도, 운동복도 주인공으로 등장하지 않습니다. 광고만 보면 이것이 광고인지 뭔지 알 수 없을 정도입니다. 대신에 사람이 나옵니다. 뛰고, 달리고, 던지고, 차고, 때리고, 수영하고, 기어오르고, 땀을 흘리고, 넘어지고, 쓰러지고, 좌절하고, 환호하는 사람들의 모습이 광고를 가득 채웁니다.

운동화의 본질이 무엇일까요? 색일까요? 디자인일까요?

원단일까요? 다 중요합니다. 그러나 그 모든 것은 본질을 이루기 위해 사용되는 도구일 뿐입니다. 운동화의 본질은 운동입니다. 더 높게 뛰고, 더 빨리 달리고, 더 강하게 찰 수 있는 운동이 운동화의 본질입니다. 나** 광고는 바로 거기에 집중합니다. 이 운동화는 몇 그램이고, 뭐로 만들었고, 얼마나 유명한 디자이너가 디자인했고, 어떤 최첨단 과학 기술이 접목되어 있다는 등 들어도 모를 불필요한 설명과 다른 브랜드들이 관습적으로 하는 광고의 형식이 아니라, 이 신발을 신고 이 옷을 입은 채 뛰고 달리고 구르고 나아가는 사람을, 운동화의 본질을 기록합니다. 그래서 기억에 강하게 남습니다.

당신은 성전의 본질이 무엇이라고 생각합니까? 성전의 본질은 하나님께서 우리에게 주시는 은혜입니다. 배고픈 자가 떡을 먹고, 패배한 자가 강력한 무기를 받는 것입니다. 하나님께서 주시는 힘이고 회복이며 능력입니다. 본질은 뒤로 미뤄둔 채로, 건물과 형식과 장식과 절차와 관습을 은혜라고, 성전이라고, 믿음이라고 생각하고 있지는 않습니까? 지쳐 쓰러진 자가, 배고프고 목마르고 굶주려 스스로는 서 있을 힘도 없는 자가, 주님께서 주시는 생명의 양식을 먹고 마셔 다시 힘을 내는 곳이 성전입니다. 그래서 유혹에 넘어져 실패한 자가, 사망과 심판의 두려움에 억눌려 있던 자가, 죄 사함 받고 은혜의 양식을 먹어 주님의 힘을 의지하여 다시 죄와 세상과 사탄과 싸움을 시작할 수 있는 것입니다. 도망칠 수밖에 없는 자가, 잔뜩 움츠러든 자가, 두려움과 공포에 질린 자가, 오늘도 싸움에 져서 패배의 쓴 눈물을 삼킬 수밖에 없는 자가, 주님께서 주시는 믿음의 검을 들고 주님과 함께 세상으로 다시 나아가 믿음의 싸움을 시작할 수 있는 것입니다.

다윗은 라마 나욧에 있는 선지자 사무엘에게로, 하나님의 말씀과 임재 아래로 피하여 숨었습니다. 그 후 다윗은 놉 땅 하나님의 성막으로 숨어 피하였습니다. 우리도 하나님의 성전으로 피해야 합니다. 우리에게 생명의 떡을 주시며 능력의 검을 주시는 하나님의 성전으로 피해 들어가야 합니다. 그리고 그곳에서 다시 시작해야 합니다.

그 성전이 어디에 있습니까? 거룩한 땅, 거룩한 성소는 어디입니까? 건물로서의 성전은 더 이상 존재하지 않습니다. 성전은 사람이 만든 건물도 아니고, 사람이 고안해 낸 형식이나 관습도 아닙니다. 성전은 하나님께서 임재하셔서 당신의 자녀들에게 은혜를 베푸시는 곳입니다. 우리에게 비록 건물로 지은 성전은 없지만, 돌로 지은 성전보다 더 튼튼하고, 금으로 장식한 성소보다 더 아름다우며 영광스러운 성전이 있습니다. 바로 예수 그리스도이십니다. 예수 그리스도께서 우리의 성전이십니다. 우리는 예수님께 피하여 하나님께서 주시는 양식을 먹고 성령님께서 부으시는 새 힘을 얻어 다시 출발할 수 있습니다.

우리의 양식은 세상이 아니며 세상에 있지도 않습니다. 세상이 우리를 만족하게 하고 회복시키지 못합니다. 우리의 양식은 영원한 생명의 떡이신 예수 그리스도와 그분의 말씀입니다(요 6:48). 우리의 무기는 세상의 칼, 세상의 권력, 세상의 돈이 아닙니다. 우리의 힘과 무기는 예수님께서 당신을 믿는 자에게 부어 주시는 성령님이십니다. 성령님께서 우리에게 입혀 주시는 하나님의 전신갑주입니다(엡 6:13). 세상을 이기는 성령님의 능력입니다. 진리와 의와 복음과 믿음과 구원과 성령의 검, 곧 하나님의 말씀입니다. 우리의 성전이신 예수님께서 이 모든 은혜를 우리에게 부어 주십니다.

어떻게 이 성전 안으로 들어갈 수 있을까요? 어떻게 성전이신 예수님께 피할 수 있을까요? 믿음입니다. 예수님을 믿음으로 우리는 영원하고 참된 성전이신 예수님께 피할 수 있습니다.

아히멜렉이 떡을 줄 때 다윗의 소년들에게 '성결'을 묻습니다. 이는 단순히 금욕을 말하는 것이 아니라 그들의 마음을 말합니다. 하나님의 은혜를 간절히 간구하는 가난한 마음, 하나님의 도우심만을 의지하는 겸손한 마음, 하나님을 찾는 마음입니다. 그 마음이, 중심이 중요합니다. 마음이 없다면, 아무리 형식을 갖추고 절차를 따지며 화려하고 웅장하게 장식을 해도 그곳에서는 성전의 은혜를 경험할 수 없습니다. 예수님을 구주로 믿어 우리의 마음을 그분께 드릴 때, 우리는 성전이신 예수님께 피할 수 있습니다. 그때에 비로소 참된 성전의 은혜를 누리게 됩니다.

성전은 멀리 있지 않습니다. 성전의 주인이신 하나님께서 성전이신 예수 그리스도를 우리에게 보내셨고, 성령님께서 우리 안에 거하심으로 우리가 성전이 되게 하셨습니다(고전 3:16). 우리가 주님을 찾을 때에 주님께서 만나 주시고, 우리가 간구할 때에 주님께서 응답하시고 새 힘을 주시며 이기게 하십니다.

우리는 코로나 19 탓에 함께 모여 예배하지 못하고 잠시 떨어져 있습니다. 하지만 우리는 다시 만나 함께 예배할 것입니다. 우리가 함께 모여 예배할 때에 우리는 말씀의 양식을 더욱 풍성히 받아먹으며, 성도의 교제를 통하여 하나님께서 주시는 회복과 위로와 능력을 더욱 풍성히 경험하게 될 것입니다.

그러나 지금도 우리는 예배하고 있습니다. 비록 따로 떨어져 있지만, 비록 불편하고 아쉽고 안타깝지만, 우리는 하나님 앞에 예배하고 있습니다. 우리는 성전이신 주님께 나아가고 있습니다. 성령님께서 우리에게 충만히 임하셔서 우리는 주님의 성전이 되었습니다. 마음을 다하여 주님 앞에 나아가고 있습니다. 주님께로 피하고 있습니다. 지금 당신이 있는 곳이 성전입니다. 그곳이 놉 땅이며 거룩한 곳입니다. 하나님께서 그곳에 임재하시고, 예수님께서 새 힘을 주시며, 성령님께서 우리의 마음에 충만히 거하시기 때문입니다.

성전의 본질은 주님을 만나 주님께서 주시는 양식을 먹고 힘을 내는 것이며, 주님께서 주시는 무기를 받아 다시 세상으로 나아가는 것입니다. 그 본질을 붙들고 있다면, 오늘도 우리는 주님의 성전의 은혜를 충만히 누리고 있는 것입니다. 이 본질을 붙잡으십시오. 지금 당신이 있는 그곳에서 예배함으로 주님께서 주시는 양식으로 새 힘을 얻으십시오. 주님께서 우리 손에 들려 주시는 믿음의 무기로 선한 믿음의 싸움을 싸우십시오.

23 요새를 떠나 유다 땅 수풀로
삼상 22:1-5

다윗은 '하나님께서 기름 부어 세우신 왕'이었지만, 그의 현실은 계속 도망가야 하는 비참함과 낮아짐의 연속이었습니다. 하나님께서 그에게 크신 은혜를 주셨고 그의 머리에 기름을 부으셨으며 그를 왕으로 세우셨습니다. 그러나 그의 길에는 계속 고난과 역경이 이어집니다. 그러나 그 길은 하나님의 은혜를 경험하는 길이었으며, 특별히 다윗과 같은 고난과 역경을 겪고 있는 우리 모두에게 주시는 하나님의 위로입니다.

다윗은 계속 낮아집니다. 그러나 우리는 동시에 '낮아짐 가운데 역사하시는 하나님'을 만나게 됩니다. 다윗은 낮아지지만 그 낮아짐을 통하여 하나님의 능력이 나타나며 하나님은 높이 영광과 찬송을 받으십니다.

사무엘상 21장 10-15절을 보면, 다윗은 블레셋의 심장이자 골리앗의 고향인 가드로 잠시 피하였습니다. 홀로 적진 한가운데에 들어간 것입니다. 사울이 얼마나 위험했는지 같은 민족인 사울보다 원수가 더 안전하다고 여길 정도였습니다. 당연히 블레셋 사람들이 다윗을 알아보고 경계합니다. 그래서 다윗은 살기 위하여 미친 척을 합니다. 다윗은 하나님의 나라가 임하고 하나님의 뜻이 이루어지기 위하여 스스로 가장 낮고 비참한 자리까지 낮아져야 했습니다.

다윗은 곧 가드를 떠나 '아둘람 굴'로 도망갑니다. 그곳은 돌산이 많은 험한 사막 지대여서 숨을 수 있는 바위 굴이 많았습니다. 그래서 실제로 많은 사람들이 도망가 숨는 지역이기도 했습니다. 그곳에서 두 부류의 사람들이 다윗에게로 모였습니다. 첫 번째는 다윗의 가족들입니다(삼상 22:1). 사울의 위협이 그 가족들에게까지 미쳤고, 다윗의 부모와 온 형제와 친척들은 함께 숨을 수밖에 없었습니다. 또 한 부류는 '환난 당한 모든 자, 빚진 모든 자, 마음이 원통한 자들'입니다(삼상 22:2). 다윗에게 400여 명이 모였고, 다윗은 그들의 우두머리가 되었습니다. 언뜻 보면 무언가를 도모해 볼 만한 세력입니다.

그러나 사실 이들 모두가 다윗에게 힘과 유익이 된 것은 아닙니다. 한쪽은 돌보고 책임져야 할 가족들입니다. 어쩌면 그 가족들은 다윗 때문에 벌어진 고통이기에 다윗을 응원하기보다는 그에게 불평과 원망을 쏟아 냈을 수도 있습니다. 다른 한

쪽은 말 그대로 환난을 피하여 숨은 자들이고, 빚을 못 갚아 도망친 자들이었으며, 억울한 일을 당했으나 해결할 수 없어 마음에 분노가 가득한 사람들이었습니다. 아둘람 굴에 모인 사람들은 고통당하는 자이고 실패와 절망으로 현실을 도피한 자들입니다. 아둘람이라는 장소 자체가 그런 사람들이 모여 숨는 곳입니다.

사실 그들은 다윗을 위하여 온 것이 아닙니다. 도망을 가다가 가다가 아둘람에 왔고, 와서 보니 다윗이 있었기에 그에게 자신을 맡긴 것뿐입니다. 다윗에게는 도움이 아니라 오히려 짐이고 부담입니다. 자신도 도망 중인데, 그들의 환난, 빚, 원통함까지 다윗이 져야 할지도 모르기 때문입니다.

'아둘람 굴에 모인 400명의 사람들'은 신약 성경에 기록된 '주님께서 부르시는 교회의 모습'과 너무나 비슷합니다. 바울은 고린도교회를 향하여 주님께서 교회로 부르신 자들의 모습을 이렇게 설명합니다.

형제들아 너희를 부르심을 보라 육체를 따라 지혜로운 자가 많지 아니하며 능한 자가 많지 아니하며 문벌 좋은 자가 많지 아니하도다 그러나 하나님께서 세상의 미련한 것들을 택하사 지혜 있는 자들을 부끄럽게 하려 하시고 세상의 약한 것들을 택하사 강한 것들을 부끄럽게 하려 하시며 하나님께서 세상의 천한 것들과 멸시받는 것들과 없는 것들을 택하사 있는 것들을 폐하려 하시나니

_고전 1:26-28

바로 아둘람 굴에 모여든 그 사람들과 똑같습니다. 아둘람 굴에 있는 사람들 중에는 지혜로운 자, 능한 자, 문벌 좋은 자 등 다윗에게 유익이 될 만한 자가 없었습니다. 오히려 그들은 미련하고 약하며 천하고 멸시받는 자들이었습니다. 겉으로 볼 때 자랑할 만한 사람이 하나도 없었습니다.

예수님께 모인 자들도 그런 사람들이었습니다.

저물어 해 질 때에 모든 병자와 귀신 들린 자를 예수께 데려오니 온 동네가 그 문 앞에 모였더라 _막 1:32-33

예수님께 온 사람들은 모든 병자와 귀신 들린 자였습니다. 나병환자, 걷지 못하는 자, 보지 못하는 자, 말 못하는 자, 더러운 세리, 부정한 여인, 이방인, 사람 대접받지 못했던 아이들이었습니다. 가난한 자, 아픈 자, 고통받는 자, 슬픈 자, 지친 자, 억울한 자들이 예수님께로 나아왔습니다.

다윗이 비참히 낮아졌습니다. 낮아져서 왕궁과 편안한 고

향 집을 떠나 거칠고 황량한 아둘람 굴로 갔고, 그곳에서 비참한 사람들이 그에게 피하였습니다. 예수님은 다윗과는 비교할 수 없을 정도로 높은 분이신데, 다윗과는 비교할 수 없을 정도로 낮아지셨습니다. 하나님이신 분께서 사람이 되셨습니다. 창조주가 피조물과 같이 되신 것입니다. 왕이신 분이 종이 되셨고, 거룩하신 분이 수치와 조롱을 당하셨으며, 아무 죄 없는 의인이 가장 더러운 죄인이 되셨고, 심판자가 심판을 받는 자리에 앉으셨습니다. 영광스러운 하늘 보좌를 버리고 내려와 낮아지셔서, 죽기까지 낮아지셔서 무덤에 들어가셨습니다. 낮은 자들이 스스로는 다가갈 수 없는 높으신 분이 스스로 낮아지셔서 낮은 자들에게 오심으로 비참하고 고통당하며 슬픔이 가득한 절망의 세상 속에 있는 사람들을, 낮은 자들을, 죄인들을 불러 모으셨습니다. 그리고 그들을 고치시고 회복시키시며 그들의 죄를 용서해 주셨습니다. 그 은혜를 받은 자들의 모임이 바로 교회입니다. 바로 우리의 이름입니다.

교회 안에는 많은 분들이 있습니다. 우리 중에는 실제로 다윗과 아둘람 굴에 모인 사람들처럼 큰 고통과 괴로움을 겪는 분도 있습니다. 그러나 한편으로는 학벌이 높은 분, 재산이 많은 분, 지위가 높은 분, 육체가 건강한 분도 있습니다. 다른 사람들이 보기에도, 그리고 자기 스스로도 아둘람 굴에 모인 사람들과 거리가 멀고, 바울이 언급한 모습과도 상관없어 보이는 분들이 있습니다.

그러면 그분들은 교회가 아닙니까? 겉으로 보이는 것이 전부가 아닙니다. 물질로, 지위로, 육체로, 세상의 관점으로는 정의할 수 없고 눈에 보이지 않는 비참함과 가난함과 고통이 있습니다. 이것이 진짜 고통이고, 이것이 비참함의 본질입니다. 바로 죄입니다. 우리 영혼의 고통이며, 마음의 괴로움입니다. 아무리 부하고, 높고, 건강해도, 죄의 유혹에 넘어지고 하나님을 부인하며 참된 구원과 영생의 기쁨을 누리지 못한다면, 하나님의 말씀에 귀를 막고 하나님과 함께하지 않으며 그저 세상을 좇아 살아가고 있다면, 가장 가난한 자요 가장 약한 자요 가장 비참한 자입니다.

우리는 아둘람 굴에 다윗과 함께 숨었던 그 사람들과 같습니다. 겉으로 보이는 모습과 상관없습니다. 저마다 가지고 있는 육체의 큰 고통과 누구에게도 말할 수 없는 삶의 어려움과 마음의 슬픔과 근심 때문에 그러합니다. 여전히 반복되는 죄악과 하나님을 믿지 못하여 염려하는 마음과 하나님은 멀리하고 세상은 기뻐하며 따라가려는 우리의 죄악 된 마음으로 말미암아 더욱 그러합니다.

그런데 바로 그러한 우리를, 필자와 당신을 주님께서 부르십니다. 주님께로 피하라고, 주님께로 숨으라고 주님께서 우리를 부르십니다. 우리를 주님께서 계신 은혜의 동굴로 부르십니다. 부르셔서 회복시키시고 구원하십니다. 그리고 주님은 구원하신 우리를 통하여 하나님 나라의 역사를 이루십니다.

다윗과 가족이 요단 서편 블레셋 땅에서 요단 동편 모압 땅으로 건너갑니다. 블레셋이나 모압이나 모두 이스라엘의 원수였습니다. 사울이 모압과 계속 전쟁을 해 왔습니다. 그런데 다윗이 모압으로 가서 모압 왕을 만나고 부모님을 맡깁니다(삼상 22:3, 4).

어떻게 이런 일이 가능했을까요? 어떻게 원수에게 부모님의 생명을 맡길 수 있습니까? 바로 아둘람 굴에 있던 사람들과 같았던 한 사람 때문입니다. 다윗보다 먼저, 100여 년 전에 아둘람 굴 사람들과 비슷한, 아니 그보다 더 비참한 형편을 겪었던 한 사람이 있었습니다. 바로 '룻'입니다. 룻이야말로 환난을 당했고 빚을 졌으며 마음의 원통함과 슬픔으로 가득 찼던 사람입니다. 남편도 죽고, 자식도 없고, 먹을 양식도 없이 홀로 된 시어머니 모시고 자신을 차별하고 멸시하는 땅으로 들어와야 했던 이방 여인이었습니다.

그런데 하나님께서 그녀를 부르셨습니다. 그리고 그녀가 하나님의 품으로 피하여 숨었습니다. 그 룻이 다윗의 증조할

머니가 되었습니다. 그 룻으로 말미암아 다윗 집안은 모압과 인척 관계가 되었으며, 다윗의 집이 구원을 받은 것입니다.

> 그러나 하나님께서 세상의 미련한 것들을 택하사 지혜 있는 자들을 부끄럽게 하려 하시고 세상의 약한 것들을 택하사 강한 것들을 부끄럽게 하려 하시며 하나님께서 세상의 천한 것들과 멸시받는 것들과 없는 것들을 택하사 있는 것들을 폐하려 하시나니 이는 아무 육체도 하나님 앞에서 자랑하지 못하게 하려 하심이라 _
> 고전 1:27-29

하나님의 사람의 능력은 육체와 지식과 문벌과 권력과 지위와 돈에서 나오는 것이 아닙니다. 하나님의 사람의 능력은, 그리고 우리의 능력은 예수님으로부터 나옵니다.

> 너희는 하나님으로부터 나서 그리스도 예수 안에 있고 예수는 하나님으로부터 나와서 우리에게 지혜와 의로움과 거룩함과 구원함이 되셨으니 기록된 바 자랑하는 자는 주 안에서 자랑하라 함과 같게 하려 함이라 _고전 1:30-31

나는 미련해도 내가 믿는 예수님이 지혜로우시니, 그 지혜로 세상의 지혜자들을 부끄럽게 할 수 있는 것입니다. 나는 약해도 나를 구원하신 예수님이 강하시니, 세상의 강자를 물리칠 수 있는 것입니다. 나는 천하고 멸시받고 약하여도 내가 믿고 나를 구원하신 예수님이 귀하시고 영광스러우시며 능력이 있으시니, 그 예수님으로 말미암아 세상의 모든 것들을 폐하고 그 영광 가운데로 나아갈 수 있는 것입니다. 그래서 우리는 하나님의 능력만, 예수 그리스도의 구원만 자랑하면 됩니다. 이를 위해 주님께서 우리를 그 비참함 가운데서 부르신 것입니다.

우리는 아둘람 굴에 숨었던 사람들보다 훨씬 더 복됩니다. 다윗과는 비교도 할 수 없는 분이, 다윗보다 훨씬 크신 분이, 다윗이 '주'라고 부르며 찬양하던 그분이, 바로 우리의 주님이시고 우리의 구원자이시며 우리의 대장이시기 때문입니다. 우리가 룻과 같다면, 아둘람 굴 사람들과 같다면, 하나님께서 우리를 오늘도 부르시고 새롭게 하셔서 이 은혜의 역사를, 하나님 나라의 역사를 이루어 가실 것입니다.

선지자 갓이 다윗을 향하여 선포합니다. "이 요새에 있지 말고 떠나 유다 땅으로 들어가라"(삼상 22:5). 고향으로, 약속의 땅으로, 하나님의 백성들에게로 돌아가라고 말합니다. 사실, 다윗을 살린 것은 모압과의 친인척 관계도, 모압 땅의 요새도 아니기 때문입니다. 유다는 단순히 다윗의 고향만은 아닙니다. 유다 지파에서 다윗이, 유다 지파에서 예수님이 나셨습니다. 예수님께 숨으라는, 오직 예수님께만 구원이 있다는 예언의 말씀입니다.

다윗은 유다로 피합니다. 요새가 아닌 수풀 속으로 들어갑니다. 아무리 강한 요새라 해도 하나님께서 함께하시는 수풀보다 결코 강할 수 없습니다. 아무리 약한 수풀이어도 하나님께서 함께하시면, 그 안에 그 어떤 것보다 강한 능력과 승리와 생명이 있습니다. 이 땅에서 가장 약한 모습으로 계셨던, 풀과 같이 약한 모습이셨던 예수 그리스도께서 우리에게는 모든 것보다 강하고 능하신 산성이시며 요새이십니다. 그분만이 우리의 보호자이십니다. 구원자이십니다.

오늘 우리에게도 이 말씀이 너무나 필요합니다. 동굴과 같은 시간을 보내고 있습니다. 주위를 둘러봐도 온통 공격뿐입니다. 거짓과 비난과 조롱이 가득합니다. 어둡습니다. 막막합니다. 어두운 전망들이 가득합니다. 주위를 둘러보아도 생명이 가득한 밭이 아니라 먼지뿐인 사막과 거친 바위뿐입니다. 동굴에 들어앉은 것 같습니다. 그러나 주님께서 우리를 부르십니다. 주님과 함께하는 동굴로 부르십니다. 그 동굴이 주님과 함께하는 아둘람 굴이라면, 이 굴은 회복의 동굴이고 소망의 동굴이며 능력과 역사의 동굴입니다.

　그러나 우리의 소망은 하나님께 있습니다. 요새가 아니라 하나님께서 함께하시는 수풀이 우리의 성입니다. 막막하고 컴컴한 동굴이 아니라 주님과 함께하는 회복과 은혜의 장소입니다. 그 은혜의 능력을 의지함으로 오늘을 살아가야겠습니다.

24 나와 함께 있으면 안전하리라
삼상 22:20-23

선지자 아히멜렉에게서 도움을 얻은 다윗은 아둘람 굴로 피했습니다. 그곳에서 고통당하고 환난을 당한 억울하고 빚지고 실패한 자들 400여 명을 만나 그들을 이끌게 됩니다. 그리고 다윗은 선지자 갓의 권면을 따라 유다 땅으로 돌아옵니다.

사무엘상 22장 6-19절을 보면, 다윗이 유다로 돌아왔다는 사실을 알게 된 사울의 분노는 폭발합니다. 그리고 이는 다윗을 도왔던 제사장 아히멜렉과 그에게 속한 많은 사람들을 죽이는 끔찍한 학살로 이어졌습니다. 그 비참하고 고통스러운 현장에서 아히멜렉의 아들 아비아달이 도망쳐 다윗에게 피했습니다. 본문은 바로 다윗이 아비아달의 생명을 보호하며 안전을 약속하는 장면입니다.

사울은 다윗과는 너무나 상반된 모습을 가지고 있습니다. 그는 기브아 높은 곳에 있습니다(삼상 22:6). 기브아는 사울 당시 이스라엘의 수도였습니다. '높은 곳'은 말 그대로 높은 곳이 거나 높은 권위의 자리를 의미할 수 있습니다. 실제로 왕궁과 왕좌는 항상 높은 곳에 있었습니다. 그의 손에는 단창, 즉 자신의 무기가 있었습니다. 그리고 그는 에셀나무 아래에 있습니다. 높은 곳만이 아니라 넓고 공개된 곳에 당당하게 있습니다. 그는 숨을 필요도 도망칠 필요도 없습니다. 그는 앉아 있었고, 주위에는 신하들이 서 있습니다. 아둘람으로 숨어들었던 패배자들이 아닙니다. 권력의 중심에서 힘과 부를 자랑하는 자들이 사울을 섬기며 함께합니다. 사울은 누가 봐도 여전히 막강한 이스라엘의 왕입니다. 여전히 그는 권위와 권력을 소유했고 무기가 충분했으며 강한 신하와 용사들이 그의 힘이 되었습니다.

반면에 다윗은 낮은 곳에서 무기를 빌려 숨어 다녀야 했습니다. 그의 주변에는 여전히 실패하고 무너진 자들, 다윗을 보호하기보다는 다윗이 돌봐야 할 자들이 있었고, 그들도, 다윗 자신도 여전히 도망자 신세였습니다. 겉모습만 놓고 보면, 다윗과 사울은 비교가 되지 않습니다. 사울은 월등하지만 다윗은 비참합니다. 사실 많은 사람들이 사울의 삶을 좋아하고, 다윗의 삶을 싫어합니다.

그러나 이 긴 갈등과 싸움은 완전히 다른 결과를 맺습니다.

사울은 사망과 저주로, 다윗은 생명과 영광으로 나아가게 됩니다. 이는 당연한 결과입니다. 그들이 누구와 가까웠고 누구와 동행했으며 누구의 말을 귀담아듣고 따랐는지를 살펴보면, 정말로 이 결과가 당연함을 인정할 수밖에 없습니다.

사울은 '에돔 사람 도엑'과 함께합니다(삼상 22:9). 유다에 다윗이 돌아오자 왜 아무도 자신에게 알려 주지 않았냐며 사울이 격노합니다(삼상 22:8). 도엑은 마침 놉 땅에서 다윗과 아히멜렉 사이에 있었던 일을 다 보고 들었습니다(삼상 21:7). 아무도 제대로 말하지 못할 때, 도엑은 그 일들을 모두 사울에게 말합니다. 분노한 사울이 신하들에게 제사장 아히멜렉과 그 사람들을 죽이라고 명합니다(삼상 22:16). 그러나 아무리 사울의 명령이고 그들이 사울의 신하여도, 하나님의 제사장들을 함부로, 그것도 억울하게 죽일 수는 없었습니다(삼상 22:17).

그러나 도엑은 전혀 거리낌이 없습니다(삼상 22:18-19). 도엑은 제사장들과 그들의 가족과 가축까지 다 학살합니다. 왜냐하면 그의 삶의 목적은 오직 자신의 출세와 성공뿐이기 때문입니다. 그리고 무엇보다 제사장을 죽이는 일의 걸림돌인 하나님을 향한 두려움이 그에게는 전혀 없었습니다. 그는 하나님을 모르는, 하나님에게는 전혀 신경을 쓰지 않는 이방인입니다. 하나님이 아닌 세상에 속한 사람입니다. 하나님은 그에게 전혀 고려 대상이 아니었습니다. 다른 사람들의 생명과 재산도 마찬가지입니다. 정의와 공평도 그에게는 중요하지 않았습니다. 오직 자신의 권력과 부를 위하여 무엇이든지 할 수 있었습니다. 하나님을 몰랐고, 그의 마음에는 오직 욕망만이 가득하여 욕망이라는 우상을 섬기는 사람이었습니다.

그런데 바로 그 도엑이 사울의 마음과 눈과 귀를 사로잡았습니다. 사울의 귀에는 도엑의 말만 들렸고, 오직 도엑만이 사울의 기쁨이었습니다. 사울이 하고 싶은 일을 다 이루어 주는 사람이 도엑이었습니다. 하나님 없이 오직 욕망만을 위하여 사는 도엑이야말로 사울이 꿈꾸고 바라는 삶이 아니었겠습니까! 귀찮은 율법과 종교의 규범을 벗고, 번거로운 윤리와 도덕의 부담을 털어 버리고, 철저히 자기 욕망만을 위하여 사는 도엑이야말로 사울에게는 어마어마한 대리 만족이었습니다. 그러나 만족은 대리였을지 몰라도 죄는 대리가 아닙니다. 사울은 지금 도엑을 통하여 너무나도 크고 무서운 죄를 저지르고 있습니다.

사울은 모든 것을 가진 사람입니다. 사람들이 욕망하고 꿈꾸며 부러워하는 모든 것을 소유했습니다. 그러나 그는 결국 아무것도 가지지 못합니다. 하나님을 떠났기 때문입니다. 하나님을 버리고 세상을, 그리고 도엑을 택했기 때문입니다. 그러나 다윗은 달랐습니다. 다윗은 아무것도 가지지 못했습니다. 그는 다 빼앗겼습니다. 그에게 있는 것은 칼 한 자루와 오합지졸 400명뿐입니다. 모두가 싫어하는 것을 그는 가졌습니다. 그러나 그는 모든 것을 누리는 것보다, 모든 것을 소유하는 것보다 더 많은 것을 더 풍족하게 소유하였고 누렸습니다. 하나님과 함께했기 때문입니다. 하나님께 피했기 때문입니다.

다윗에게는 무기도, 양식도, 집도 없었습니다. 그는 요새도 포기했습니다. 살기 위해서 자존심도 버리고 미친 척을 해야 했고, 굴로 숲으로 광야로 떠돌아야 했습니다. 앞으로도 더 그래야 합니다. 그는 강하지 않았습니다. 그는 약했습니다. 그는 부하지 않았습니다. 그는 가난했습니다. 그는 높은 곳에 앉지 않았습니다. 그는 낮은 곳에 엎드렸습니다. 그는 사람들 위에 군림하여 통치하지 않았고, 오히려 사람들과 함께하며 비참하고 고통당하고 슬픔에 빠진 사람들을 겸손히 섬겼습니다.

그러나 그의 귀는 하나님의 말씀에 열려 있었고, 그의 마음은 하나님을 향하여 집중되어 있었습니다. 그는 하나님으로 말미암아 기뻐하고 즐거워했습니다. 그는 하나님과 함께했기에 그의 비참한 일상은 고통이 아니라 영광이 되었고, 도망자의 삶은 패배가 아니라 승리의 삶이 되었으며, 하나님과 함께하기에 왕궁이 아님에도 거친 들도 거룩과 영광과 기쁨의 성전이 될 수 있었습니다. 그를 통해 하나님의 구원과 생명이 드러났고, 하나님께서 영광을 받으셨으며, 하나님의 나라가 펼쳐졌습니다.

이 다윗을 통하여 예수님의 구원 역사를 볼 수 있습니다.

> 그는 주 앞에서 자라나기를 연한 순 같고 마른 땅에서 나온 뿌리 같아서 고운 모양도 없고 풍채도 없은즉 우리가 보기에 흠모할 만한 아름다운 것이 없도다 그는 멸시를 받아 사람들에게 버림받았으며 간고를 많이 겪었으며 질고를 아는 자라 마치 사람들이 그에게서 얼굴을 가리는 것같이 멸시를 당하였고 우리도 그를 귀히 여기지 아니하였도다 _사 53:2-3

예수님은 약한 풀 같아서 고운 모양도, 볼만한 풍채도, 아름답고 흠모할 만한 것도 없으셨습니다. 그분은 영광이 아닌 멸시를 받으셨고, 사람들에게 존중이 아닌 버림을 받으셨으며, 부와 만족이 아닌 간고와 질고를 겪으셨고, 멸시를 당하셨으며, 심지어 우리도 그를 귀히 여기지 않았습니다. 그분은 여우도 있는 집이 없으셨고, 머리 누일 곳도 없으셨으며, 사랑하는 제자들에게는 배신을 당하셨고, 심지어 뜻을 모은 동포들과 이방인들에게 죽임을 당하셨습니다.

그분의 옆에는 권력자, 유력자, 높은 자, 귀한 자들이 아니라 낮은 자, 약한 자, 더러운 자, 비참한 자, 고통받는 자들이 항상 있었습니다. 그러나 예수님은 그들을 살리셨고 회복시키셨으며 영광과 생명으로 그들을 띠 띠우셨습니다.

> 주 여호와의 영이 내게 내리셨으니 이는 여호와께서 내게 기름을 부으사 가난한 자에게 아름다운 소식을 전하게 하심이라 나를 보내사 마음이 상한 자를 고치며 포로 된 자에게 자유를, 갇힌 자에게 놓임을 선포하며 여호와의 은혜의 해와 우리 하나님의 보복의 날을 선포하여 모든 슬픈 자를 위로하되 무릇 시온에서 슬퍼하는 자에게 화관을 주어 그 재를 대신하며 기쁨의 기름으로 그 슬픔을 대신하며 찬송의 옷으로 그 근심을 대신하시고 그들이 의의 나무 곧 여호와께서 심으신 그 영광을 나타낼 자라 일컬음을 받게 하려 하심이라 _사 61:1-3

가난한 자, 마음이 상한 자, 포로 된 자, 갇힌 자, 슬퍼하는 자, 근심하는 자, 의와 거룩과 영광을 잃어버려 근심하고 슬퍼하며 넘어지고 낙심한 자에게 복음을 주시고, 성령을 부어 주심으로 고치시고 자유하게 하시며, 기쁨과 감사와 찬송의 옷을 입히시고, 영광의 관을 씌워 주신다고 약속하십니다. 그리고 이를 이루어 주셨습니다.

다윗의 삶과 예수님의 길은 세상이 보기에는 실패한 길이었고, 지는 길이었습니다. 비참한 길이었습니다. 어느 누구도 가려 하지 않는 길이었고, 싫어하는 길이었습니다. 그러나 그 길은 생명의 길이었고, 영광의 길이었습니다. 사울을 이기는 승리의 길, 죄와 사망을 이기는 승리의 길이었습니다. 그리고 구원의 길이었습니다. 사울은 사망으로 나아가지만, 다윗은 사람을 살렸습니다. 예수님은 우리를 구원하셨습니다.

우리는 어느 길로 가고 있습니까? 당신은 어떤 길을 가기를 원합니까? 오늘날 우리는 알게 모르게 자꾸 사울의 길로 가려고 합니다. 그러나 사울의 길은 우리의 길이 아닙니다. 우리의 길은 다윗의 길이며 예수 그리스도의 길입니다. 하나님과 함께하는 믿음의 길입니다.

당신은 누구와 함께합니까? 누구의 말에 귀를 기울입니까? 우리의 눈과 귀와 마음이 하나님께로 향해야 합니다. 우리 안에 몰래 숨겨 놓은 '에돔 사람 도엑'을 끊어 내십시오. 죄악의 대리 만족은 대리가 아니라 죄에 동참함입니다. 범죄입니다.

우리의 말과 행동과 삶이 하나님으로부터 나와야 합니다. 세상과 동일한 삶, 세상과 같은 삶이 아니라 구별되는 복음의 삶으로 나아오십시오. 우리 삶의 비전과 목표가 하나님의 영광을 위하여 나아가야 합니다. 하나님과 함께해야 합니다. 예수 그리스도 안에서 성령님의 능력을 힘입어 주님을 향한 삶으로 이제는 바뀌어야 합니다. 왜냐하면 그곳에 생명이 있기 때문입니다.

다윗이 도망쳐 온 아비아달에게 약속합니다. "네가 나와 함께 있으면 안전하리라"(삼상 22:23). 다윗보다 크신 분, 다윗이 주라고 부르며 찬송을 올려 드린 그분 예수 그리스도께서 우리에게도 동일하게 말씀하십니다. '나에게 오라. 쉬게 하리라. 나와 함께하면 생명을 얻으리라.'

우리는 코로나 19 탓에 육적으로 영적으로 너무나도 힘들고 어려운 시기를 보내고 있습니다. 이때에 우리는 우리 신앙의 본질을 확인하고 그 본질을 더욱 견고히 붙잡아야 합니다. 안 그러면 자꾸 사울의 길로 가게 됩니다. 잘못된 길로 들어서게 됩니다. 우리가 본질을 붙잡고 있다면, 이 혼란을 이겨 낼 뿐만 아니라 이 혼란 이후에 더욱 견고히 서게 될 것입니다. 문제의 해결은 본질에 있습니다.

그 본질이 무엇입니까? 예수 그리스도입니다. 그분의 생명의 복음입니다. 하나님께 피하여 숨는 것이며, 그분의 도움을 간구하는 것입니다. 신자의 생명과 회복과 해결책은 예수 그리스도의 복음에 있습니다. 우리를 부르시는 하나님 아버지의 사랑과 우리를 구원하신 예수 그리스도의 십자가와 우리에게 힘을 주셔서 구원의 능력으로 살게 하시는 성령님의 도우심이 우리의 본질이며 교회의 본질입니다.

사실, 모든 문제의 해결은 복음에 있습니다. 복음 안에서 나의 약함과 모자람과 실패와 좌절과 절망을 보고, 예수 그리스도 앞으로 이 모든 짐을 가져와 주님 앞에 내려놓을 때, 사랑과 인자와 자비의 주님께서 우리를 건지시고 회복시키시며 우리에게 새 힘을 주십니다. 복음이 우리의 힘이고 능력이며, 구원이고 생명입니다. 그 복음의 본질 안에서 승리와 영광과 기쁨을 누리시며, 우리 앞에 놓인 길을 다윗처럼 하나님과 함께 나아가십시오.

25 그러나 하나님은
삼상 23:6-14

사울은 외적으로 여전히 건재한 이스라엘의 왕이었습니다. 그
러나 실제로는 하나님으로부터 멀어지고 있었고, 동시에 왕의
사명에서도 멀어지고 있었습니다. 다윗을 죽이려는 광기에 사
로잡힌 사울은 이스라엘의 왕의 책임과 자격을 다 잃어버리고
말았습니다. 그는 왕이었지만, 사실은 왕이 아니었습니다.

반면에 다윗은 사울을 피하여 이리저리 도망을 다니고 있
습니다. 하나님께서 사무엘을 통하여 머리에 기름을 부으시고
왕으로 세우신 지 벌써 상당한 시간이 흘렀지만, 여전히 편안
한 집에 머물지도, 좋은 옷을 입지도 못한 채로 여기저기 떠돌
며 방황하고 있습니다. 그러나 다윗은 하나님께로 더더욱 가
까워지고 있습니다. 그는 끊임없이 하나님께 피했고 하나님을
의지하였으며 하나님 안에 거하기를 기뻐했습니다. 비록 겉모
습은 왕이 아니었지만, 다윗은 이미 왕의 사명을 감당하는 하

나님의 사람으로 우뚝 세워지고 있었습니다. 그러나 그 사명을 감당하는 데는 저항이 있었고, 그 저항을 극복하여 마침내 하나님의 일을 이루는 그 과정이 사무엘상 23장에 기록되어 있습니다.

블레셋 사람들이 유다의 성읍인 그일라를 쳐서 곡식을 탈취하였다는 소식을 다윗이 들었습니다(삼상 23:1). 블레셋을 물리치고 이스라엘 백성들을 구원하는 일은 하나님께서 명령하신 이스라엘 왕의 사명입니다. 지금 그 사명이 다윗 앞에 나타난 것입니다. 사실 다윗은 바로 이 일을 위하여 기름 부음을 받았습니다. 다윗이 해야 할 일입니다. 그리고 이 일을 잘 처리하면, 다윗의 입지가 이스라엘 안에서 회복되어 이전보다 훨씬 올라갈 수 있습니다. 더 많은 인기와 인정을 얻을 수도 있습니다. 그에게는 정당성이 있습니다. 이미 많은 사람들이 다윗이 왕이 될 것임을 알고 있습니다. 사울은 제 역할을 못합니다. 정치적, 영적 정당성이 다윗에게는 충분합니다. 같은 민족의 고난을 보며 구원의 일을 행해야 하는 당위성도 그에게는 있습니다. 다윗에게 절호의 기회가 온 것입니다.

만약 당신이 다윗의 상황이라면 어떻게 하겠습니까? 당장 전쟁을 시작하지 않겠습니까? 절호의 기회를 놓치지 않기 위해 움직이지 않겠습니까? 그러나 다윗은 그렇게 움직이지 않습니다. 다윗은 먼저 하나님께 기도합니다. 아무리 모든 상황과 여건이 긴급하고 자신을 지지하고 있으며 자신에게 필요하고 유익하다 해도, 다윗에게는 상황과 자신의 판단이 하나님의 뜻보다 앞설 수 없었습니다. 그는 먼저 신중히 하나님께 기도합니다. 다윗 자신의 뜻이 아닌 하나님의 뜻을 이루어야 하기 때문입니다. 자신에게 주어진 왕의 사명은 자신의 것이 아니라 하나님께서 당신의 뜻과 나라를 이루시기 위하여 그에게 주신 하나님의 것이기 때문입니다.

때로는 우리의 판단이 조급하여 하나님의 뜻보다 앞설 때가 있습니다. 그러나 하나님을 우리의 시간에 맞추는 것이 아니라 하나님의 시간에 우리를 맞추어야 합니다. 왜냐하면 하나님의 일이고 하나님의 뜻이며 그때가 가장 좋은 때이기 때문입니다. 그래서 우리는 무엇보다 먼저 기도해야 합니다. 하나님의 때가 맞는지 확인하고, 하나님의 시간 속에서 우리가 움직이기를 기도해야 합니다.

하나님께서 다윗의 기도에 응답하십니다. 전쟁을 허락하시고, 승리를 약속하십니다. 그러나 다윗은 바로 전쟁을 시작할 수 없었습니다. 다윗의 사람들이 반대했기 때문입니다(삼상 23:3). 이 '다윗의 사람들'은 누구일까요? 놉 땅에서 제사장 아히멜렉이 준 성전의 떡을 같이 먹은 '소년들'일 수도 있고(삼상 21:4), 아둘람 굴로 숨어들었던 400명일 수도 있습니다(삼상 22:2). 그들이 누구이든 상관없이, 당시 상황에서 다윗을 따른다는 것은 상당한 결단과 헌신, 그리고 각오가 있어야 하는 일입니다. 즉, 다윗은 그들을 쉽게 외면하거나 무시할 수 없었습니다. 더하여 그들의 반대는 매우 합리적입니다(삼상 23:3). 그들의 말대로 유다에 있는 것도 위험한데, 블레셋 사람들을 치는 전쟁은 감히 엄두를 못 낼 일입니다.

그러나 딱 한 가지가 그들의 말과 논리 속에 빠져 있습니다. 바로 하나님의 뜻입니다. 다윗은 기도했지만, 그들은 기도하지 않았습니다. 그래서 그들은 하나님의 뜻도, 하나님께서 다윗에게 명하신 사명도 알지 못했습니다. 그들은 철저히 자신의 이성에 따라 현실을 합리적으로 판단할 뿐입니다. 이러한 그들을 향하여 다윗은 화를 낸다거나 그들과 논쟁하지 않았고, 그들을 무시하거나 버리지도 않았습니다. 다만 다윗은 또다시 하나님께로 나아가 기도합니다.

그들이 아무리 영향력이 있고, 그들의 말이 아무리 합리적이어도 다윗에게는 그 어떤 것도 하나님의 뜻보다 앞설 수 없었습니다. 다윗은 다시 하나님의 뜻을 묻습니다. 그리고 하나님께서 응답하시자 순종하여 나아갑니다. 그 사이에 하나님은 모두의 마음을 움직이셨고, 결국 다윗과 모든 사람은 승리합니다.

하나님께서 우리에게 맡기신 사명이 있습니다. 그 사명이 우리의 눈에 보이고 귀에 들릴 때가 있습니다. 너무나 긴급해 보이고 중요한 사명이 우리의 등을 떠밀고, 우리의 마음속에 헌신이 불처럼 타오를 때가 있습니다. 그러나 그때에 가장 가까운 사람들, 나에게 가장 큰 영향을 끼치는 사람들의 합리적인 반대와 방해가 있을 수 있습니다. 그럴 때는 정말 온몸의 힘이 쭉 빠집니다. 그러나 그러한 때에도 우리의 중심은 하나님을 향해야 합니다. 하나님 없는 세상의 이치와 합리성이 아니라 조금 늦더라도, 번거롭더라도 하나님과 함께하는, 하나님의 사람들과 함께 걷는 믿음의 걸음을 택해야 합니다. 기도로 사명의 걸음을 떼어야 합니다. 그때에 비로소 우리는 하나님께서 우리에게 맡기신 사명을 온전히 감당할 수 있습니다.

다윗이 그일라에서 블레셋을 크게 물리쳐 그일라 사람들을 구원했습니다. 그러나 또 다른 어려움이 곧 닥쳐 왔습니다. 바로 그일라 사람들입니다. 다윗의 전쟁과 승리의 소식을 사울이 듣습니다. 그리고 다윗을 잡으려고 군사들을 그일라로 보내 성읍을 포위합니다(삼상 23:8). 사울은 단순히 성읍을 둘러싼 것이 아니라 놉 땅의 선지자들을 죽였듯이 그일라 사람들도 죽이려 했습니다(삼상 23:10). 왕이 자기 백성들을 죽이려는 것입니다. 이미 사울은 왕으로서의 정체성, 사명, 의무를 다 잃어버렸습니다. 그는 왕의 자격을 상실했습니다.

그러한 위험이 닥쳐오자 그일라 사람들이 다윗을 버립니다. 하나님께서 그일라 사람들이 그를 사울에게 넘길 것이라고 다윗에게 말씀하십니다(삼상 23:11-12). 그들을 위하여 온갖 어려움과 위험을 무릅쓰며 목숨을 걸고 전쟁을 한 다윗을 버리고, 도리어 자신들을 위협하는 사울에게 항복합니다. 그들을 위해 왕의 사명을 감당한 다윗은 버리고, 왕의 사명을 잃어버린 사울에게 순종합니다.

어쩌면 이는 당연한 일입니다. 사울이 놉 땅의 제사장들을 학살한 것을 그일라 사람들도 알고 있었을 것입니다. 그들은 자신들의 목숨을 보전하기 위해 그러한 선택을 할 수밖에 없었습니다. 두려움과 공포에 사로잡힌 그일라 사람들은 눈에 보이는 현실에 집착할 수밖에 없었습니다. 그들은 누가 하나님께서 세우신 왕인지, 누가 하나님의 뜻에 합한 사람인지, 무엇이 하나님의 뜻인지 생각하지 못했습니다. 그들은 그저 눈앞에 벌어진 현실로만 판단하고 생각하여 다윗을 사울에게 건네주려고 합니다.

그때 다윗이 무엇을 했습니까? 그일라 사람들을 원망하지 않았습니다. 자신을 배신한 그일라 사람들을 향하여 복수의 칼을 들지도 않았습니다. 다윗은 또다시 하나님께로 나아갑니다. 하나님의 뜻을 묻기 위하여 아비아달이 들고 온 에봇을 찾습니다(삼상 23:9). 그리고 하나님께 또다시 기도합니다. 다윗은 사명의 벽을 만날 때마다 하나님께 돌아갑니다.

결국 그일라 사람들의 시도도, 사울의 공격도 모두 실패로 돌아갑니다. 다윗은 또다시 광야로 도망가야 했지만, 하나님께서 그를 지키셨기에 그 누구도 다윗을 해할 수 없었습니다. 사울이 매일 다윗을 찾았습니다. 그러나 하나님께서 다윗을 붙드셨기에, 하나님께서 다윗을 지키셨기에 그는 안전했습니다(삼상 23:14).

주님의 교회를 위하여, 가정을 위하여, 섬기는 모든 공동체를 위하여, 이 나라를 위하여 하나님께서 우리 한 사람 한 사람에게 맡기신 거룩하고 영광스러운 사명이 있습니다. 우리는 그 사명을 완수하여 하나님께 영광 올려 드리기를 소원하며 그렇게 살아가려고 합니다. 그런데 그 사명을 완수하는 일이 사람들에게 전혀 지지를 받지 못할 때가 있습니다. 다윗의 사람들이 다윗의 뜻에 반대했습니다. 그러나 이제는 반대 정도가 아닙니다. 그일라 사람들은 다윗을 사울의 손에 넘기려 합니다. 그들을 위하여 전쟁을 감당한, 그들을 위하여 하나님께서 맡기신 사명을 충성스럽게 감당한 다윗을 죽음의 자리로 몰아넣으려고 합니다. 이런 배신, 이런 배은망덕이 어디에 있습니까?

하나님께서 맡기신 사명을 감당할 때, 우리도 다윗과 같은 어려움을 만나게 됩니다. 최선을 다하여 하나님의 일을, 하나님께서 맡기신 사명을 감당했는데 결과도 안 좋고, 사람들이 오히려 나를 비난하고 공격할 때가 있습니다. 하나님의 나라와 사람들을 위하여 애쓰고 땀 흘린 나의 눈물과 기도와 수고를 아무도 알아주지 않을 때가 있습니다. 그때 우리는 힘이 빠집니다. 절망하고 낙심하며 하나님께서 우리에게 맡기신 모든 사명을 의심하게 됩니다.

원래의 본문 제목은 '아무도 알아주지 않을 때'였습니다. 아무도 우리의 수고와 헌신을 알아주지 않을 때, 도리어 비난과 공격을 받을 때도 있습니다. 그러나 아무도 우리를 알아주지 않을 때에도 하나님은 우리와 함께하십니다. 사울이 매일 다윗을 추격했습니다. 그러나 하나님은 다윗을 지키셨습니다.

And Saul sought him every day, but God did not give him into his hand _삼상 23:14, ESV

다윗은 바로 그 하나님께 나아갔습니다. 현실의 벽 앞에, 사명의 위기 앞에 절망하거나 사람의 도움을 청하거나 세상의 방법을 택한 것이 아니라, 하나님께 돌아가 하나님 앞에 무릎을 꿇고 기도했고 하나님의 뜻을 구했습니다.

우리도 또다시 하나님께 나아가야 합니다. 세상 모두가 우리를 알아주지 않는다 해도 하나님은 알고 계십니다. 아무도 알아주지 않을 때, 모두가 외면하고 비난하며 알아주지 않을 때, 하나님은 우리를 알아주십니다. 그리고 우리에게 알려 주십니다. 우리를 아시는 하나님께서 우리에게 가장 필요한 길을 알려 주십니다. 그 길을 걸을 힘을 주시며 지켜 보호하시고 인도해 주십니다.

그 하나님께 돌아가야 합니다. 기도의 자리로 돌아와야 합니다. 그때 우리가 하나님께서 우리에게 맡기신 이 거룩하고 영광스러운 사명을, 직분을, 사역을, 교회를, 믿음의 인생을 감당할 수 있습니다.

믿음의 길이 무엇입니까? 믿음의 길을 간다는 것이 무엇입니까? 세상에서 잘 먹고 잘사는 것입니까? 세상의 큰 권력을 얻어서 권세를 부리는 것입니까? 아닙니다. 믿음의 길은 세상과는 다른 길을 가는 것입니다. 세상과는 다른 목적, 다른 비전을 향하여 간다는 것입니다. 세상 사람들이 걷지 않는 길을 걷는 것입니다. 세상과는 다른 방법을 택하는 것입니다. 세상이 의지하는 힘이 아닌 다른 힘으로 산다는 것을 말합니다.

노아는 세상의 조롱과 비아냥 속에서도 묵묵히 믿음의 길을 걸어갔습니다. 아브라함은 그렇게 고향 친지를 떠나 알 수 없는 곳을 향하여 묵묵히 믿음의 길을 걸어갔습니다. 요셉은 알수 없는 가운데 극심한 고통과 두려움의 눈물을 흘리면서 그길을 걸어갔습니다. 예수님께서 그렇게 걸어가셨습니다. 사람들의 온갖 조롱과 미움과 채찍과 침 뱉음에도 하나님께서 말씀하신 십자가의 길로 나아가셨습니다. 바울, 스데반, 베드로, 요한이 그랬습니다. 우리 믿음의 조상들이 그러했습니다. 하나님과 함께 하나님의 뜻을 구하며, 하나님의 도우심을 의지하며 그 믿음의 길을 걸어갔습니다.

다윗을 통하여 오늘 우리의 현실을 보게 됩니다. 하나님을 모르는 사람들의 반대가 있습니다. 사람들이 수고와 노력과 헌신을 알아주지 않을 뿐만 아니라 다윗은 오히려 비난과 조롱을 당하는 현실을 살아갑니다. 그런데 그 모습이 원래 믿는 자의 모습이었고, 교회가 살아온 현실이었습니다.

우리는 믿음의 길을 걷는 사람들입니다. 다윗처럼 하나님을 의지하며, 묵묵히 담담히 이 길을 걸어갈 뿐입니다. 하나님께서 지키시니 하나님께서 당신의 때에 우리를 통하여 당신의 일을 이루시고, 당신의 뜻을 이루시며, 당신의 나라를 이루실 것입니다.

26 기도, 하나님께 맡기는 삶
삼상 24:1-7

사울은 다윗이 엔게디 광야에 있다는 소식을 듣고 군사들을 이끌고 쫓아옵니다. 사울이 잠시 볼일을 보려고 굴로 들어갔을 때, 마침 그 굴속에 다윗과 다윗의 사람들이 숨어 있었습니다. 다윗에게 절호의 기회가 찾아왔습니다. 지금 습격하면 사울을 죽일 수 있습니다. 다윗은 개인적으로도 길고 고통스러운 도망과 방황의 시간을 마무리할 수 있습니다. 어차피 그는 왕이 될 사람입니다. 이제 왕의 자리, 자신의 자리에 앉을 수 있습니다. 사울은 다윗 개인에게만이 아니라 이스라엘 전체에게도 골칫덩어리입니다. 그는 왕으로서의 사명을 제대로 감당하지 못합니다. 백성들을 보호하기는커녕 오히려 백성들을 비탄에 빠뜨리고 있습니다. 이제는 사울이 왕 직을 내려놓는 것이 백성들에게도 유익합니다.

다윗의 사람들의 말대로 하나님께서 주신 기회 같았습니

다. 이 기회를 놓친다면 또다시 얼마나 긴 고통의 시간을 보내야 할지 알 수 없습니다. 이 기회를 잡아 행동을 취하는 것, 즉 사울을 죽여 다윗 자신과 이스라엘 백성들을 구하는 것이 옳은 일이고 좋은 일입니다. 아무도 그를 비난하지 않을 것이고 오히려 지지할 것입니다. 그러나 다윗은 눈앞에 온 기회를 포기합니다. 그러고는 사울의 옷자락을 가만히 베기만 합니다. 그마저도 심한 양심의 가책으로 괴로워합니다.

왜 그는 거기서 멈추었을까요? 다윗은 하나님께서 기름 부으신 자를 자신이 치는 것이 합당하지 않다고 여겼습니다. 하나님께서 세우신 자이니 하나님께서 해결하실 것을 믿고 그는 물러선 것입니다. 다윗이 자신의 눈앞에 펼쳐진 현실을 판단할 때의 기준은 자기 자신도, 사울도, 주변 사람들의 조언도 아니었습니다. 그의 판단 기준은 오직 하나님이었습니다. 그래서 그의 결론은 이 모든 일을 하나님의 손에 맡기는 것이었습니다. 하나님께서 왕으로 세우셨으니 그를 왕의 자리에서 내리실 분도 하나님이심을 믿었습니다.

이는 역으로 다윗이 자기 자신을 향한 하나님의 뜻을 신뢰했다는 증거이기도 합니다. 하나님께서 자신에게 왕의 자리를 약속하시고 기름을 부으셨으니 자신을 왕으로 세우실 것이고, 사울을 왕의 자리에서 내리실 것도 믿은 것입니다. 다윗은 하나님께 모든 것을 맡겼습니다. 사울에 대한 처분도, 자신의 미래도 하나님께 맡기고, 자신은 뒤로 물러섰습니다.

그렇다면 다윗은 지금 아무것도 하지 않은 것입니까? 다윗은 지금 무기력하게, 자신이 해야 할 일에 무책임하고 비겁하게 현실을 외면하고 도피하고 있는 것일까요? 하나님께 모든 것을 맡기는 것이 과연 그러한 것입니까? '하나님께 맡긴다'는 것은 '기도'의 정의이기도 합니다. 실제로 기도는 하나님께 맡기는 것입니다. 그러므로 지금 다윗은 아무것도 하지 않은 것이 아니라 하나님 앞에 기도한 것입니다. 하나님께 기도했습니다.

가끔 '기도만 하고 아무것도 하지 않는다. 기도만 한다고 무슨 일이 이루어지느냐?'라며 교회와 그리스도인들을 향해 비난하고 질책하는 소리를 들을 때가 있습니다. 이 말은 어떻게 들으면 맞는 것 같지만, 사실은 완전히 틀렸습니다. 불신자들, 기도가 무엇인지 모르는 분들은 이런 말을 할 수 있습니다. 기도란 하나님께 맡겨 드리는 것인데, 그 하나님이 어떤 분이신지 모르니 당연히 이런 말을 할 수 있습니다. 그러나 그리스도인이 이런 말을 하고 이런 생각을 하는 것은 진지하게 다시 생각해 봐야 할 문제입니다.

'기도만 하고 아무것도 하지 않는다. 기도만 한다고 무슨 일이 이루어지느냐? 왜 아무것도 하지 않고 기도만 하고 있느냐?' 무엇보다 우리는 이런 말을 할 만큼 충분히, 그리고 많이 기도하지 않습니다. 안타깝지만 이것이 우리의 현실입니다. 모든 일을 전폐하고, 모든 가능성과 방법을 포기하고, 오직 기도에만 집중하여 매달리는 그런 기도가 우리에게 드물었습니다. 좀 더 심각한 문제가 이 말에 담겨 있습니다. 그리스도인이지만 하나님을 모를 때, 기도가 무엇인지 정확히 알지 못할 때, 그리스도인이면서도, 기도를 하면서도 이런 말을 하게 됩니다.

기도가 무엇입니까? 칼뱅은 기독교 강요 제3권 20장의 제목을 '기도: 믿음의 주요 활동, 그리고 기도로써 얻는 일상적인 유익'이라고 정하여 기도를 설명했습니다.[9] 기도는 믿음의 가장 분명한 증거이며 표시입니다. 그래서 기도하지 않는 것은 여러 활동 중에 하나를 하지 않는 것이 아니라 실제로는 하나님을 믿지 않는 것입니다. 하나님을 믿지 않으니 하나님께 의지하지도 맡기지도 않으며, 하나님을 의지하지 않으니 기도하지 않는 것입니다. 하나님을 믿지 않는 자는 기도할 수 없습니다.

---

9 존 칼빈, 「기독교강요(중)」, 원광연 역(고양: 크리스챤다이제스트, 2003), 416.

'기도하는 것'이 과연 '아무것도 하지 않는 것'일까요? 정말 아무 일도 일어나지 않는 공중을 향한 공허한 외침인가요? 기도의 깊은 골짜기로 숨어들어가 하나님을 뵙는 것이 무기력한 현실 도피일까요? 세상의 모든 수단과 방법과 도구와 주장에서 잠시 마음과 눈과 귀를 돌려 오직 하나님께만 내 마음과 생각과 모든 지각을 집중하는 것이 아무것도 하지 않는 무기력한 신자의 모습일까요?

아닙니다. 결코 그렇지 않습니다. 하나님께서 살아 계신데, 살아 계신 하나님께서 그 기도를 들으시는데, 어떻게 그 기도가 공허한 외침으로 공중에 흩어질 수 있겠습니까! 기도는 신자가 이 땅에서 할 수 있는 가장 적극적이며 확실한 신앙 활동입니다. 우리는 하나님을 찾을 때, 하나님께 기도할 때, 가장 강력하고 실제적인 믿음의 역사를 경험하게 됩니다. 하나님께서 우리의 기도를 통하여 당신의 일을 이루시기 때문입니다. 부족하고 모자라며 미련한 나는 멈추고, 전지전능하신 하나님께서 당신의 일을 시작하시는 시작점이 바로 기도이기 때문입니다.

우리는 기도할 때 아무 말이나 하고 싶은 말을 쏟아 내지 않습니다. 기도는 하나님께 드리는 간구입니다. 그러므로 기도는 하나님의 뜻 밖에 있을 수 없습니다. 기도의 내용은 성경 안에 있어야 합니다. 십계명이 가장 좋은 예입니다. 하나님은 우리에게 '부모를 공경하라'라고 명령하셨습니다. 그렇다면 우리의 기도는 '부모를 미워하고 불순종하는 악한 욕망'이 될 수 없습니다. 그렇게 기도한다고 해도 하나님께서 응답하실 리가 없습니다. '이웃을 네 몸과 같이 사랑하라'라고 명령하셨으니 '이웃을 미워하고 증오하며 망하기를 바라는 소원'이 기도가 될 수 없고, '하나님을 사랑하라' 말씀하셨으니 '하나님을 미워하고 하나님의 뜻에 반하며 죄를 사랑하고 누리는 소원'이 기도가 될 수 없습니다.

기도는 그저 정화수를 떠놓고 정성을 들여 소원을 비는 것이 아닙니다. 기도는 하나님과의 인격적인 관계 안에서 이루어지는 하나님과 우리 사이의 상호 작용입니다. 우리는 지각이 없고 말도 못하며 생각도 할 수 없고 스스로는 움직일 수도 없는, 돌과 쇠로 만들거나 종이에 그려 놓은 우상에게 비는 것이 아닙니다. 하나님은 인격적이십니다. 지혜와 지식이 완전하시고 뜻과 계획이 선하시며 능력에 모자람이 없으신 분입니다. 기도는 바로 그 하나님 앞에 나아가는 것입니다. 그러므로 우리의 기도는 하나님의 뜻, 하나님의 말씀 안에 있어야 합니다. 또한 기도의 응답은 우리가 결정하는 것이 아니라, 우리의 정성과 노력과 수고와 형식과 방법에 따라 좌우되는 것이 아니라, 하나님께서 당신의 뜻에 따라 정하시는 하나님의 역사입니다.

기도는 하나님께서 우리에게 허락하신 하나님의 일입니다. 기도는 바로 그 하나님의 뜻이 우리의 삶 가운데 이루어지는 은혜의 통로이며 하나님의 도구입니다. 기도는 내 것이 아닙니다. 내가 원하는 것을 얻기 위하여 하나님 앞에서 사용하는 내 도구가 아니라, 하나님께서 당신의 뜻을 당신 자녀들의 삶과 현실 안에서 이루시는 하나님의 것입니다. 하나님께서 우리를 통해 사용하시는 하나님의 것입니다. 하나님의 도구입니다. 우리는 하나님의 도구인 기도를 하나님께 받아 하나님의 뜻을 이루기 위하여 사용하는 것뿐입니다.

그래서 기도는 삼위일체 하나님의 역사입니다. 성부 하나님께, 예수 그리스도의 이름으로, 성령님의 도우심 가운데 나를 삼위일체 하나님께 드리는 것, 성부 하나님의 사랑과 예수 그리스도의 십자가의 구속과 성령님의 힘 주심을 실제로 경험하고 누리는 그것이 바로 기도입니다. 기도는 내 소원을 이루는 도구가 아니라 하나님께서 당신의 뜻을 이루시는 도구이며, 더 나아가 우리가 하나님과 사귈 수 있고 하나님과 실제적인 깊은 교제를 누리는 하나님과의 소통 도구입니다.

그러므로 우리가 하나님의 뜻 안에서 기도할 때, 우리의 삶

안에 그 기도는 응답되며 우리의 삶을 구체적으로 바꾸어 갑니다. 기도만 하고 아무것도 하지 않는 일은 없습니다. 기도하고 아무것도 일어나지 않는 것이 아닙니다. 기도는 하나님의 말씀으로부터 나오며, 우리를 하나님과 사귀게 하여 우리의 삶을 하나님의 말씀으로 변화시킵니다. 기도는 '변화'입니다.

우리가 기도할 때 '사랑'을 위하여 기도한다면, 우리의 삶은 '사랑을 행하는 삶'으로 바뀌게 됩니다. 사랑을 간구하면서 미움을 행할 수는 없습니다. '정의'를 위하여 기도한다면, 정의를 행합니다. '용서'를 위하여 기도한다면, 용서를 행합니다. 자녀를 위하여 기도하는 부모는 자녀를 위하여 살고, 부모를 위하여 기도하는 자녀는 부모를 위하여 그 삶을 살아갑니다. 하나님의 나라와 하나님의 뜻을 위하여 기도한다면, 그 삶이 하나님의 나라와 하나님의 뜻을 이루어 가는 삶으로 바뀌는 것입니다. 내 뜻이 이루어지는 것이 아닙니다. 하나님의 뜻을 하나님의 말씀 안에서 깨달아 간구할 때에, 하나님께서 내 삶 가운데 당신의 뜻을 이루시는 가장 역동적이고 적극적이며 능력 있는 주님의 역사가 기도를 통하여 일어납니다.

다윗이 하나님 앞에 모든 것을 맡겨 드렸습니다. 다윗은 하나님 앞에 기도했습니다. 그리고 어떤 일이 벌어졌습니까? 만약 다윗이 그 굴에서 사울을 죽였다면, 다윗은 평생 비겁하고 교활한 사람으로 살아야 했을 것입니다. 그는 합당한 절차를 통해 세워진 왕을 암살한, 그리하여 불법적으로 왕권을 빼앗은 악인이 되고 말았을 것입니다. 사울의 잔존 세력들과의 피비린내 나는 내전으로 확대됐을지도 모릅니다. 자기 백성을 죽이는 사울의 죄를 다윗도 저지를 수 있었습니다.

그러나 다윗이 하나님의 손에 이 모든 일을 맡겼을 때 놀라운 일이 일어났습니다. 비록 사울은 앞으로도 계속 다윗을 추격하며 죽이려 합니다. 그러나 드디어 사울의 입에서 다윗을 왕으로 인정하는 말이 나옵니다. 사울이 다윗을 왕으로 인정하며, 그의 걸음을 인정합니다. 사울이 드디어 하나님의 뜻을 인정합니다(삼상 24:19-20). 하나님의 때에, 하나님의 방법으로, 모두에게 가장 좋은 결과로, 가장 선하게 하나님의 뜻이 이루어졌고 하나님의 나라가 세워졌습니다.

기도는 신자의 가장 강력한 능력입니다. 천지 만물을 지으시고 주관하시며 다스리시는 우리 하나님의 손에 맡기는 것보다 더 좋은 일, 더 강력한 일이 있겠습니까? 그 하나님의 은혜의 역사를 바라고 소원하며 기다리는 믿음이 우리에게 필요할 뿐입니다.

지금이야말로 우리가 기도해야 할 때입니다. 기도의 제목들이 넘칩니다. 얼마나 우리가 기도하지 않고, 얼마나 우리가 하나님의 뜻을 구하지 않으며, 얼마나 우리가 하나님과 상관없이 살았으면, 하나님께서 이렇게 우리를 기도의 자리로 부르시겠습니까? 큰 고통의 시간입니다. 그러나 간절한 기도의 시간입니다. 우리는 더욱 기도하여 하나님의 은혜를 경험해야 합니다.

기도하는 즐거움을 누리십시오. 기도를 통하여 하나님을 더욱더 깊이 알아가고, 하나님을 더욱더 깊이 경험하며, 하나님과 함께 사는 즐거움, 하나님의 뜻이 이루어지는 은혜의 역사와 그 영광을 누리십시오. 그것이 유일한 회복의 길입니다.

27 지혜와 아름다움
삼상 25:3, 32-35

광야에는 맹수와 강도 그리고 이방의 침입 같은 위험이 많았습니다. 다윗과 그의 사람들은 이런 위험들로부터 사람들을 보호했습니다. 나발의 종들과 양 떼도 그중 하나였습니다(삼상 25:7, 15-16).

양 털을 깎는 날에는 큰 잔치가 벌어졌습니다(삼상 25:4). 이때, 다윗이 나발에게 음식을 요청했습니다(삼상 25:8). 그러나 나발은 이를 거부하고 오히려 다윗을 모욕합니다(삼상 25:10, 14). 이에 격분한 다윗은 나발의 집안을 전멸시키려 했습니다(삼상 25:13, 17, 34). 이를 안 아비가일이 나서서 사태를 중재합니다. 아비가일로 말미암아 다윗이 복수를 멈춰 나발은 살아나지만, 이후에 하나님의 심판을 받아 죽습니다(삼상 25:37-38). 그리고 다윗은 지혜롭고 아름다운 아비가일을 자신의 아내로 맞이합니다(삼상 25:42).

사무엘상 25장 3절은 '나발'과 '아비가일'을 선명하게 대조합니다. 아비가일은 지혜롭고 용모가 아름다운 사람이며, 나발은 완고하고 행실이 악한 사람입니다. '나발'은 '미련한 자'라는 뜻입니다(삼상 25:25). 나발의 미련함은 악함과 아비가일의 지혜는 아름다움과 서로 연결되어 있습니다.

나발의 악함과 완고함은 그의 미련함의 결과입니다. 나발은 다윗이 베푼 호의와 친절을 조롱과 악의로 갚았습니다. 나발의 미련함과 악함은 그것만이 아닙니다. 나발은 다윗을 조롱하는데, 그 조롱은 다윗과 사울의 관계를 빗댄 것입니다(삼상 25:10). 나발은 여전히 사울을 주인으로, 다윗을 종으로 보고 있습니다. 단순히 정치적 구도에 대한 이해가 아닙니다. 나발은 지금 하나님께서 다윗과 사울에게 행하신 일들을 깨닫지 못하고 있거나 거부하고 있습니다. 물론 나발은 단순히 다윗과 다윗의 사람들에게 줄 음식이 아까워서 이렇게 말했을 수도 있습니다. 사울이 좋고 다윗이 싫어서 그럴 수도 있습니다. 그러나 그 이유가 어찌되었든 나발은 지금 다윗을 이스라엘의 왕으로 세우시고 그 나라를 이루어 가시는 하나님의 뜻을, 사울을 버리시고 다윗을 택하신 하나님의 일하심을 거부하는 것입니다.

이것이 바로 미련함입니다. 나발의 미련함은, 성경이 말하는 미련함과 어리석음은 공부를 못하고 지식이 없는 그런 미련함이 아닙니다.

> 어리석은 자는 그의 마음에 이르기를 하나님이 없다 하는도다
> 그들은 부패하고 그 행실이 가증하니 선을 행하는 자가 없도다 _
> 시 14:1

성경이 말하는 미련함과 어리석음은 하나님을 부인하는 것입니다. 하나님의 뜻과는 다른 삶을 사는 것이며, 하나님께서 기뻐하시는 선은 행하지 않고 하나님께서 미워하시는 악한 일을 행하는 것입니다. 아무리 많이 알고, 아무리 많은 책을 읽고 쓴 사람이라 해도 하나님을 알지 못하면 미련한 자입니다.

나발은 큰 부자였습니다. 상당한 힘을 가진 사람이었습니다. 그러나 그는 하나님을 거부하고 무시하였기에 미련한 사람이었습니다. 그 미련함이 완고함과 악함으로 드러난 것입니다. 하나님께서 직접 그를 심판하십니다(삼상 25:37-38). 아무리 힘과 권세를 자랑해도, 하나님을 모르고 거부하는 미련한 자는 반드시 망합니다.

우리는 또 한 명의 미련한 사람을 볼 수 있습니다. 바로 '다윗'입니다. 사무엘상 25장 전반부에 나오는 다윗의 모습은 이

전과 상당히 다릅니다. 아마도 나발의 말이 다윗을 폭발시킨 스위치 역할을 한 것 같습니다(삼상 25:10). 자신을 주인, 곧 사울에게서 도망친 종으로 비유하는 이 말에 다윗은 격분했습니다. 이 말을 듣자마자 다윗이 가장 먼저 한 행동은 칼을 차는 것이었습니다(삼상 25:13). 이전에는 억울하고 고통스러운 일을 당하면 다윗은 칼을 차는 것이 아니라 하나님 앞에 나아갔습니다. 그런데 다윗은 지금 무장을 하고 있고, 나발과 나발의 온 집안 사람들을 다 죽이려는 무서운 복수를 계획합니다.

다윗은 지금 하나님께서 자신에게 맡기신 사명과 자신의 정체성을 망각했습니다. 다윗은 지금 자신을 향하신 하나님의 뜻과 계획을, 자신에게 맡기신 왕의 사명을 외면한 채로 살인과 복수라는 끔찍한 죄를 지으려 하고 있습니다. 다윗도 하나님을 잊었습니다. 다윗이 이러했다면 우리도 이럴 수 있습니다.

나발이 탐욕으로 미련해졌다면, 다윗은 분노로 미련해졌습니다. 탐욕과 분노는 우리를 미련하게 만듭니다. 하나님을 향한 생각을 멈추게 합니다. 하나님의 뜻을 깨닫는 지혜를 마비시킵니다. 다윗이 지금 그렇습니다. 그래서 그는 칼을 들고 있습니다. 미련해진 나발도, 다윗도 전혀 아름답지 않습니다.

나발도, 다윗도 모두 미련하여 악한 일로 치달을 때, 오직 아비가일만이 지혜롭고 아름답습니다. 아비가일에게 지혜와 아름다움은 서로 분리된 것이 아니었습니다. 나발의 악행이 하나님을 모르는 미련함의 결과이듯이, 아비가일의 아름다움은 하나님을 아는 지혜의 열매입니다.

나발의 악행과 다윗의 분노를 알게 된 아비가일은 급히 움직입니다. 나발이 다윗의 요청을 거부하고(삼상 25:11), 다윗이 복수의 칼을 찬 것(삼상 25:13)과는 반대로 아비가일은 사과와 화해의 음식을 대접합니다(삼상 25:18). 아비가일은 다윗의 상한 마음을 위로했습니다. 나발이 다윗을 조롱하고 하나님의 뜻을 무시한 것과는 달리, 아비가일은 급히 다윗 앞에 겸손히 엎드렸고(삼상 25:23), 그에게 용서를 구했습니다(삼상 25:28).

거기서 그치지 않았습니다. 아비가일은 하나님을 이야기합니다. 하나님의 뜻을 말합니다. 하나님께서 지금까지 행하신 모든 일과 하나님께서 앞으로 행하실 일들을 말합니다(삼상 25:28-30). 아비가일은 하나님을 알았고, 하나님의 뜻을 알았으며, 하나님께서 행하실 일들에 대한 믿음과 신뢰가 있었습니다. 아비가일은 하나님을 아는 참된 지혜가 있었습니다. 그리고 그 지혜가 그녀의 말과 행동을 통하여 아름답게 나타났습니다.

다윗은 자기 백성을 죽이는 사울과 같은 죄를 지을 뻔했습니다. 그러나 아비가일이 이를 막았습니다(삼상 25:33). 아비가일 덕분에 다윗은 잃어버렸던 사명을 회복했습니다. 하나님께서 행하신 일을 들으며 자신을 악에서 건져 주신 하나님께 찬양을 올려 드렸습니다(삼상 25:39). 다윗의 지혜가 회복되었습니다.

'아비가일'은 '아버지의 기쁨'이라는 뜻입니다. 아비가일은 하나님의 뜻을 아는 지혜가 있었습니다. 그리고 그 지혜를 따라 행하자 하나님의 뜻이 이루어졌으며, 아버지, 곧 하나님 아버지의 기쁨이 되었습니다. 이것이 아비가일의 아름다움이었습니다. 하나님을 아는 지혜가 열매를 맺어 하나님의 뜻이 이루어졌습니다. 이것이 진정한 아름다움입니다. 사명을 망각한 자에게 사명을 회복시켰고, 범죄의 위기 앞에서 죄를 막았으며, 사망을 생명으로 바꾸었습니다. 미련한 자에게 하나님의 뜻을 깨닫게 하는 지혜를 회복시켰습니다. 그리고 그녀는 구원을 얻어 평화를 누립니다. 아비가일은 진정 지혜롭고 아름다운 사람이었습니다. 진정한 아름다움은 하나님을 아는 지혜의 열매입니다. 하나님을 아는 지혜가 그 심령에 충만하여 지혜를 행함으로 하나님의 뜻을 이루는 삶이 진정 아름다운 삶입니다. 그것이 아름다움입니다.

그렇다면 영원하고 참되며 완전한 아름다움은 어디에 있으며 누구에게 있겠습니까? 누가 가장 아름다운 분입니까? 예수님이십니다. 예수님이 가장 아름다운 분이십니다. 예수님은 하나님의 뜻을 완전히 아셨습니다. 더하여 예수님은 하나님의 뜻에 완전히 순종하셔서 당신의 모든 삶을 통하여 하나님의 뜻을 완전히 이루셨습니다. 하나님을 아는 지혜로 살아가는 삶의 모습이 아름다움이니, 예수님이야말로 가장 아름다운 분이십니다. 그 무엇도, 그 누구도 예수님보다 아름답지 않습니다.

그러나 예수님은 연한 순 같고 마른 땅에서 나온 뿌리 같아서 고운 모양도 없고, 풍채도 없고, 우리가 흠모할 만한 아름다운 것이 없으셨습니다(사 53:2). 맞습니다. 예수님의 외모가 어떠했는지 우리는 알 수 없습니다. 잘생긴 금발 백인은 상상화일 뿐입니다. 예수님은 중동 지방의 목수이셨고 노동자셨습니다(막 6:3). 거칠고 힘든 일을 하셨습니다. 공생애 기간 동안에는 늘 피곤하셨습니다. 십자가를 지고 걸으셨으며 십자가에 달리셨습니다. 사람들의 조롱과 침 뱉음과 채찍으로 피범벅이 되셨으며, 옷이 벗겨져 수치를 당하셨습니다. 그 어디에 아름다운 외모가 있습니까? 그러나 그는 가장 아름다운 분이십니다. 그 십자가가, 그 보혈이, 그 걸음걸음이, 그 음성이, 그 말씀이 가장 아름다우십니다. 죄인을 구원하시려는 하나님의 뜻을 온전히 행하여 이루셨기 때문입니다.

　　그러면 사람 중에는 과연 누가 아름다울까요? 어떤 사람이 아름다운 사람일까요? 가장 아름다우신 예수님을 믿는 자가 가장 아름다운 사람입니다. 예수님을 믿어 가장 아름다우신 그분이 내 안에, 내가 그분 안에 거하며, 그분께서 부어 주시는 성령으로, 그분께서 알려 주시는 하나님의 말씀의 지혜로 살아가는 그리스도인이 가장 아름다운 사람입니다. 우리의 아름다움은 외모에 있지 않습니다. 외모로만 치면, 사울이나 나중에 다윗을 배신한 압살롬이 가장 아름다웠습니다. 그러나 결코 성경은 그들을 아름다운 사람이라고 말하지 않습니다.

　　오늘날 우리는 '참된 아름다움'을 잃어버렸습니다. 도리어 거짓 아름다움에 중독된 시대를 살아갑니다. 얼마나 아름다워지려고 돈과 시간과 힘을 쓰고 있는지 모릅니다. 교회도, 가정도, 우리 개개인의 삶에서도 참된 아름다움을 잃어버렸습니다. 참된 지혜, 곧 하나님의 말씀을 잃어버렸기 때문이며, 영원하고 참된 아름다움이신 예수님을 잃어버렸기 때문입니다. 예수님을 잃어버리면 아무리 멋지고 화려한 건물을 지어도, 장식을 하고 비싼 옷으로 치장을 해도, 지식을 자랑하고 권세를 자랑해도 결코 아름다울 수 없습니다.

　　예수 그리스도의 복음을 회복할 때, 우리는 참된 아름다움을 회복할 것입니다. 우리의 아름다움은 예수 그리스도께 있습니다. 예수님을 믿어 그분과 함께할 때, 그때에 비로소 우리는 아름다운 사람이 됩니다. 그 구원의 은혜를 누리며 그 성령의 역사로 충만해지며 그분께서 회복시키시는 은혜로 걸어갈 때, 그때 우리는 아름답습니다.

아비가일은 다윗의 아내가 됩니다. 교회가 영원하고 참된 신랑이신 주님의 신부가 되어 구원을 얻듯이, 아비가일은 참된 인생의 기쁨과 만족과 위로와 평안을 얻게 됩니다. 그녀의 아름다움의 절정은 다윗과의 결혼입니다. 신부가 신랑과 혼인할 때 가장 아름답듯이, 주님의 교회와 신자의 아름다움의 절정 역시 예수 그리스도이십니다. 예수님의 신부가 되어 주님과 함께할 때, 그때 교회와 신자는 가장 아름답습니다.

예수 그리스도를 바라보십시오. 그리고 예수 그리스도 안에 있는 믿음의 사람들을 바라보십시오. 예수님 안에 있는 아름다움을 보시고, 예수님을 믿어 예수님과 함께하는 사람들의 아름다움을 보십시오. 외모, 돈, 지위, 권력이 아름다움이 아닙니다. 함께 예수님을 믿어 복음 안에 거하는 믿음의 지체들, 가족들의 아름다움을 발견하십시오. 그리고 이제 당신의 지혜로 아름다움을 이루십시오. 아비가일처럼, 그리고 예수님께서 우리에게 행하신 것처럼 당신 안에 있는 아름다움을 드러내십시오. 넘어진 자를 회복시키고, 사명을 잃어버린 자를 다시 일으키며, 선을 행하고, 의를 이루며, 하나님의 뜻을, 하나님의 나라를 함께 세워 가십시오. 하나님께서 당신 안에 두신 지혜와 아름다움을 드러내어 당신이 속한 교회와 당신의 가정을 아름다운 공동체가 되게 하십시오.

아름다우신 예수님을 붙잡으십시오. 지혜의 근본이신 예수님을 바라보십시오. 능력의 주님이신 예수님께 성령을 간구하십시오. 우리를 통해 이루시는 하나님의 아름다운 일들을 누리시고 경험하시며 하나님께 찬양을 올려 드리는 당신이 되기를 소망합니다.

28 사울의 교만, 다윗의 온유
삼상 26:19-25

다윗은 엔게디 광야 굴에서 사울을 죽일 수 있었지만 살려 줬습니다. 이 사건으로 말미암아 사울은 다윗이 왕이 될 것을 인정했고, 후손들의 안위를 다윗에게 부탁하기까지 합니다(삼상 24:20-21). 사울이 이제야 다윗을 왕으로 세우시고 자신을 왕의 자리에서 내려오게 하시는 하나님의 뜻을 깨닫고 인정한 것입니다. 그러한 하나님의 뜻이 사울에게 그때 처음 나타난 것은 아닙니다. 이전에도 사무엘, 다윗, 아들 요나단을 통하여 하나님의 뜻이 전해졌습니다. 그러나 그제서야 사울은 그 하나님의 뜻을 깨달았고 인정한 것입니다.

그러나 거기까지였습니다. 사울은 하나님의 뜻을 깨달았고 인정했지만 거기서 멈췄습니다. 다윗이 광야에 있다는 소식을 듣자마자, 또다시 군사 3천 명을 택하여 다윗을 추격합니다(삼상 26:1-2). 그는 하나도 바뀌지 않았습니다. 그는 하나님의 뜻을 알았지만, 삶의 목적과 태도를 바꾸지 않습니다. 그는 지금까지 하던 대로 자신의 목적을 이루기 위하여 전과 동일하게 행동합니다. 하나님의 말씀은 한쪽 귀로 들어와 다른 쪽 귀로 나갔습니다. 하나님의 뜻이 뭐가 되었든 그에게는 상관없습니다. 하나님의 말씀은 하나님의 말씀이고, 내 삶은 내 삶입니다. 그는 여전히 자기 자신을 왕으로, 다윗을 제거해야 할 원수로 여겼습니다.

이것이 바로 성경이 말하는 교만입니다. 교만은 거만한 말과 행실입니다. 그런데 사람 앞에서의 '교만'만 있는 것이 아니라 하나님 앞에서의 '교만'도 있습니다. 이것이 훨씬 심각하고 무섭습니다. 하나님의 말씀, 곧 성경에 관한 가장 중요하고 긴 가르침인 시편 119편에서는 교만이 정말 많이 언급됩니다.

교만하여 저주를 받으며 주의 계명들에서 떠나는 자들을 주께서 꾸짖으셨나이다 _시 119:21

주의 법을 따르지 아니하는 교만한 자들이 나를 해하려고 웅덩이를 팠나이다 _시 119:85

성경이 말하는 교만은 하나님의 뜻을 무시하며 따르지 않는 것입니다.

사울은 교만한 사람이었습니다. 그는 사람 앞에서도, 하나님 앞에서도 교만했습니다. 그는 하나님의 뜻을 무시했고, 하나님의 말씀을 거부했습니다. 몰라서가 아닙니다. 그에게 말씀을 가르쳐 주고 하나님의 뜻을 전한 사람이 없어서가 아닙니다. 그에게 하나님의 뜻을 아는 지식은 있었지만, 하나님의 뜻대로 사는 삶은 없었습니다. 그는 하나님의 말씀을 귀로는 들었지만, 하나님의 말씀이 마음에 심기는 것은 거부했습니다. 그에게 하나님의 말씀은 그저 지나가는 말이었고, 단지 자신과 가족의 평안을 구하는 정보일 뿐이었습니다.

그것이 바로 성경이 말하는 교만입니다. 교만은 하나님의 말씀을 부인하는 것입니다. 하나님께서 기뻐하시는 거룩하고 새로운 삶으로의 변화를 거부하는 것입니다. 하나님 없어도 잘살 수 있다고 믿는 것입니다. 하나님의 뜻보다 내 뜻이 더 중요하다고 믿고 그렇게 사는 것입니다.

혹시 우리는 아닙니까? 하나님의 말씀을 듣고는 있지만, 성경에 관한 이해와 지식은 있지만, 그것과는 상관없이 철저히 내 마음대로 살아가는 그런 삶은 아닙니까? 성경과 복음은 교회 안에 가둬 놓고, 교회 밖에서의 내 삶은 철저히 내가 결정하고 이끄는 그런 모습으로 살아가고 있지는 않습니까? 자기 자신과 하나님의 말씀 사이에 선을 그어 놓고, 그 말씀이 더 이상 나의 삶 속으로, 나의 마음속으로 들어오는 것을 거부하고 있지는 않습니까? 말씀이 오늘도 우리에게 교훈하시는 새로운 삶으로의 변화를 거부하고 외면하고 모른 척하고 있지는 않습니까? 이전의 삶의 방식을 고수하며, 하나님 없이도, 하나님과 상관없이도 잘살 수 있다고 믿으며 살아가고 있지는 않습니까? 우리는 하나님 앞에 교만을 버려야 합니다. 그 교만은 하나님께서 너무나 싫어하시는 것이며, 우리를 망하게 하고 넘어뜨리는 것이기 때문입니다(잠 16:18).

다윗은 사울과 반대의 삶을 살아가고 있습니다. 다윗에게 사울을 죽일 수 있는 기회가 또다시 찾아왔습니다. 사울과 그 부하들은 모두 잠들었고, 다윗과 그의 용사들은 은밀히 사울의 진 안으로 들어왔습니다. 그러나 다윗은 사울을 죽이지 않았습니다. 지금이라도 사울을 죽이면, 다윗은 왕이 되고 백성들은 편안해집니다. 이제 모든 상황이 무르익었습니다. 때가 됐습니다. 그러나 다윗은 사울을 살려 줍니다. 다윗 대신에 사울을 죽이겠다고 나서는 충성된 아비새를 제지합니다(삼상 26:8-9). 그저 사울의 창과 물병만을 가지고 나옵니다(삼상 26:11). 오히려 사울을 제대로 지키지 않은 아브넬을 책망합니다(삼상 26:15).

다윗은 이번에도 멈춥니다. 단 하나의 이유 때문입니다. 사울을 왕으로 세운 것은 하나님의 뜻이며, 사울을 죽이는 것은 하나님의 뜻이 아니기 때문입니다. 그것이 전부입니다. 하나님께서 기름 부으셔서 세우신 왕을 함부로 칠 수 없기 때문이며, 그를 왕으로 세우신 분이 하나님이시니, 그를 왕에서 내려오게 하실 분도 하나님이심을 믿기 때문입니다(삼상 26:9-10). 곧, 다윗 자신이 왕이 되는 것은 무력, 정치, 권력, 전쟁이 아니라 철저히 하나님의 뜻에 속하였고, 하나님의 일하심 가운데 일어날 것을 그는 굳게 믿은 것입니다.

하나님의 뜻이 그의 생각과 말과 행동을 좌우하고 있습니다. 세상의 판단과 사람들의 입김이 아닌 하나님의 말씀과 교훈이 그의 판단을 결정합니다. 그는 자신과 사람들의 생각과 주장과 뜻을 뒤로 미루어 두고, 오직 하나님의 말씀 앞에 서서 자신의 모든 것을 비추어 결정하고 있습니다.

유진 피터슨은 본문의 다윗을 다음과 같이 설명합니다.

다윗이 보여 준 '과묵함'은 예수께서 '땅을 기업으로 받을 것'이라고 축복하신 '온유한 자'(마 5:5)의 자격에 속한다.[10]

---

10   유진 피터슨, 『사무엘서 강해』, 박성혁 역(서울: 아바서원, 2016), 204.

다윗은 온유한 사람입니다. 성경에서 '온유'는 단순히 부드럽고 착한 성품만을 가리키지 않습니다. 성경에서 말하는 온유함은 그 이상을 의미합니다. 하나님의 성품이고, 예수 그리스도의 모습이며, 성령님께서 주시는 성화의 열매입니다. 하나님의 사람들의 특징이고, 우리가 이 땅을 사는 동안 품어야 하고 이루어야 할 거룩한 성품입니다.

'온유'라는 단어의 정확한 의미는 '겸손', '낮아짐'이라는 뜻을 함께 가지고 있습니다. 온유하면 겸손해지고, 겸손하면 온유해집니다. 겸손과 온유는 낮아짐으로 나타나고, 낮아짐은 겸손과 온유의 열매를 맺습니다. 왜냐하면 자기 자신과 자신의 뜻을 잠시 뒤로 미루어 놓기 때문입니다. 자기 생각과 자기 주장을 잠시 멈추기 때문입니다. 그러므로 '온유함'은 예수님께서 말씀하신 제자의 삶이고 특징이며 제자도의 열매입니다. '자기 자신을 부인하고 자기 십자가를 지고 주님을 따르는 모습'(마 16:24)이 바로 '온유함'입니다.

하나님 앞에서 온유한 사람은 하나님 앞에서 겸손히 자기 자신을 낮춥니다. 온유한 사람은 겸손하여 하나님의 뜻 앞에서 자기의 뜻을 낮추고, 하나님의 말씀 앞에서 자기의 주장을 낮추며, 왕 되신 하나님의 통치, 주권, 그리고 하나님의 말씀에 순종합니다. '온유한 사람'은 하나님의 말씀으로 자신의 뜻을 수정하고, 자기 삶의 모습을 바꾸며, 삶의 방향과 목적을 수정합니다. 그러한 사람에게 예수님은 '이 땅을 기업으로 주시겠다'고 말씀하셨습니다. 내세의 복이 아니라 현세의 복, 이 땅에서 사는 동안 이 땅을 주시겠다고 말씀하셨습니다.

세상은 다르게 가르치고 주장합니다. 세상은 온유한 사람은 이 땅을 소유할 수 없다고, 겸손한 사람은 이 땅을 다스리는 권세를 가질 수 없다고 말합니다. 세상은 힘과 권력과 온갖 술수와 음모를 동원하여 마침내 자기 뜻을 이루고 자기 이익을 손에 쥐는 사람이 이 땅을 소유한다고 말합니다. 양보는 손해이고, 낮아짐은 패배라고 말합니다. 그러나 성경은 우리에게 그렇게 알려 주지 않습니다. 성경은 온유한 사람이 이 땅을 소유한다고, 겸손한 사람이, 낮아진 사람이 이 땅을 다스린다고 말합니다.

왜 그렇습니까? 하나님께서 왕이시기 때문입니다. 하나님께서 당신의 뜻을 이 땅 가운데 이루시기 때문입니다. 이 땅에 하나님의 나라가 임하기 때문입니다. 그래서 다윗이 왕이 될 수 있었습니다. 그래서 예수님께서 가장 낮은 자리까지 낮아지셔서 온유와 겸손과 사랑으로 우리를 섬기셨고 구원하셨으며, 모든 죄의 권세를 물리치시고 온 땅을 다스리시는 영원하고 완전한 왕이 되셨습니다. 그리고 하나님께서 이 땅 가운데 이루실 하나님의 나라를 예수님을 믿어 구원을 받아 성령으로 예수님을 닮아 가는 온유하고 겸손한 자들에게 맡기십니다. 그러므로 온유함은 무기력한 감정이 아닙니다. 온유함은 믿음의 능력입니다. 성령님의 역사입니다. 하나님 나라의 권세입니다.

'한국 유리'의 창업자인 최태섭 회장(장로)의 이야기가 있습니다. 한국 전쟁 중에 사업을 했습니다. 모두가 피난 가기 바쁜 와중에 은행에서 빌린 대출금을 갚아야 하는 날이 왔습니다. 최태섭 회장은 대출금을 갚으러 은행에 갔습니다. 은행 직원은 은행 장부가 어디에 있는지도 몰랐습니다. 은행 직원이 "다들 돈을 갚지 않는데 갚으시게요?"라고 물었는데, 그 순간 최태섭 회장의 마음속에는 시편 24편 3-5절이 떠올랐다고 합니다.

> 여호와의 산에 오를 자가 누구며 그의 거룩한 곳에 설 자가 누구인가 곧 손이 깨끗하며 마음이 청결하며 뜻을 허탄한 데에 두지 아니하며 거짓 맹세하지 아니하는 자로다 그는 여호와께 복을 받고 구원의 하나님께 의를 얻으리니 _시 24:3-5

아무도 보지 않습니다. 돈을 갚지 않아도 되고, 그것이 문제가 되지도 않습니다. 심지어 은행 직원도 모릅니다. 그러나 그는 하나님 앞에서 온유한 사람이었습니다. 사람들이 뭐라고 하든 그의 말과 행동은 하나님의 말씀 앞에 겸손했고, 하나님의 말씀이 그의 삶을 결정했습니다. 그는 정직히 행하여 빌린 돈을 다 갚았습니다. 이것이 온유함입니다.

최태섭 회장을 검색하다가 매우 흥미로운 사진을 발견했습니다. 바로 그가 '기아대책'(한국국제기아대책기구)의 초대 회장이었습니다. '기아대책' 말 그대로입니다. 굶고 있는 사람들을 밥 먹여서 살리는 단체입니다. 이 단체를 통해서 살아난 아이들과 사람들이 얼마나 많을까요? 사람을 살리고 복음을 전하며 이 땅 위에 하나님의 나라를 이루고 주님의 교회를 세우는 단체가 그를 통하여 세워졌고, 그가 이 단체를 섬겼습니다. 진정, 그는 이 땅을, 이 나라와 민족을 기업으로 얻은 사람이었습니다. 이것이 그리스도인의 온유함이고 온유함의 능력입니다.

이제 우리 모두 온유한 삶을 사모하고 그렇게 살아가기를 바랍니다. 그러면 어떻게 해야 우리가 참된 온유함을 누릴 수 있을까요? 온유하신 예수 그리스도를 바라보고 믿으며 그분을 닮아 가는 것 외에는 방법이 없습니다. 온유하신 예수님께서 십자가에서 하나님의 뜻을 이루시고, 이 땅의 모든 나라와 민족과 백성을 자신의 기업으로 받으셔서 지금 통치하시고 다스리십니다. 자기 백성들에게 성령을 보내셔서 예수님을 닮아가게 하십니다.

온유하신 주님을 믿어 온유하신 성령님의 충만함을 받아 예수님을 닮은 온유한 자가 되십시오. 그리하면 우리 모두를 통하여 하나님의 뜻이 이루어지며, 하나님의 나라가 세워지는 놀라운 하나님의 역사가 이루어질 것입니다.

29 믿음이 탈진할 때
삼상 27:1-4

이스라엘의 위대한 왕으로 하나님의 기름 부음을 받아 지금까지 믿음으로 어려움을 잘 헤쳐 나온 다윗이 갑자기 변했습니다. 이스라엘의 원수인 블레셋으로 망명합니다. 이스라엘 왕의 가장 중요한 의무는 블레셋을 물리치고 백성을 보호하는 것입니다. 그런데 이제는 블레셋에 안깁니다. 다윗이 자신의 비전과 사명을 버렸습니다.

"아기스에게로 건너가니라"(삼상 27:2)는 말은 단순히 이사한다는 말이 아닙니다. 다윗은 자기를 따르는 사람들과 함께 블레셋 가드 왕 아기스, 이스라엘의 원수의 왕에게 정식으로 항복하며 그의 다스림 안으로 들어가고 있습니다. 그리고 다윗은 그 왕의 신하가 되어 블레셋을 위하여 일합니다.

성경을 읽다 보면, 사람들의 실패와 죄악이 너무 가감 없이 있는 그대로 기록되어 가끔 당황스러울 때가 있습니다. 성경은 사람을 미화하지 않습니다. 사람의 잘못과 실패와 죄를 가감 없이 기록합니다. 왜냐하면 성경은 사람이 지어낸 가상의 소설이 아니기 때문입니다. 성경은 완전무결한 영웅담을 기록한 책이 아닙니다. 사람이 사람의 목적을 이루기 위해 쓴 책도 아닙니다. 성경은 하나님께서 당신의 목적을 이루어 가시는 일하심의 기록입니다. 그리고 그 하나님의 역사 속에 우리의 진짜 삶의 현실이 놓여 있을 뿐입니다. 그래서 성경은 진짜 사람들의 진짜 삶의 이야기, 성공과 실패, 아름다움과 추함, 믿음과 의심, 기쁨과 슬픔, 소망과 절망 모두를 기록합니다.

다윗만큼 위대한 믿음의 사람이 누가 있겠습니까? 다윗만큼 하나님을 사랑하고, 하나님의 백성들을 사랑하며, 예수 그리스도의 모습을 보여 준 하나님의 사람이 또 누가 더 있겠습니까? 그러나 그 역시 우리와 같은 성정을 가지고 현실을 살아간 사람이었습니다. 그래서 그도 완벽하지 않았습니다. 그에게도 치명적인 실패와 실수, 범죄가 있었습니다. 그리고 성경은 그 내용을 있는 그대로 기록하여 우리에게 알려 줍니다.

다윗은 하나님께서 허락하신 '이스라엘의 왕'이라는 위대한 사명을 포기하고 블레셋의 신하가 되었습니다. 그는 지금까지 버텨 왔던 믿음의 여정을 이제 다 내려놓고, 우상을 섬기는 불신자의 길로 가려고 합니다. 그는 지금 하나님을 향한 믿음을 포기했습니다.

사무엘상 27장 1절에서 그 원인을 찾을 수 있습니다. 다윗은 자신이 언젠가는 사울의 손에 붙잡힐 것이라 판단하고 있는데, 그 판단의 근거는 '자신의 마음과 생각'입니다. 지금까지 다윗이 상황을 판단하는 기준은 자신의 마음이나 생각이 아니었습니다. 심지어 주변 사람들의 조언이나 세상의 시류를 따르지도 않았습니다. 오직 하나님이 그의 판단의 기준이었습니다. 지금까지 다윗은 하나님의 뜻을 따라 살아왔습니다. 하나님의 말씀이 그의 걸음을 인도했고, 하나님의 비전이 곧 그의 비전이었습니다. 그런데 이제 그의 모든 마음과 생각이 다윗 자신 안을 향하고 있습니다. 다윗이 하나님의 음성이 아닌 자신의 마음과 생각에 더 귀를 기울이고 있습니다.

그러자 지금까지와는 전혀 다른 현실이 보이기 시작했습니다. 이제 그의 눈에는 '사울의 손'만이 가장 크고 강력하게 보입니다.

다윗이 광야의 요새에도 있었고 또 십 광야 산골에도 머물렀으므로 사울이 매일 찾되 하나님이 그를 그의 손에 넘기지 아니하시니라 _삼상 23:14

지금까지 다윗이 광야를 방랑하는 동안 하나님은 다윗을 사울의 손에 넘기시지 않았습니다. 그러나 이제 다윗의 눈에는 그 하나님의 손이 보이지 않습니다. 그 하나님의 손길도 느껴지지 않습니다.

하나님의 손은 눈에 보이고 손으로 잡는 손이 아닙니다. 하나님의 손은 믿음으로 보고 믿음으로 붙잡는 손입니다. 그런데 다윗의 모든 마음과 생각이 자신으로 향하자 하나님의 손이 보이지 않습니다. 그러나 사울의 손은 눈에 보이는 손입니다. 사울의 강력한 칼과 창이 보입니다. 보이는 사울의 손에 겁을 먹은 다윗은 또 다른 보이는 손인 '아기스의 손'에 자신을 맡기고 있는 것입니다.

다윗이 아기스에게 '은혜'를 구하며 살아갈 '땅'을 요청합니다(삼상 27:5). '은혜와 땅'은 이스라엘 백성들에게 매우 중요합니다. 하나님의 은혜는 각 지파에게 주시는 기업, 곧 땅으로 증거되었기 때문입니다. 그런데 다윗은 지금 하나님이 아닌 아기스에게 땅과 은혜를 구합니다. 다윗은 하나님께 구해야 할 은혜와 보호와 복을 아기스에게 구하고 있습니다. 다윗이 이스라엘과 하나님 대신 블레셋과 아기스를 택한 것입니다. 다윗의 눈에 '하나님의 손'보다 '사울의 손'이 더 크고 강력하게 보였기 때문이며, '하나님의 손'보다 '아기스의 손'이 더 좋아

보였기 때문입니다.

어쩌다가 다윗이 이렇게까지 변했을까요? 왜 지금까지 자신을 보호하고 인도하신 하나님의 손을 보지 못하고 사울과 아기스의 손만을 보고 있는 것일까요? 탈진했기 때문입니다. 다윗이 사울의 손을 피하여 도망친 지 벌써 5-6년의 시간이 흘렀습니다. 그 시간 동안 우리가 지금까지 살펴봤던 비참하고 끔찍한 일들이 다 일어났습니다. 다윗은 끊임없는 불안과 염려, 두려움 가운데 쫓기는 삶을 살아야 했습니다. 하루도 편하게 잠들지 못했을 것입니다. 어떤 신학자는 "다윗이 가드 왕 아기스의 손 아래 들어간 날, 처음으로 편하게 잠들었을 것이다"라고 설명하기도 합니다.[11]

어려서는 목동으로 고생하고, 커서는 왕의 추격으로 떠돌아야 했습니다. 그는 어려서나 커서나 광야에서 방황하는 사람이었습니다. 그에게 공동체는 전혀 도움이 되지 않았습니다. 가족들은 막내라고 무시했고, 같은 민족인 이스라엘 공동체는 그를 외면했습니다. 처음에는 혈혈단신이었지만, 이제 그에게는 가족이 생겼습니다. 두 명의 아내가 있습니다. 자신을 따르는 자들이 이제는 육백 명입니다. 그에 딸린 식구들까

---

11 Dale Ralph Davis, *1 Samuel - Looking on the Heart*, Focus on th Bible series(Fearn, Ross-shire: Christian Focus Publications, 2000), 285.

지 이삼천명의 사람들이 오직 자신만을 바라보고 있습니다. 이제는 그들까지 책임져야 할 의무와 부담이 그의 어깨를 짓누릅니다.

그동안 다윗은 기도했습니다. 하나님께 간절히 도움을 구했습니다. 죽음의 위기를 수도 없이 지났고, 역전의 기회, 곧 사울을 죽일 수 있는 기회도 있었지만, 그때마다 다윗은 뒤로 물러나 하나님께서 이 모든 상황을 고쳐 주시기를, 이 모든 상황을 바꾸어 주시기를 간절히 기도했습니다.

그러나 하나님은 침묵하셨습니다. 사무엘상 27장을 보면 하나님의 말씀이 한 번도 나타나지 않습니다. 하나님의 침묵은 그래서 더 무겁습니다. 하나님께서 다윗의 간절한 기도에 응답하시지 않았습니다. 심지어 하나님은 다윗의 일탈에도 간섭하시지 않습니다. 놔두십니다.

다윗은 여전히 광야를 떠돌며 감당하기 버거운, 보통 사람들이라면 감당할 수 없는 무거운 짐을 지고 있습니다. 이스라엘이라는 나라를 새롭게 이끌어야 할 정치적, 시대적 짐을, 이스라엘을 하나님의 나라로 세워야 하는 영적인 짐을, 가족과 자기를 따르는 자들을 돌봐야 하는 가장과 리더십의 짐을 지고 있습니다. 그런데 하나님은 이 짐을 가볍게 해 주실 계획이 없는 것 같습니다. 오히려 이 짐이 가벼워지기보다는 더 무거워져만 갑니다. 그 짐을 젊은 다윗이 홀로 지고 가는 것입니다. 정말로, 무거운 짐을 나 홀로 지고 견디다 못해 쓰러진 것입니다.

다윗의 행동이 옳지는 않습니다. 그러나 다윗의 행동을 이해할 수는 있습니다. 우리 중 누가 이 다윗을 비난할 수가 있겠습니까? 우리가 만약 다윗과 같은 상황이라면 누가 탈진하지 않을 수가 있겠습니까? 자신을 인정해 주고 보호해 주며 환대해 주는 아기스와 블레셋 공동체가 자신을 죽이려 하는 사울왕과 자신을 외면하는 이스라엘 공동체보다 더 좋아 보이지 않았겠습니까? 기도에 응답하시지 않고 상황을 풀어 주시지 않으며 대책 없는 광야 길 가운데 침묵하시는 하나님보다 즉각적으로 응답하며 사울의 손에서 지켜 주는 아기스의 손이 그에게 더 따뜻하고 고맙지 않았겠습니까?

다윗의 모든 면은 지극히 정상입니다. 갑자기 이상해진 것이 아닙니다. 그는 여전히 지혜롭고 용맹하며 강력한 용사입니다. 다윗은 매우 정상적이고 합리적인 이성으로 사고하여 판단하고 있습니다. 그의 육체가 탈진한 것이 아닙니다. 오직 단 하나, 그의 믿음이, 하나님을 향한 믿음이, 하나님과의 관계가 탈진했을 뿐입니다. 지쳐 하나님의 손을 놓았을 뿐입니다.

그러나 다윗이 놓은 손을 하나님께서 다시 붙잡으십니다.

하나님은 여전히 동일하게 그를 붙잡고 계셨습니다. 한 번도 놓으신 적이 없습니다. 블레셋이 결국 이스라엘과 전쟁을 치러야 할 때가 왔습니다(삼상 28:1). 뒤에서 몰래 이스라엘을 돕고 있던 다윗 역시 이제는 이스라엘을 죽여야 하는 때가 왔습니다. 그런데 하나님께서 다윗이 이 전쟁에 참여하는 것을 막으십니다. 아기스는 다윗을 전쟁에 참여시키려 하지만, 다윗을 믿지 못한 블레셋의 신하들이 강하게 반대합니다. 결국 다윗은 이스라엘과의 전쟁에 참여하지 않습니다. 자기 백성을 자기 손으로 죽이는 사울과 같은 죄, 즉 왕의 사명을 잃어버리는 죄를 지을 뻔했는데, 하나님께서 당신의 손으로 이 죄를 막아 주신 것입니다.

우리가 더 눈여겨봐야 할 것이 있습니다. 바로 사무엘상 27장 7절입니다. 다윗이 블레셋 땅에 산 날은 일 년 4개월, 즉 16개월입니다. 계속되지 않았다는 것입니다. 잠시였습니다. 다윗이 하나님을 놓은 시간은 잠시였습니다. 그 시간이 지나고 하나님은 당신의 시간에, 당신의 때에, 당신의 방법으로 다시 다윗을 일으키셨습니다. 하나님은 당신을 놓은 다윗의 손을 결코 오래 두지 않으셨습니다.

다윗이 하나님을 포기했습니다. 너무 지쳐서, 너무 화가 나서, 억울해서, 그는 믿음을 포기했습니다. '포기'라는 말처럼 달콤하고 우리를 편하게 해 주는 말이 없습니다. 그래서 우리는 쉽게 포기합니다. 탈진해서 포기할 때도 있고, 아니면 그냥 여러 가지 변명을 들어 포기할 때도 있습니다. 심지어 누가 나를 '포기시켜 주면 좋겠다'라고 여길 때도 있습니다.

우리는 포기하고 하나님의 손을 놓습니다. 하나님의 말씀이 아닌 자기 내면의 소리에 귀를 기울이고, 눈에 보이지 않는 하나님의 손이 아닌 또 다른 보이는 손을 찾아 우리의 도움을 청합니다. 믿음을 포기하는 것, 예배를 포기하는 것, 믿음대로 사는 삶을 포기하는 것은 가장 강력한 유혹이며, 동시에 가장 쉬운 일이 되어 버렸습니다.

그러나 하나님은 우리를 포기하시지 않습니다. 우리의 손을 결코 놓으시지 않습니다. 우리를 포기하게 만들고 탈진하게 만드는 모든 짐을 예수님께서 대신 져 주심으로 우리를 향하신 주님의 손을 결코 놓으시지 않기 때문입니다.

수고하고 무거운 짐 진 자들아 다 내게로 오라 내가 너희를 쉬게
하리라 _마 11:28

우리는 아무리 먼 광야, 이방 땅, 죄와 방황의 세상으로 가더라도 돌아올 수 있고, 아무리 깊은 낙심과 절망의 수렁에 빠지

더라도 다시 올라올 수 있습니다. 예수님께서 믿음이 약하여 물에 빠진 베드로에게 손을 펼치신 것처럼(마 14:31), 주님의 크고 강하신 능력과 사랑의 손이 여전히 우리를 붙잡고 있기 때문입니다. 이것이 우리의 소망이고 비전이며 약속입니다.

이제 우리가 회복할 때입니다. 우리를 억누르고 있는 영적 탈진을 이겨 내야 할 때입니다. 탈진한 우리의 영혼을 회복시키시는 주님의 은혜를 간구하며, 주님께 우리의 시선을 고정해야 할 때입니다. 이것이 부흥입니다. 로이드 존스는 다음과 같이 말합니다.

> 부흥이란 영광 가운데 계신 그를 보는 것이며, 그에게로 돌아가는 것이고, 그에게 기도하는 것입니다.[12]

하나님의 얼굴을 다시 바라보고, 하나님의 말씀에 다시 귀를 기울이며, 그분의 손을 다시 잡는 것, 그것이 부흥입니다. 이제 우리가 부흥을 경험할 때입니다. 우리를 향하여 변함없이 바라보시는 하나님의 은혜의 얼굴의 빛을, 우리를 향하여 늘 열려 계신 그분의 손을 붙잡을 때입니다.

---

12 마틴 로이드 존스, 『마틴 로이드 존스의 부흥』, 정상윤 역(서울: 복있는사람, 2006), 510.

그리고 이제 하나님께서 탈진한 누군가를 건지시는 일에 하나님께서 누군가의 손을 사용하실 때, 우리가 그 손이 되어야 합니다. 우리가 손 뻗지 않으면 그 누군가가 엉뚱한 손을 잡을 수도 있기 때문입니다.

30 복음, 기독교, 유사 복음
삼상 28:3-7

블레셋이 쳐들어오자 사울은 마음이 크게 떨리며 공포와 두려움에 사로잡혔습니다. 왜냐하면 미우나 고우나 지금까지 자신을 도와주던 사무엘은 죽었고, 그 사무엘을 통하여 말씀하시던 하나님께서 이제 더 이상 아무 응답도 하시지 않기 때문입니다. 그 위기 속에서 사울의 영적인 실체가 드러났습니다. 우리 믿음의 실체도 평안할 때보다 위기에 처할 때 드러납니다.

사울이 하나님을 찾아왔지만, 사실 그는 하나님을 찾는 것이 아닙니다. 물론 하나님은 당신의 백성을 전쟁에서 보호하시고 승리로 이끄시기도 합니다. 그러나 항상 그러신 것은 아니며, 무엇보다 그 모든 것 이전에 하나님께서 원하시는 것은 하나님과의 인격적인 관계입니다.

사울은 하나님을 하나님으로 대하지 않습니다. 하나님 앞에 자신의 죄를 회개하고 그 은혜에 감사함으로 섬기며 그 말씀대로 자신의 삶을 바꾸어 가는 참된 믿음이 아니라, 그저 자신에게 도움이 되고 유익이 되는 기계적인 힘과 효과를 원할 뿐입니다. 하나님을 찾은 것이 아니라 강력한 무기를 찾은 것입니다.

하나님은 이미 여러 번 그에게 말씀하셨습니다. 회개를 촉구하시고 당신에게로 돌아오라고 말씀하셨습니다. 하지만 그는 마음과 귀를 막고 듣지 않았습니다. 듣고 싶은 것만 듣고, 하고 싶은 말만 합니다. 하나님과의 관계가 완전히 깨진 것입니다. 그러한 혼란 중에 사울은 전혀 엉뚱한 길을 선택합니다. 하나님께 돌아가는 길을 버리고, 신접한 여인, 곧 무당을 찾아갑니다. 이제 사울은 완전히 하나님을 떠났습니다.

이 무당, 영매는 하나님께서 매우 싫어하시는 것으로, 신접한 자만이 아니라 그들을 따르는 자들도 벌하시는, 그래서 매우 엄격히 금하고 있는 존재입니다(레 19:31; 20:6; 신 18:10-12). 사람의 마음을 공포로 흔들어 하나님을 떠나게 하고, 사탄이 사람들을 미혹하는 영적 현상을 일으키기 때문입니다.

그럼에도 불구하고 사울은 무당을 찾아가 사무엘의 영혼을 불러내려 합니다. 하나님의 말씀에 정면으로 도전합니다. 하나님을 찾아야 하는 자가 무당을 찾고, 하나님을 만나야 하는 자가 인간 사무엘의 귀신을 만나려고 합니다. 그의 마음과 생각에 하나님이 없습니다.

신접한 여인이 사무엘의 영혼을 불러올립니다(삼상 28:12, 14). 그러나 그것은 사무엘이 아니었습니다. 사탄은 자신을 광명의 천사로 가장하고(고후 11:14), 큰 표적과 기사를 통하여 예수님을 흉내 내기도 합니다(마 24:23-24). 천사와 예수님도 흉내 내는 존재가 사무엘을 흉내 내는 것은 하나도 이상한 일이 아닙니다. 마귀의 장난일 뿐입니다.

위대한 이스라엘의 왕이 거룩하고 영광스러운 하나님의 은혜도, 하나님의 말씀의 지혜와 능력도 모두 잃어버렸습니다. 이제는 겨우 무당에게 자신의 미래를 의지하고, 영적인 무지에 빠져 악한 영의 속임에 넘어가 버리는 비참한 존재로 몰락하고 말았습니다.

이러한 사울을 통하여 우리 믿음의 모습 또한 살펴볼 수 있습니다. 우리의 기독교 신앙, 우리의 믿음을 형성하는 세 가지가 있습니다. 복음, 기독교적 종교성, 유사 복음입니다.[13]

첫 번째는 '복음'입니다. 이는 믿음의 본질이며 하나님으로

---

13 이와 관련해서는 팀 켈러의 『팀 켈러의 복음과 삶』, 오종향 역(서울: 두란노서원, 2018), 25-32와 『팀 켈러의 센터처치』, 오종향 역(서울: 두란노서원, 2016), 132-137의 설명이 유익합니다. 팀 켈러는 사람이 하나님을 대할 때, '비(반)종교', '종교', '복음'으로 반응한다고 설명합니다.

부터 온 것입니다. 사실 이 복음만 우리 신앙의 모든 것을 구성해야 합니다. 그때에 우리의 믿음과 삶이 가장 아름답고 풍성하며 영광스럽습니다. 복음은 예수 그리스도의 십자가와 죄 사함과 회개와 구원의 복된 소식입니다. 에베소서에 따르면, 이 복음은 하나님의 계시이며, 이 계시는 사도와 선지자, 곧 성경에 기록되어 주님의 몸인 교회를 통해 성령님의 역사하심으로 사람들에게 전해집니다.

예수 그리스도와 그분의 구원과 성경과 교회가 기독교 신앙과 우리 믿음의 본질입니다. 복음은 교회를 교회 되게 하는 것입니다. 이 복음이 없이는 교회는 교회가 아닙니다. 이 복음과 성경의 진리를 우리는 절대적으로 지켜야 하며, 이 복음 위에 교회와 우리의 삶을 세워 가야 합니다.

그러나 우리는 이 복음의 본질에 오히려 무관심할 때가 있습니다. 오랜 기간 익숙해져 버린 신앙생활, 죄악, 혹은 마음의 염려와 근심 때문에 말씀의 교훈이 더 이상 마음에 감동을 일으키지도 않고, 예배가 감격스럽지도 않으며, 말씀의 교훈을 사모하지도 않게 되어 복음을 향한 열정과 기쁨이 식고, 영적인 민감함도 무뎌질 때가 있습니다. 혹시 우리도 그렇게 식고 무뎌져 가고 있지 않습니까? 우리는 끊임없이 복음을 다시 들어야 하고 배워야 하며 복음으로 우리의 마음과 삶을 새롭게 해야 합니다. 이를 위해 성령님의 도우심을 간절히 기도로 구해야 합니다. 그것이 우리 믿음의 본질입니다.

두 번째는 본질은 아니지만, 교회와 신앙생활에 속한 것들이 있습니다. 이는 기독교적 종교성에 따른 활동과 형식이라고 할 수 있습니다. 이것이 복음의 본질에 영향을 주지는 않기에, 교회의 건덕과 성도의 영적 유익, 그리고 교회의 복음 사역을 위해 할 수도 있고 하지 않을 수도 있는 것들입니다.

복음의 본질이 분명하면 이 부분에서 여유와 유연성이 생깁니다. 반면에 신앙의 본질인 복음이 약해지거나 그것을 잃어버리면, 비본질적인 종교적 모습과 활동에 더 집중하고 집착하여 경직됩니다. 복음이 신앙의 내용이 되어야 하는데, 형식과 활동이 복음을 밀어내고 신앙의 중심, 복음의 자리를 차지하기 때문입니다. 신앙의 유익과 복음을 위하여 존재하는 것들이 어느 날부터 주객전도가 되어 비본질이 본질을 이기고, 형식이 내용을 지배하게 됩니다. 고린도교회가 이런 문제로 많은 어려움을 겪었습니다. 바울은 다음과 같이 말합니다.

유대인들에게 내가 유대인과 같이 된 것은 유대인들을 얻고자 함이요 율법 아래에 있는 자들에게는 내가 율법 아래에 있지 아니하나 율법 아래에 있는 자같이 된 것은 율법 아래에 있는 자들을

얻고자 함이요 율법 없는 자에게는 내가 하나님께는 율법 없는

자가 아니요 도리어 그리스도의 율법 아래에 있는 자이나 율법

없는 자와 같이 된 것은 율법 없는 자들을 얻고자 함이라 약한 자

들에게 내가 약한 자와 같이 된 것은 약한 자들을 얻고자 함이요

내가 여러 사람에게 여러 모습이 된 것은 아무쪼록 몇 사람이라

도 구원하고자 함이니 _고전 9:20-22

왜냐하면 몇 사람이라도 구원하기 위해서입니다. 고기 먹는
문제로 고린도교회에 또 갈등이 생기자 "먹든지 마시든지 무
엇을 하든지 다 하나님의 영광을 위하여 하라"(고전 10:31)고,
"모든 일에 모든 사람을 기쁘게 하여 자신의 유익을 구하지
아니하고 많은 사람의 유익을 구하여 그들로 구원을 받게 하
라"(고전 10:33)고 바울은 권면합니다. 중요한 것은 형식과 겉모
습이 아니라 사람을 구원하는 복음의 본질이기 때문입니다.

마지막으로 '유사 복음'이 있습니다. 쉬운 말로 '짝퉁 복음'
입니다. 분명히 겉으로 보기에는 복음과 매우 유사합니다. 그
러나 그 본질은 전혀 복음과 상관이 없고, 성경의 가르침에 어
긋나는 것들이 있습니다. 이는 사람을 속이고, 복음에서 멀어
지게 하며, 참된 믿음의 은혜를 잃어버리게 만듭니다.

본문에 나오는 사울의 모습입니다. '사무엘'이라는 존재는

얼마나 신앙적입니까? 그러나 사무엘의 모습이 나타났지만, 이는 사무엘도 아닐뿐더러 오히려 사울을 더 깊은 영적인 수렁으로 잡아끄는 사탄의 악한 일이었습니다.

비본질적인 것에 집착하게 되면, 유사 복음에 빠질 위험이 더 높아집니다. 음식에 따라 그릇이 바뀌어야 하는데, 그릇에 따라 음식이 바뀌어 버립니다. 복음의 본질을 바꾸어 복음이라고 속입니다. 겉으로 볼 때는 '복음' 같습니다. 사용하는 용어, 겉으로 나타나는 모습과 활동 등이 전부 복음 같고, 교회 같습니다. 그러나 실제로는 복음이 아닐뿐더러 오히려 복음에 반대됩니다. 그래서 우리는 이것을 교회와 우리 안에서 반드시 끊어 내야 합니다.

마태복음 7장에서 예수님은 '주여 주여 하는 자마다 다 천국에 들어갈 것이 아니고, 예수님의 이름으로 선지자 노릇을 하고 귀신도 쫓으며 많은 권능을 행해도 예수님께서 도무지 알 수 없는 자, 예수님과 상관없는 자들이 있다'라고 말씀하셨습니다. 바로 그들이 '유사 복음'입니다.

복음에서 멀어져 유사 복음으로 가까이 갈수록 달콤하고 멋있으며 우리의 이목을 끕니다. 왜냐하면 '유사 복음'은 세상의 것이어서 결국 세상을 드러내기 때문입니다. "이는 세상에 있는 모든 것이 육신의 정욕과 안목의 정욕과 이생의 자랑이니 다 아버지께로부터 온 것이 아니요 세상으로부터 온 것"(요일 2:16)이기 때문입니다. 그러나 그것들은 결국 사망과 심판을 가져올 뿐입니다.

반면에 복음은 주님의 것이어서 마침내는 주님을 드러냅니다. 그런데 주님은 이 땅에서 우리를 위하여 미움과 멸시와 고난을 받으시고 낮아지셔서 섬기셨으며 십자가에서 죽으셨습니다. 그러나 결국 생명과 영광과 구원의 은혜를 드러내십니다.

만약 성경이 우리에게 알려 주는 복음의 본질이 아닌 인간의 만족과 욕망을 복음으로 포장한다면, 하나님과 그분의 말씀이 아닌 하나님을 통해 얻을 수 있는 것을 더 중요하게 여긴다면, 예수님이 아닌 세상을 보여 주고 추구한다면, 성경이 알려 주는 복음이 아닌 다른 복음을 전한다면, 그 어느 것도 참된 복음이라고 할 수 없습니다. 아무리 '복음'이라고 외쳐도 '유사 복음'일 뿐입니다.

사실 이 세 가지가 때로는 선명하게 드러나기도 하지만, 그 구별이 모호할 때도 많습니다. 때로는 전혀 분간할 수 없을 정도로 우리를 어지럽히기도 합니다. 그래서 우리는 더욱 진리의 말씀을 붙잡고, 성령님께서 우리에게 분별의 지혜를 주시기를 간절히 구해야 합니다. 이는 너무나도 중요한 문제이기 때문입니다.

처음부터 복음의 본질을 잘 붙잡고 신앙생활을 하면 좋은데, 비본질적인 요소들을 본질처럼 중요하게 여기다가 정말 중요한 복음의 본질을 놓칠 때가 빈번하고, 심지어 너무나도 오랫동안 '유사 복음'에 속아 참된 복음의 도리를 접하지도 못하는 경우가 심심치 않게 많습니다.

지금 우리는 어디에 서 있습니까? 지금 우리의 믿음은 어디쯤입니까? 복음에 무관심하지 않습니까? 비본질적인 요소들을 본질적인 복음보다 더 중요하게 여기고 있지는 않습니까? 정말로 지켜야 할 것은 무시하고, 지키지 않아도 되는 것들을 지키느라 힘을 낭비하고 있지는 않습니까? 그것도 아니면 '유사 복음'을, '짝퉁 복음'을 진짜로 믿어, 마귀가 만들어 낸 사무엘의 환상을 진짜 사무엘로 믿어 버린 사울과 같은 실수와 잘못을 범하고 있지는 않습니까?

우리는 복음의 본질을 붙들어야 합니다. 유사 복음을 버려야 합니다. 그저 겉으로 드러나는 모습, 그저 내 마음에 들고 내 귀에 달콤한 말들을 택하는 것이 아니라 성경의 교훈에 부합하는지 분별해야 합니다. 복음의 진리는 목숨과 같이 붙들되 교회의 건덕과 성도의 유익과 복음 전파를 위한 요소들, 활동, 그리고 내용들에 대해서는 유연성을 잃지 않아야 합니다.

코로나 19 때문에 엄청난 변화를 겪고 있습니다. 우리의 뜻과는 상관없이 이미 변화는 시작되었고, 거대한 흐름 속에 교회가 놓여 있습니다. 처음에는 어색하고 이상하게 느껴졌던 일들이 이제는 익숙해졌고, 처음에는 부정적이기만 했던 일들이 이제는 긍정적인 모습을 보이기도 하며, 또 그 반대의 일들도 일어납니다. 자칫 잘못하다가는 세상의 흐름에 휩쓸려 복음의 본질을, 교회의 본질을 놓치기 쉬운 때입니다. 복음의 본질은 더욱 분명히 하고, 유연히 대할 것들은 진리 안에서 여유를 가지며, 거짓 복음은 분명하게 거부할 때, 교회와 우리의 신앙이 더욱 분명히 세워질 것이라고 믿습니다. 그러므로 모두가 위기라고 하는 이때에 복음이 분명해지면, 이 위기를 뚫고 갈 수 있고, 오히려 더 큰 부흥, 새로운 부흥을 경험할 수 있을 것입니다.

31 죽은 자를 위한 생명의 복음
삼상 30:11-15; 13:1-6

이제 사무엘상 마지막 이야기를 살펴보려고 합니다. 사무엘상은 '소년 사무엘과 엘리 제사장의 이야기'로 시작하여 '한 어린 애굽 소년과 사울의 이야기'로 마무리됩니다. 좀 더 자세히 보면, 사무엘상에는 '낮고 비참한 가운데 무시당하던 한나, 사무엘, 다윗'이 있었습니다. 그리고 그 반대에 '높은 자리에서 권세를 가지고 있던 엘리와 사울'이 있었습니다. 그리고 이제는 '더 낮고 천하여 죽음의 자리에 있던 한 애굽 소년이 살아나고 영광의 승리에 동참하는 일'과 '가장 높은 곳에서 자신의 권세를 위하여 살던 사울이 비참한 가운데 죽는 일'로 마무리되고 있습니다.

　사람은 겉을 보지만, 하나님은 중심을 보십니다. 사람이 보기에는 높은 자가 하나님 보시기에는 낮은 사람일 수 있고, 사람이 보기에는 낮고 비참한 사람이 하나님 보시기에는 귀하고 소중한 보배 같은 사람일 수 있습니다. 약한 자를 강하게 하시고, 낮은 자를 높이시며, 가난한 자를 부하게 하심으로 하나님의 일을 이루시는 그 은혜의 역사를 우리는 사무엘상을 통하여 계속 확인해 왔습니다(고전 1:27). 그리고 마지막 본문에서 우리는 다시 한 번 이 사실을 확인하며, 이를 통해 우리에게 베푸시는 하나님의 은혜의 역사를 볼 수 있습니다.

다윗이 블레셋으로 망명했습니다(삼상 27장). 블레셋과 이스라엘 사이에 전쟁이 일어나자 다윗은 이 전쟁에 참여하기 위하여 전쟁터로 가지만, 하나님의 섭리로 그는 참전하지 않게 됩니다(삼상 29장). 그러나 그와 군대가 잠시 자리를 비운 사이, 아말렉이 쳐들어와 다윗의 공동체가 심각한 타격을 입었습니다(삼상 30:1). 동시에 이로 말미암아 자신을 따르던 자들이 자신을 치려고 하는 일도 일어났지만, 이러한 위기 속에서 다윗은 하나님을 찾았습니다(삼상 30:6). 다윗은 하나님의 뜻을 묻고, 그 뜻에 순종하여 아말렉을 추격합니다(삼상 30:7-8). 비슷한 시기에 전쟁의 위기 앞에서 엔돌의 신접한 여인을 찾았던 사울과는 전혀 다른 모습입니다. 그리고 다윗은 큰 승리를 거둡니다. 위기 앞에서 하나님을 찾았고 하나님의 도우심으로 말미암아 위기를 오히려 승리와 전진의 시기로 삼게 된 것입니다.

우리가 눈여겨봐야 할 것은 이 승리의 혜택이 누구에게 어떻게 돌아갔느냐는 것입니다. 이 승리의 혜택은 먼저는 비참한 처지에 있던 애굽 소년에게, 그리고 피곤하고 지쳐 전열에서 낙오했던 200명의 낙오자들에게 돌아갔습니다.

첫 번째는 '애굽 소년'입니다. 다윗의 군대가 아말렉을 추격할 때, 한 소년이 그들 앞에 나타났습니다. 그는 3일 동안 먹지도 마시지도 못한 채로 광야를 헤매어 정신을 거의 잃어 가고 있었습니다. 하지만 이 소년의 상황은 굶주림보다 훨씬 더 심각했습니다. 그는 애굽 소년이었습니다. 일단 이스라엘 사람들이 짐승보다 더 부정하게 여기는 존재로 이방인입니다. 심지어 '아말렉 사람의 종'이었습니다. 아말렉, 곧 이스라엘의 원수이자 지금 다윗이 가장 미워하는 세력을 위하여 살던 사람입니다. 게다가 그는 자기 말로 유다를 공격하여 다윗에게 속한 사람들을 죽였다고 말합니다. 그는 다윗의 원수이고, 다윗의 원수를 위하여 살던 사람이었습니다. 그런데 그러했던 그가 병이 들어 주인에게 버림을 받았습니다.

사실 이 애굽 소년은 살아 있으나 죽은 자입니다. 병든 채로 사흘이나 굶었습니다. 가만히 두면 병으로 죽든 굶어서 죽든 죽습니다. 다윗의 원수입니다. 다윗과 다윗 부하들의 심판이 임해도 그는 죽습니다. 아말렉에게 버림을 받았으니 아무도 그를 보호해 주지 않을 것입니다. 과거의 죄와 잘못으로 말미암아, 자신이 저지른 일들과 자신이 섬기던 세력들로 말미암아 죽을 수밖에 없는 자였습니다. 그가 살 수 있는 길은 오직 하나밖에 없었습니다. 다윗의 용서와 자비와 사랑뿐입니다.

하지만 놀랍게도 다윗은 그를 살립니다. 다윗은 애굽 소년에게 '너 이제 나를 위하여 살래? 살지 않을래? 나를 위하여 산다면 살려 주고, 나를 위하여 살지 않으면 살려 주지 않을 거야?'라고 말하지 않았습니다. 일단 먹이고 마시게 함으로 그를 살려 줍니다.

그러고 나서 그의 삶의 방향이 바뀝니다. 사무엘상 30절 15절은 그가 다윗과 거래를 하는 장면이 아닙니다. 그는 지금 자신을 살려 준 다윗에게 자신의 생명과 삶을 의탁하고 맡기며, 자기 삶의 방향과 삶의 목적을 바꾸고 있는 것입니다. 우상을 섬기는 이방과 좌절과 실패와 죽음과 절망에서 벗어나, 사랑과 자비와 용서의 하나님 앞으로 나아와 영광과 구원과 승리로 그의 삶을 옮겨 가고 있는 것입니다.

이 애굽 소년은 우리의 모습과 너무나도 닮아 있습니다. 바울은 하나님께서 우리에게 주신 구원의 은혜를 가리켜 '허물과 죄로 죽었던 너희를 살리셨다'(엡 2:1)라고 설명합니다. 구원받기 이전에 우리는 '허물과 죄로 죽은 자'였습니다. '죽을 수 있는'도 아니고 '죽을지도 모르는'도 아닌 '죽었던'입니다. 우리는 죽을 수 있는 가능성이 있는 상태, 또는 죽을지도 모르는 위험한 상태가 아니라 죽었던 상태였습니다.

우리는 분명히 살아 있었습니다. 숨 쉬고, 먹고, 마시고, 움직이고, 일하며 살아 있었습니다. 그러나 성경은 우리를 가리켜 '죽었던'이라고 말합니다. 우리는 하나님을 향하여 죽었던 자들이었습니다. 애굽 소년이 아말렉에 속하였듯이, 우리는 세상을 따르고 사탄에 속하여 세상과 우상을 섬기고 하나님을 미워하며 그분의 뜻을 거부하고 살던 진노의 자녀였습니다(엡 2:2-3).

죽은 자는 아무것도 할 수 없습니다. 하나님을 향하여 죽은 자는 하나님께서 주시는 은혜와 복과 구원과 영생의 생명을 얻을 수 있는 일을 하나도 할 수 없습니다. 이 땅에서 살아 있는 것 같지만, 하나님께서 기뻐하실 만한 일은 하나도 하지 못합니다. 구원을 얻을 가능성도 없고, 구원을 얻고자 하는 의지도 없습니다. 하나님께서 주시는 영원한 의와 생명은 하나도 가지지 못한 채로 죄를 즐거워하고 죄를 반복하며 죄 가운데서 심판과 저주와 사망을 향하여 나아가는 존재였을 뿐입니다.

그러한 우리를 주님께서 살리셨습니다. '허물과 죄로 죽었던 우리를 그분께서 살리셨습니다'(엡 2:1). 허물로 죽은 우리를 그리스도와 함께 살리셨고, 그리스도와 함께 영광의 하늘에 앉히셨습니다. 그리스도께서 십자가에서 죽으실 때 우리가 받을 죄의 심판을 대신 지셨으며, 그리스도께서 부활하실 때에 하나님께서 우리도 그분과 함께 살리셨습니다. 우리를 통하여 그 은혜의 풍성함을 나타내게 하셨습니다(엡 2:5-7). 우리를 그리스도 안에서 살리신 하나님께서 당신의 영광을 위하여 사는 삶으로 우리의 삶의 방향을 바꾸신 것입니다.

그리스도의 십자가로 우리가 살아났습니다. 마치 아무런 미래의 소망도, 가능성도 찾지 못한 채로 자신의 죄와 허물로 말미암아 살아 있으나 죽어 있던 그 애굽 소년이 다윗의 자비로 살아났듯이, 우리도 주님의 은혜로 살아난 것입니다.

이 승리의 혜택을 받은 또 다른 사람들이 있었습니다. 다윗이 아말렉을 쫓을 때에 피곤하고 지쳐 다윗을 따라가지 못한 200명의 낙오자들입니다(삼상 30:10). 다윗은 대승을 거두고 전리품을 나눠 주려 했습니다. 그때에 다윗과 함께 갔던 자들 중 '악한 자와 불량배'들이 낙오한 200명에게는 전리품을 주면 안 된다고, 그들은 받을 자격이 없다고 항의하기 시작합니다(삼상 30:22).

맞는 말입니다. 그 200명은 군인으로서, 다윗의 신하로서,

그리고 같은 공동체의 일원으로서 자신의 책무를 다하지 못했습니다. 그들이 한 일만 놓고 보면, 그들은 아무 자격도 없는 사람들입니다. 그런데 다윗은 그들에게도 똑같이 전리품을 나누어 줍니다. 왜 그렇습니까? 이 승리는 하나님께서 베푸신 은혜의 선물이기 때문입니다(삼상 30:23-24). 사람의 능력으로 얻은 것이 아니기 때문입니다.

세상은 낙오자를 버립니다. 그래서 애굽 소년이 병에 걸리자 버림을 받았습니다. 그러나 하나님은 낙오자에게도, 실패자에게도 동일한 은혜를 주십니다. 애굽 소년도, 200명의 낙오자도 모두 자격이 없는 자들입니다. 실패한 인생들입니다. 목숨을 유지할 만한 자격이 없고, 전리품을 나누어 가질 자격이 없으며, 다윗이 거둔 승리의 영광에 참여할 만한 공로와 자격이 하나도 없는 존재들입니다. 목숨을 부지할 만한 자격도 없고, 무언가를 소유할 만한 능력도 없으며, 승리의 영광을 누릴 만한 공로도 없는 자들입니다. 그래서 그들이 생명을 유지하고 상급을 받으며 영광을 누리는 유일한 길은 오직 다윗의 자비와 사랑뿐입니다.

바로 이것이 우리의 모습이고, 이것이 우리가 받은 구원의 은혜이며, 이것이 바로 우리가 하나님께 올려 드릴 찬송의 이유입니다. 우리에게 자랑할 것이 무엇이 있습니까? 우리가 하나님 앞에 내세울 것이 무엇이 있으며, 우리가 하나님 앞에 서서 당당하게 요구할 권리가 어디에 있습니까? 우리는 죽었던 자들입니다. 죽은 자가 과연 무슨 선한 일을 할 수 있으며, 무슨 공로를 쌓을 수 있습니까? 이것이 우리의 과거입니다.

그럼에도 불구하고 지금 우리가 살고 있고, 거룩한 일을 할 수 있는 것은 주님께서 우리에게 생명을 주셨기 때문입니다. 일단 살아야 무슨 일이라도 할 수 있습니다. 우리가 얻을 수 없는 생명을 얻었고, 그 생명으로 말미암아 우리가 살고 있는데, 우리가 도대체 무엇을 자랑하고 무엇을 내세우며 우리를 높일 수 있겠습니까?

반면에 사울은 어떻습니까? 사울은 스스로 높아지려고 했습니다. 그는 성령으로 시작하여 육체로 마친 자입니다(갈 3:3). 스스로 높아지려 했고, 스스로 영광을 얻으려 했습니다. 그러한 사울은 결국 비참한 죽음으로 그 인생을 마무리할 수밖에 없었습니다.

다 죽어 가던 애굽 소년, 전투에 끼지 못하고 낙오했던 그 200명. 그들은 비참하고 모자란 존재입니다. 그러나 그들은 사망에서 시작하여 생명으로 옮겨졌습니다. 낮은 자였으나 높아졌습니다. 가난한 자였으나 부해졌습니다. 비참한 존재였으나 영광을 누렸습니다. 실패했으나 승리했습니다. 그리고 우리도 예수 그리스도로 말미암아 그와 동일한 은혜를 받아 누립니다.

오늘 우리의 모습은 어떻습니까? 헛된 우상과 악한 세상을 섬기다가 버림받고 죽어 가던 그 애굽 소년에게서 우리의 모습을 봅니다. 다윗을 따르겠노라고 나섰지만, 지치고 피곤하여 낙오하고 말았던, 그래서 모두 승리와 영광을 만끽할 때 그 기쁨에서 소외되고 비난과 조롱을 받던 그 200명의 낙오자에게서 우리의 모습을 봅니다. 우리의 실패를 보고, 우리의 약함을 보고, 우리의 죄를 봅니다.

그러나 주님께서 그러한 우리를 불쌍히 여겨 주십니다. 우리를 위하여 대신 죽어 주시고, 우리에게 생명을 주십니다. 우리를 다시 태어나게 하시고 새로운 생명을 주셔서 주님의 영광과 승리 안에 거하게 하십니다. 십자가의 그 승리를 우리에게 다시 부어 주십니다.

무겁고 어둡고 슬픈 현실이 우리를 덮쳐 옵니다. 수많은 억울하고 고통스러운 일들이 우리를 힘겹게 합니다. 그러나 우리는 또다시 주님을 의지함으로 일어날 수 있습니다. 그렇기에 우리를 살리시는 주님을 바라보며 믿음 가운데로 나아가십시오. 거기에 우리의 생명이 있습니다.

저자 이수환 목사

부산에서 어린 시절을 보내며 교회와 SFC를 통해 처음 신앙을 접했다. 20대 초반 서울에서 대학 생활을 하며 신앙을 거의 잃어버릴 만큼 큰 신앙의 방황기를 보냈다. 이후 후배 따라 우연히 들른 학교 앞 작은 교회를 통하여 신앙을 다시 회복했다. 그 우연한 걸음을 하나님께서는 합신까지 인도하셨다.

교회를 섬기고 싶은 소원이 마음에 일어났고, 교회를 섬기는 가장 중요하고 본질적인 일은 '복음을 전하는 일'임을 깨달았다. 그 복음을 정확하고 바르게 알고 싶어 신학교에 입학하여 성경과 교리, 신학을 배웠다.

교회를 섬기는 일, 곧 사역의 본질은 바른 말씀의 선포와 성경적 교리의 가르침이고, 교회의 가장 아름답고 영광스러운 열매는 성도 한 사람 한 사람이 성경과 교리를 배우고, 이를 실제로 적용하는 삶이라는 사실을 신학교와 섬기던 교회에서 배웠다. 그래서 그렇게 사역하고, 그런 교회를 이루는 것이 가장 큰 소망이다. 그리고 개혁주의 장로교회가 바로 그러한 교회라고 믿는다.

"성경과 교리를 성실히 가르치는 교회의 교사가 되라"는 은사 목사님의 말씀이 좌우명이자 모든 사역의 비전이다. 신학교와 섬기던 교회에서 배운 대로, 성경에서 그리스도를 찾고 전하는 설교를 하기 위해 애쓰고 있다.

고려대학교에서 노어노문학을, 합동신학대학원대학교에서 목회학(M. Div)을 배웠고, 대한예수교장로회(합신) 강변교회(www.kbpc.or.kr)의 담임목사로 교회를 섬기고 있다. 아내 박진숙, 중학생 아들 선우, 초등학생 딸 지우와 함께 도곡동에서 지극히 평범한 가정을 이루어 지지고 볶으며 살고 있다.